新概念销售

通过咨询式沟通提供全面解决方案

罗伯特·B. 米勒（Robert B. Miller）
[美] 史蒂芬·E. 黑曼（Stephen E. Heiman） 著
泰德·图勒加（Tad Tuleja）
武宝权 译

THE NEW CONCEPTUAL SELLING

The Consultative Communication Process for Solution-led Selling

電子工業出版社
Publishing House of Electronics Industry
北京·BEIJING

Robert B. Miller, Stephen E. Heiman and Tad Tuleja: The New Conceptual Selling: The Consultative Communication Process for Solution-led Selling, Revised second edition
ISBN: 978-0749462918

版权贸易合同登记号　图字：01-2015-5779

图书在版编目（CIP）数据

新概念销售：通过咨询式沟通提供全面解决方案 /（美）罗伯特 •B.米勒（Robert B. Miller），（美）史蒂芬・E.黑曼（Stephen E.Heiman），（美）泰德・图勒加（Tad Tuleja）著；武宝权译.—北京：电子工业出版社，2017.8

书名原文：The New Conceptual Selling: The Consultative Commnuication Process for Solution-led Selling, Revised second edition

ISBN 978-7-121-32298-3

Ⅰ. ①新… Ⅱ. ①罗… ②史… ③泰… ④武… Ⅲ. ①销售－方法 Ⅳ. ①F713.3

中国版本图书馆 CIP 数据核字(2017)第 176714 号

责任编辑：刘露明
文字编辑：王　斌
印　　刷：北京虎彩文化传播有限公司
装　　订：北京虎彩文化传播有限公司
出版发行：电子工业出版社
　　　　　北京市海淀区万寿路 173 信箱　邮编 100036
开　　本：720×1000　1/16　印张：18.75　字数：252 千字
版　　次：2017 年 8 月第 1 版
印　　次：2023 年10月第 20 次印刷
定　　价：49.00 元

凡所购买电子工业出版社图书有缺损问题，请向购买书店调换。若书店售缺，请与本社发行部联系，联系及邮购电话：（010）88254888，88258888。

质量投诉请发邮件至 zlts@phei.com.cn，盗版侵权举报请发邮件至 dbqq@phei.com.cn。

本书咨询联系方式：（010）88254199，sjb@phei.com.cn。

关于米勒·黑曼

米勒·黑曼公司成立于1978年，它的成立宣布了非操纵型销售哲学的问世。这种销售哲学随后成为该公司策略销售的基础；它摒弃了传统的控制客户的销售方式，转而强调“流程”。米勒·黑曼公司提出“销售就是合作经营”的理念，并且引入了“双赢”的概念。新销售策略的影响很快就显现出来了，世界著名的企业出现在公司的客户名单上。同时，米勒·黑曼公司致力于把培训项目做成一种产业。新策略销售奠定了该公司在全球销售开发领域的领导地位。

如今，米勒·黑曼公司在全球25个国家向企业提供服务和公共项目，包括把米勒·黑曼销售流程翻译成15种语言。米勒·黑曼的策略销售计划经得起时间的检验，它提供了如何始终一致地将销售流程引入整个机构的方法，如何辨别每个销售团队的实力和缺点，并且能在训练项目中进行销售文化的灌输。

通过一致的现场操作流程、标准测试工具、开发计划及流程咨询，米勒·黑曼公司那些世界级的销售实践者在很大程度上改善了他们的销售业绩。

对于销售从业者而言，米勒·黑曼公司提供了经过实践检验的、有利于职业发展的基本知识。通过数天的培训项目、教材阅读以及网络资源的利用，个体销售者同样能够找到成为杰出销售实践者的途径。

米勒·黑曼公司的业务涉及不同的行业领域，十分理解这些组织中销售领导者所面临的挑战和困惑，其卓越的客户名单分布广泛，从生产制造到消费品、从技术领域到金融服务，还包括全球性 B2B 组织。

米勒·黑曼公司总部位于美国内华达州的里诺市，在英国和澳大利亚均有办公机构。

米勒·黑曼公司
尼尔森大楼
1号，奥克兰道
米尔顿凯恩斯 MK1 1BU
0800 132595

特别鸣谢

在谈到对话时，有一点我们没有来得及谈到，那就是对我们的客户公司是有歉疚的。

1987 年，我们开始了第一堂概念销售培训课程，从那时起至今，我们已经为 50 000 名专业销售人员提供了培训。由于篇幅所限，我们无法逐一表示感谢，也无法对他们所代表的荣誉团队一一致谢。

在此，我们谨向那些在本书中提及的客户，以记名的方式表示谢意。我们要感谢的人有理查德·布拉谢尔，ATS 公司的副总裁吉姆·法摩，PDFP 公司高级副总裁斯太芬尼·库乃尔，SAS 研究院米勒·黑曼销售培训项目部的项目经理鲍勃·梅耶思，Las Campanas 公司的销售副总裁唐·萨尔贝古，福特·霍姆斯公司高级区域销售经理金·施内伯克，TTC 公司的高级客户经理；玛格丽特·谢佛，国家医疗企业联络部助理副总裁。

对于很多参与概念销售项目的其他学员，我们也同样表示由衷的谢意。

推荐序

销售的发展过程，经历着三重境界。

- **关系销售**：初级销售，重点是关注人，期望通过建立良好的客情关系去达成销售，相信“销售就是卖自己”。
- **价值销售**：中级销售，重点是关注事，通过帮助客户解决业务问题、达成目标而达成销售，相信“只要为客户提供了价值，客户就一定会购买我的产品”。
- **信任销售**：高级销售，既关注事（帮助客户解决问题、达成目标、提供价值），更关注人的内在想法（认知和期望），强调通过不断满足客户当下的认知和期望去和客户建立信任，相信“做事提供价值是基础，“会来事”满足客户的认知和期望是关键”，能做到“懂事、做事、来事”的销售人员才是高手！

市场上，大家都知道“以客户为中心”的理念，但如何落实到日常的行为上去呢？如何让客户感受到呢？大部分公司和销售团队，往往流于形式，体现在口号和宣传上，一旦和客户交往，还是以“自己或产品为中心”：问自己关心的问题，介绍自己的公司和产品，强调自己的特点和优势，但忽略客户当下的处境、感受、想法和期望，希望客户能够被我们打动，直接选择和购买我们的产品；但事与愿违，客户或沉默、或顾左右而言他，或提出异议、或挑剔、或直接拒绝……

概念销售，无疑是市场上难得的、让你成为“懂事、做事、来事”型销售高手的利器，同时它也是把“以客户为中心”的思想切实落实到销售人员日常拜访工作中的最佳方法之一，它第一次提出了“概念”这个全新定义：“概念”就是客户当下的认识和期望，是客户对当下的感知、感受、想法和对未来的期望，它是变化的，受客户的处境（行业、组织）、购买目标、项目所处阶段、客户的角色、他的信念和价值观所影响的；同时，它强调每个决策影响者当下的“概念”，就是销售人员展开所有销售拜访的核心：拜访前，销售人员基于了解到的情况和经验，预估客户当下的认知和期望，然后基于这个预估的“概念”，制定合理的约见理由和行动承诺；拜访中，通过提问和倾听去了解、确认客户的“概念”，基于了解到的概念去制定相对应的“差异优势”，再用场景化的方法向客户呈现优势，契合客户“感性决策、理性支持”的决策方式；拜访后，进行拜访效果评估，看看是否满足了客户当下的概念，以便下次高效行动，保证最终签单以及赢得后续销售。

宝权老师在销售能力和业绩提升领域耕耘多年，培养、训练了业界一大批销售人员；在此过程中，宝权老师积累了丰富的实战经验，对销售方法、策略和技巧的理解更加深刻。因此，由他翻译的这本《新概念销售》，既忠实地体现了原文作者的底层逻辑和精髓，又结合了本土的营销实践和销售人员的普遍认知，读起来酣畅淋漓，易于消化和理解，并能够立即应用到实际销售工作中去，值得所有从事销售及销售管理工作的同人们学习参考！

曾子亮
著名训战合一销售教练

序 言

将沟通建立在信任和开放的基础上，发展长期的合作关系，一直是施瓦布机构（Schwab Institutional，国际著名资金管理公司）的目标。为了追求这个目标，我们悉心倾听客户——投资经理们的意见，并根据从他们那里获得的建议，开发我们的产品与服务。

在我第一次读到《概念销售》（*Conceptual Selling*）和《策略销售》（*Strategic Selling*）时，我有一种“回家”的感觉。书中的内容，就像将我们在对施瓦布机构凭直觉发展起来的工作方法进行了规范化的整理一样。所以,我们公司采纳米勒·黑曼公司的概念销售模式,就是很自然的事情了。

1994 年，施瓦布机构就向概念销售培训项目派遣了第一批学员，从那时起我们就发现销售培训可以使我们更好地为客户提供服务，满足他们的需求。我本人也参加了这个培训。

概念销售使我们的销售过程变成了顾问咨询与修炼的过程，它强化了施瓦布机构的使命和追求，使之成为客户们最有价值的合作伙伴。

在为客户提供服务时，我们从不使用那些令客户眼花缭乱的产品宣讲，而是专注于倾听客户的需求，为这些有着高度个性化需求的企业家们量身定制，提供专一的、能够最好地满足他们需求的解决方案。而要实现这样的方式，就要求对每个客户的需求有完全彻底的尊重。

因此，为了在施瓦布机构内部建立起对客户需求的彻底尊重，我们要求我们所有的新销售代表都参加概念销售的培训，并将其作为新员工参加的公司文化导入的启蒙课程。

同时，概念销售在对重视客户的需求给予鼓励的同时，还为销售过程和每次销售会议提高了效率。通过使用访问客户计划，我们的销售代表可以更好地为每次销售会议做准备。这就使会议的时间更短，使会议的目标更专注于可触及的收益，也使得我们更在意客户们忙碌的时间表。这样的高效率使我们在讨论销售议题时，能够找到更多的共鸣。

这本《新概念销售》，是对米勒·黑曼商业经典的又一次修订。书中将原本已经在概念销售中得以验证的对客户的承诺，做了进一步的提升。这也是我们盛赞这本书并为之作序的原因。书中的原则，已经全面地融入了施瓦布机构的销售文化当中。

——约翰·菲利普·科兰，施瓦布机构前总裁

目录

引言

对话——两个人在交谈

对一个成功的销售人员而言，什么是最重要的个性特质？

是大家通常印象中的那种专业销售人员所具有的讨人喜欢的特质？不知疲倦的推销？善于狡辩的演说技巧？抑或是人格魅力，或是持之以恒的耐力？这固然是很多销售人员必备的特点，但在本书中它们都只能排在第二位。

事实上，每位销售人员都必须具备的个性特质，就是和客户进行有效沟通的能力。这种能力，要求销售人员在每次拜访客户时，都能进行富有意义的对话。今天，这种特质甚至将决定你在高度竞争的市场环境中能否生存。

对话（dialogue）一词，源自希腊语，意思是“两个人在交谈”。这一定义，完美地体现了销售世界的状态，因为它提醒着我们一个常常被忽视的事实：最有效的销售并不是“展示和告知”的过程，而是两个人为了达到同一目标而进行的有来有往的交谈。

在出色的销售过程中，没有刻意追求时间进度的产品推销演讲，没有反应冷漠的时刻和令人尴尬的沉默，也没有克服反对意见的过程。出色的销售，既不是一种辩论，也不是一种争论，更不是一种友好地规劝的过程。销售实际上绝不是一个人说服另一个人的情景。伟大的销售，从始至终，是你们两个人，在一起交谈。

“两个人在交谈”，听起来简单到有些荒唐。但是，当我们要求把拜访客户变成谈话的时候，对很多销售人员而言，这却是最艰难的一课。你可能凭直觉意识到了，好的客户拜访是对话的形式。你甚至可能会想起自己的一些罕见的经历，在那些拜访客户的过程中，你不用进行产品推销就可以任由整个流程自然前进，最后你会发现，完成销售，只是一次出色交谈的自然结果。但是，即使你曾经有过如此的经历，其实还是有很多传统的东西，都在阻挡着你达到这种境界。

数百年来，销售人员一直被告知，甚至一直在自我暗示，成功地与客户沟通（完成销售）的形式，并不是交谈，而是销售人员自己一个人做完所有的宣讲，然后客户崇拜地点头认同，并签单购买。上百万个销售培训格言把这一理念奉若神明，不停地说“不要被客户牵着鼻子走而脱离主题”“要控制住局势”。更可笑的是，有时候这样的信条，会被你自己心中的舒适感进一步强化。这种感觉在告诉你，因为所有的话都是你一个人在说，而客户不用张嘴，所以，你可以更安全地进行产品推荐。

有时，为了避免和所有的职业销售人员的做法雷同，你会拒绝采用这种传统的思维模式，但你也未必能有更好的办法来替代它。这时尽管希望停止单方面的述说，转而与客户进行对话，你却不知道该如何去做。或许你已经知道，最理想的方式是与客户进行对话，但你却不知道切实实现的思路。

在米勒·黑曼公司，我们知道如何去做，也知道如何帮助你达到目的。我们做这样的工作，已经有近 20 年了。我们的主要工作，就是被称为“概念销售”的培训，这是一个独特的、倾向于对话模式的培训课程。培训过程的每个具体课件，都囊括在该书中。如果你对有局限性的产品推销模式丧失了信心，如果你懂得和你的客户建立对话关系的重要性，如果你正在寻找一本能够帮助你提升个人销售业绩的工作指南、手册，《新概念销售》将改变你的职业生涯。

从 1987 年第一版《概念销售》问世以来，我们收到了来自企业客户和读者的成百上千封邮件，叙述了我们所介绍的这些原则是如何帮助销售人员在拜访客户时，得到明晰、准确和高效的结果的。这些好评有的来自顶级的公司，其中还包括一些非常令人尊敬的公司，如 KLA Tencor 公司（著名半导体产品制造商）、Fidelity Investments（富达投资）公司、SAS 研究院（国际著名管理软件公司）、Rockwell 国际公司（国际著名机械产品制造商）等。这些商业领袖一次次地告诉我们，他们公司通过概念销售，获得了显著的业绩增长。

在分析邮件的时候，两个主要模型自然地脱颖而出了。

第一，因为我们革命性地坚持了以下观点，而获得了客户们的盛赞：所有好的销售，都始于客户的大脑中带有客户的解决方案构想，我们称之为“概念”，正如一个销售人员讲的那样：“当我开始按照我理解的客户概念进行销售时，就好像我突然洞悉了销售的真谛。很难想象，如果我此生不是按这样的方法进行销售，我还能如何去做销售。”

第二，我们的客户告诉我们，在培训中通过设计询问过程建立起来的客户拜访模式，强调了悉心倾听客户的需求的重要性，而这一切帮助他们解除了客户到底需要什么的疑感，并使他们更容易地发现客户的需求。这使我第一次获得了一种可靠的工具，帮助我明了我知道了什么，我还不知道什么，以及我还应该知道什么，以满足客户所有的需要。作为一种信息处理流程，这是无价的。

对于这样的赞誉，我们感到非常欣慰，但同时，我们也想知道我们应该如何做得更好，因此客户的反馈就显得尤其重要。正是因为认识到了这样的重要性，我们在过去的几年当中，竭尽全力去提高和修订概念销售培训项目，当然这也包括修订与此相关的一批畅销书。

米勒·黑曼的第一部作品，《策略销售》（1985 年版），是一部经过仔细打磨的作品。《新概念销售》是 1998 年问世的，它是反映我们销售模式的《概念销售》（1987 年）一书的修订版。

正如《新策略销售》一书，这本《新概念销售》不仅更改了名字，而且更新了内容。尽管书中的基本原则和 12 年前一样重要，我们还是仔细地重新修改了脚本，一页页地压缩了平铺直叙的文字，对内容的解释做了明晰的处理，并从米勒·黑曼的客户中，提取了最新的客户案例。其中一个最显著的变化就是增加了新的图示。同样，在集中主题思想和提高表述能力方面，也做了扎实的工作。

我们改变了概念销售各个模块的整合顺序。进行这一改变的主要原因，是因为参加我们培训项目的学员提出，原来的顺序安排缺乏本应该有的延续性。而在新排列的顺序中，我们的目的是使整个陈述过程更加贴近自然，更加符合直觉的顺序。我们从总体的概念讲起，然后解释了你从一开始要拜访客户时，需要什么样的事前准备，然后讨论三个相互关联的客户拜访阶段——获取信息、提供信息和获得承诺。这个顺序，与你现实工作中的顺序是一致的。

另一个新添加的内容，是书后关于问与答的部分。在这个部分里，我们列举了一些客户提出来的、富有挑战性的问题。我们认为，以这样的方式结尾，是这本《新概念销售》最应该有的结尾方式。因为本书最基本的核心，就是在说你向客户“推销”之前，应该去积极主动地倾听潜在的客户，倾听他们正在向你倾诉的内容。在本书的最后章节，我们让你来“旁听”我们倾听客户们的倾诉过程，“旁听”我们与客户之间的谈话。我们希望通过这样的努力，使你洞悉精彩的销售世界的斑斓色彩，能使你从销售经历中，尽早地获得“概念销售”的益处。

第 1 部分

“不卖”之卖

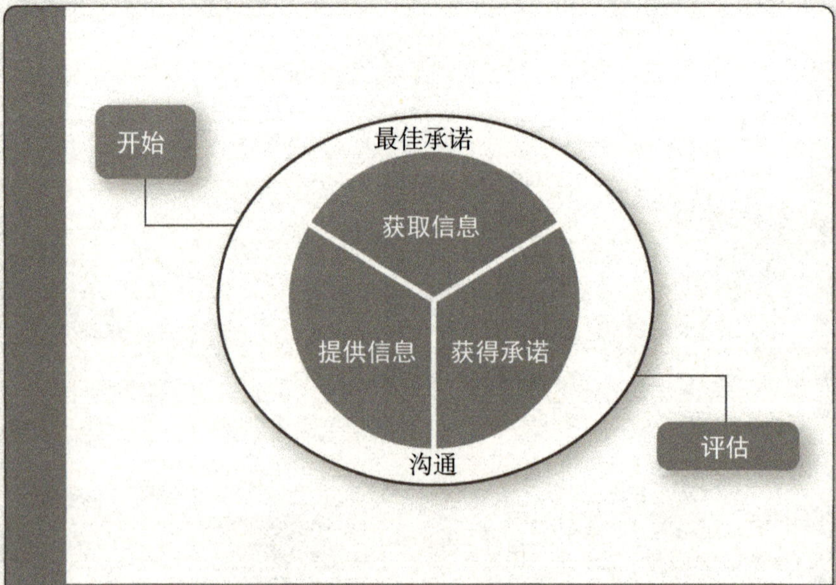
开始
最佳承诺
获取信息
提供信息
获得承诺
沟通
评估

第1章

客户为什么会购买

这是一本告诉你如何放弃“推销”的书。当开始拿起这本书时候，在你脑子里闪现的关于“销售”的概念也许与本书中的“概念销售”的含义并不契合。但如果作为一名专业的销售人员，都会有关于“销售”的概念，为什么呢？

当今我们都正在经历着客户意识的觉醒，这种改变是如此强烈，它彻底动摇了我们所知道的关于销售这项古老职业的一切基础和规则。为了能够在今天的销售世界里得以生存，你必须做个180度的大转弯，在“销售”时候，摒弃老的传统规则，使用完全相反的方式。

多少个世纪以来，成功的销售，都源自关于产品的知识。伟大的销售员，都是洞悉产品（服务）特性的人，他们可以说服那些对他们的产品一无所知的人，行业内称之为“无知的买主”，使他们相信该产品可以解决一个连他自己都不知道可以解决的问题。

在传统的销售中，产品知识就是灵丹妙药，再加上销售人员的“三寸不烂之舌”，及其所特有的“察言观色”的本领，即使最执拗的买家，也会被变成一个心甘情愿的“受害者”，不管愿不愿意，都会花钱购买所推销的商品。如此这般，就有了那句针对推销员的陈词滥调："他可以把冰箱卖给爱斯基摩人。"

当我们告诉你，这本书将向你展示如何停止"推销"时，我们所指的就是以上的销售方式。我们可以称之为"规劝的艺术""蛇油术""推销术"，或者干脆就把它叫作"传统推销法"。不管怎么称呼，它都在遵循着古老的推销规则，而这些规则，已经如同蛇油膏一样，渐渐地被人们遗忘了。由此，也可以得出一个论点，本书所介绍的销售方法，绝非传统方法。

不同于传统推销的方法让你不停地"煽动"，直到客户上钩，我们所谈及的新销售方法会告诉你需要倾听客户的意见。要求倾听客户的意见，并不是说你的产品或服务不重要，而是告诉你，相对于客户的认知来说，这些都是放在第二位的。客户的认知比你、比你的产品，都更为重要。我们把客户的这种认知，定义为客户的"概念"。而专注于客户的概念是放弃推销行为的最基础内容。

为了能把这个问题说清楚，请看下面的故事。

不做马戏表演

几年前，有一家大型制造商对管理其员工餐厅的餐饮管理公司不满，准备进行更换。根据公司管理层的决定，负责该项工作的运营部副总裁邀请了四家业务背景类似、有相互竞争关系的公司，到其位于芝加哥市的公司总部做方案介绍。每家公司都将获得 90 分钟的呈现时间，而听众则是一个经过挑选的采购委员会，其中包括该公司的财务、运营、员工服务部的经理们。呈现日期定在一个月以后。

由于这份管理多处员工餐厅的合同一年带来的收入有数百万美元之多，所以这四家受到邀请的公司，都表现出了强烈的兴趣。各家销售部经理，都派出了顶级人员来制定针对新客户的方案，并强调大家一定要使这个报告方案达到完美的程度。四家公司派出的四名销售人员，都是一流的、富有经验的专业人士。他们都很清楚，这次拜访客户，将是他们所做过的拜访中最重要的一次。为此，他们都全力以赴地进行着准备。

但是，这四名销售人员做准备的方式却并不完全一样。

在这四个人里，有三个选择了销售代表的经典套路。他们的脑子里塞满了产品和服务的特性与数据，点灯熬油地背诵着自己公司的优势。他们不断地凭借以往的经验，反复推敲着自己的呈现技巧，精确地计算着时间，字斟句酌地研究着讲稿，力图使他们的一揽子服务计划方案变成任何一个有理智的人都无法拒绝的建议。

这些产品推介秀，都有一个吸引人的开场白（用来建立良好的关系）、一堆充足的论据和异议处理（以对无法避免的反对意见进行辩驳），以及一个有着丰富内容的结尾。除此之外，这三名销售人员，自然也不会漏掉通常都有的支持材料，包括充分的宣传单、统计数据的摘要、管理费用的计算、图表解释、色彩丰富的幻灯片，等等。这些资料，简直可以让会议延长至一整年。对这三个人而言，这次的争夺，更像一出马戏表演秀。

把它比喻成马戏表演，是很恰当的。因为造成这种产品推介的原因，和一个顶级表演秀的幕后动机，是一样的。你就是这个马戏表演的领班，你的工作就是使这个表演得以进行，使观众们始终关注演出，而不产生厌烦的情绪。因此，驱赶出欢蹦乱跳的狗儿，腾越阔步的马驹，将使客户们看得眼花缭乱，目不暇接，在不知不觉中被你的“马戏秀”所迷惑，在还没搞明白怎么回事时，就开出了支票。

第四名销售人员名叫杰尼，他没有按传统推销的套路走。因为就在这个制造商发出竞标邀请前的几个月，杰尼刚好参加了我们一个为期两天的培训项目，这个项目就是“概念销售”。在这个培训项目中，我们向杰尼传授了一套管理面对面拜访客户过程的方法。这种方法与他过去所经历过的所有的产品推介方式都正好相反，其核心内容，就是我们本章主题所说的人们为什么真的会购买。在本书的整个过程里，我们将讨论人们为什么会购买，并向你展示，在了解了客户的决策过程之后，你将如何成为一个有成效的专业销售人士，并且能够超越那些最善于作秀的推销员。

洞悉客户决策过程的第一步，就是我们向杰尼传授过的一句话：

人们之所以购买，是因为他们自己的原因，而不是你的原因。

这句话所包含的信息很重要。因为在你了解客户购买或不购买的原因前，你所做的销售工作是盲目的。尽管你非常相信自己的产品和服务可以给客户带来有益的收获，但如果客户没有明确的原因，切实地需要你的产品和服务，他们就没有和你做生意的必要。

寻求客户购买的原因，并不是一件容易的事情。在每次拜访客户的过程中，你都要针对每位客户，去发现他们各自的购买原因。在今天这个加速变革的时代，即使长期客户，也会每天遇到新问题，而这些问题可能突然地就使他们对你的产品或服务另眼相看了。这时，想象一下如果你是这位客户，你会怎么做呢？所以，即使最可靠的客户，也可能在瞬间就离你而去了。我们前面讲到的那个芝加哥的客户，就是发生了这样的问题：原有的供应商，因为没有能满足其客户日益更新着的对服务的需求，已经很快就要出局了。

真正的生意始于用户、终于用户，这一切源于客户的需求、要解决的问题和一系列的购买原因。

显而易见的事实

对于所有与销售有关的人员来说，应该认识到一个世界上最显而易见的事实——人们是因为他们自己的原因才去购买的。但实际上，从众多销售人员接触客户的方式上来判断，很多销售人员不仅忽视了这个事实，甚至被鼓励、被训练要刻意去忽视这个事实。这恰恰是杰尼的那三位竞争对手在“芝加哥案”中的做法。他们所有的统计数据、幻灯片和结论，都深深地刻上了一条简单的信息：“这些是你们为什么应该从这里购买的**我的理由**。”

杰尼的做法完全不同。在进行推介会前的几个月中，他将这个世界上最显而易见的事实牢牢地记在脑子里。他没有去准备一场马戏秀，没有去列举需要处理的异议，没有措辞完美的 90 分钟夸耀。取而代之的，是他刻意寻找他所需要的信息，以判断他的公司是否真的能满足这家客户的需要，解决他们的问题。为了寻找这家客户此次购买的原因，他拜访了很多和这家客户有过生意往来的公司；拜访了这家公司的一所工厂并参观了那里的员工餐厅，以获得第一手的资料；他力图发现这家公司要更换现有供应商的真实原因。

当然，杰尼并没有能获得全部答案。这时，杰尼按照我们给他做的“概念销售”培训的要求，列出了一个清单。在这张单子上，列举的不是他所要呈现的内容，而是他要向客户提出的一系列非常有针对性的问题。这些问题，构成了杰尼方案呈现的基础。

杰尼的这套特殊办法会奏效吗？这种以客户为中心，用高密度的提问来进行的推介会，会比传统的马戏秀手法更有效果吗？在杰尼最终赢得了这份合同、获得了一笔上百万美元的订单后，他才解释了这种方法是多么的有效。

杰尼说：“这简直太容易了。我甚至没有说够 50 个词。我介绍了我自己，然后告诉他们，我明白他们与餐饮供应商之间出现了问题，并请他们告诉我存在的具体问题，在随后的 1 小时里，我几乎没有机会插话。他们主动地帮助我分析并明确指出他们遇到的问题。大约每隔 10 分钟，就会出现一个间歇。这时，我就会引导性地询问自己还没有弄明白的问题。这样，整个对话就又进行下去了。根据‘概念销售’的培训中提到的模式，我是在采集我缺失的信息。所以我的主要工作就是把它们提炼出来，然后进行记录。

“在他们介绍完情况之后，我所要做的工作，不过是扫视一眼自己做的记录，再把它交还给他们。就像我自己在这些方面遇到了问题一样。我明确告诉他们，哪些问题能够解决，哪些问题应该如何应对。没有夸夸其谈的产品介绍，没有软硬兼施的推销，有的只是一个快速的回应，告诉他们我们的公司可以如何应对他们的问题。在这个时刻，我们已经开始在共同经营了。在整个过程里，我们成了合作伙伴。我甚至都不需要再报价，而是他们在恳求我推动签订合同的进程。”

杰尼的结束语是这样的：“当我走出会议室时，满脑子都在盘算着要交给我们律师的条款。这时我恰好从下一个要进行呈现的销售代表面前走过，他正在那里整理着呈现资料和投影设备呢！我掩饰住内心的喜悦，为他深表遗憾。可怜的家伙，他已经快要淹死了，自己却还不知道呢。”

在过去的近 20 年时间里，在我们向做销售的专业人士介绍我们的“概念销售”时，我们千百次地听到过这样的故事。讲故事的人，总是提起一些同样的事情：首先，客户们都有些惊讶，他们还很少碰到一上来就缄口不语的销售人员；其次，他们乐意合作的对象是更愿意倾听他们需求的销售人员，而不是侃侃而谈的推销员。

唐·萨尔贝古，福特·詹姆斯公司的高级区域经理运用“概念销售”这一方式已经有多年历史了。他在这个显而易见的事实面前所获得的经历，和杰尼的经历，有异曲同工之妙。因为销售业绩出色，他位列他们公司的名人殿堂。他说：“我每次拜访客户，都使用开放式的问题作为开场白。比如，‘您觉得您现在正在使用的产品，有什么不好的地方吗？’或者‘在完美的状态下，您觉得服务应该是什么样子的呢？’而且，不管问题是什么，每次我都坚持一个原则，那就是只要我还没有获得我想要的答案——我为什么会到这里来，只要我还没有明确我的客户的问题到底出在哪里，我就决不收兵。”

唐说：“这个方法屡试不爽。他们有时都搞不明白你是什么做的。上个月一位客户问我，我个人喜欢我们公司两种产品中的哪一种。我的回答是‘我的态度并不重要，咱们现在试图发现的，应该是哪一种产品更适合您’，他愣愣地看着我。那一刻我觉得自己是从火星上下来的销售。但是，我们最终还是帮助他找到了问题，提供了解决办法。”

在概念销售的主题词下，所有成功的销售故事，在这里殊途同归，以不同的方式演绎着相同的主题。杰尼的总结是这样的：“芝加哥的销售案例，再一次证实了我在开始使用概念销售后一次次发现的事实：我其实不用向客户去推销，他们已经有了一千个要购买的理由。我所要做的只是找到这些理由，然后让他们知道，我可以采用特定的手段帮助解决他们面临的问题，满足具体的需求。”

与杰尼和唐不同的是，很多销售人员始终没有意识到这一点。他们所接受的培训，是把他们的推销过程当作一种说服的艺术。在整个销售过程中，他们试图处在控制的位置上，不停地推动热门话题，喋喋不休地描述产品的特性和好处，直到最不情愿的客户最后也被劝得举手投降——好吧！我投降，我买！但是随着客户变得越来越精明，现在这样的方法已经不起任何作用了。

事实上，就像杰尼的竞争对手们所发现的那样，在很多情况下，恰恰是销售人员希望控制住销售局势的愿望把局势推向了失控。导致这种失控局面的原因，其实就是那种至今仍广为流传的，所谓“专家级的销售人员都是善于控制局势的导演”的说法。

传统销售的五大谬误

销售作为一种职业已经包含了很多错误的假设。下面，我们就先看看五种普遍存在的谬误，是如何构成传统销售中的一种神话的吧！

谬误 1：硬推销“苗条的诗芬克斯”——卖就卖贵的

在一个电视节目中，卖鞋的新手在帮助一位客人试穿了“纤巧贵妇”牌便鞋后，被商店的经理叫到了一边：“我没告诉过你要走‘苗条的诗芬克斯’牌子的货吗？你为什么让她试穿‘纤巧贵妇’牌的呢？”

“她说她喜欢这个牌子的。”

“那又怎么样呢？你知道，一双‘纤巧贵妇’才卖 4 美元，而一双‘苗条的诗芬克斯’可以卖到 5.25 美元。硬推‘苗条的诗芬克斯’！”

尽管这里有一些喜剧所特有的夸张成分，但这样的事情是确实存在的，而且每天都在发生，在零售行业或公司级的销售中，都能遇到类似的情况。支撑着这种理念的潜台词就是：好的销售永远是以销售员的意志为转移的。这时如果你或你的老板，想强行推销“苗条的诗芬克斯”，那么你就有 1 000 个理由这样做，你的工作就是去主导，去完全地主导你的客户，去劝说每个客户，“苗条的诗芬克斯”才是她们想要的鞋。

相信这样的强行推销是最好的销售方法，恐怕是所有关于销售技巧的谬误中，最古老、最经久不衰，恐怕也是最有害的了。它在手把手地教导人们，销售工作就是一个数字游戏：每次销售中，你装到口袋里的钱越多，你就越出色。这样的哲学，只有在客户的意愿和需求与你要推销的东西不一致时，才会变得重要起来。但是，当这样的不一致发生时，如果你的第一个目标是销售额，那你的工作就变成了要改变客户的想法。这时，怎么办呢？硬推“苗条的诗芬克斯”吗？

谬误 2：不择手段，只求有效

如果你的首要目的不是满足客户，而是尽可能地从他们那里赚钱，你可能就不太会关心你的做法了。在这种情况下，你可能就会使用任何手段，不管是欺骗、哀求、诱骗、威胁，还是使客户难堪，你都不会在乎了。只要能让他们同意从你这里买东西就行。出于这样的目的，你理所当然地可以使用一切奏效的手段了。

这种情况恶化下去，将成为损害买家的恶劣游戏，这在挨家挨户搞推销的旅行推销员和卖蛇油的销售员里比较普遍。但事实上，有时候你其实还没到不择手段的地步，你就已经客户弄丢了。有很多道德品行都很好的销售人员，他们去销售时，只带着一大堆销售技巧，打一枪换一个地方，被迫而盲目地去挨家挨户地按门铃，期待着早晚能有些收获。即使他们获得了一些成功，他们也不知道是如何成功的，更不知道如何去复制这样的成功。使用这样靠运气的方式，你实际上总是在从零开始。所以，不管你诚实与否，你总是个新手。

谬误 3：控制住局势，不要脱轨

在所谓话术脚本式的销售方法中，销售人员要记住公司设计出的话术脚本（一般是由销售公司的专家们设计的），并对他遇到的每位客户进行照本宣科的复述。最典型的销售话术脚本是这样措辞的：如果怎样，就会怎么样。它采取的方法，主要就是消灭反对意见，然后就是一个大杂烩式的尝试性结尾。根据话术理论，无论客户说什么，销售人员都应该坚持这个游戏计划，因为这个脚本的结尾部分，是画了重点的，一定要做到。

这就如同一个机械师要让他的火车机车头始终在轨道上运行一样，销售员也应该设法使任何脱轨的客户回到自己的轨道上来，并驱动着客户，一直到销售完成。

这种话术脚本式销售法的缺陷是，它是建立在假设的基础上的，那就是假设你的客户是愚蠢的，会无限度地顺从。它假设你可以完全地控制住局势，因为这些客户也接受了同样的销售培训，并且会严格地按照它去做。但是，实际上，这样的机会是微乎其微的。因此这种名义上赋予了你大量的控制能力的销售方法，实际上是在鼓励一种坐井观天式的狂热，它会轻易地使你疏远客户，毁掉你的生意。在很多情况下，直接诱导销售人员盲目而热情地、沿着一条只能看得到远处光亮的隧道前进，去追寻在黑暗的隧道那一端的一点点光亮，但当他真正走到那里时，他才意识到那点亮光是一列正在迎头撞上来的火车头的灯光。

谬误 4：多跑腿，总没有错

如果你已经接受了前面三个神话，你也知道了无论你现在的销售额有多少，距离成功仍然只有一个词可以描述——更远。所以，如果你已经把每次拜访客户的结果加在一起后，发现还没有完成任务，你会怎么办呢？如果你使用了这些传统的推销方法，你没有去分析可能在哪里出了错，你仍然想当然地认为，你的技术手段是好的，这时，你的问题可能就会理所当然地定格在一个问题上了，那就是你的工作还不够勤奋。

因为你一直在被告知，销售工作就是一个与数字有关的游戏，所以，你就必须沿着数字这一思路，去寻找原因。你知道在你的目标客户当中，有一定比例的人群，是不会在意你的表演有多出色的，他们是无论如何也不会从你这里购买的。但是，还有一定比例的人群是一定会买的。因此，答案变得简单了。即使你仍然只能达到那个购买比例，但你可以通过提高基数，来提高购买量，于是你就会努力地提高拜访客户的总数量，以获得更多的销售额。这是一个简单的逻辑，对吗？

这是简单的，但是，它并不符合逻辑。这里有一个很好的例子，来揭示其中的奥妙。汤姆·彼得和鲍勃·华特曼在他们的经典著作《追求卓越》（*In Search of Excellence*）一书中，提到这样一个故事。有一位销售人员，他是一位非常贴近客户的销售人员，也是他们部门的顶级销售，他完成了其任务额的 195%。书中摘录了他的这样一段话：

我们公司有个家伙打电话跟我说："干得不错，真的。但是，您平均每天只拜访 1.2 个客户，而我们公司总体每天平均拜访的客户数是 4.6 个。想象一下，如果您能达到那样的客户拜访量，您能完成多少销售额呢？"

你应该能猜到我心里的回答。我跟自己说："你还是想象一下，如果公司里所有的销售人员能像我那样，把拜访客户的日均数量降到 1.2 个，那能提高多少销售额吧！"

事实上，问题的关键，并不是你拜访客户的数量，是比现在多还是少，而是成功的销售根本不能用数字来衡量。决定销售成功与否的是一个正确的销售系统，它能够确保无论你做多少次拜访客户的工作，总能对每次工作，都进行有效的管理，并且在事前就尽可能地做好预测工作。这个系统能够确保你在碰到拜访客户的时间限制，如"你只有 30 分钟时间"之类的要求时，不至于出问题。

要建立这样的信心，你要做的工作，就是要摒弃那种多跑腿的想法，而是将注意力放在分析每位客户不同的购买原因上。上面故事中提到的这位销售人员，就懂得如何做销售工作。他清楚地知道，成功来自对每位客户的理解和认识，而不是来自按门铃的数量。

谬误 5：你自己必须相信自己

你已经全力推销"苗条的诗芬克斯"了，你已经为赢得订单使尽了浑身解数，你已经每星期见 100 多次客户了，但你还不是本年度最佳销售员。你知道问题出在哪里吗？因为你的态度不对。你没有出色地完成那些销售任务，是因为你不相信自己可以完成它们。你需要的是积极的思维方式。你需要学会自我欣赏，随后，情况就会改观。

这又错了。按照逻辑学的说法，一种积极的态度，在销售成功的问题上，是必要条件，而不是充分条件。确实，自信有利于销售。我们所有从事销售工作的人都需要这样的观念，就是为了那一生中只出现一次的销售机会，我们能够走完那额外的一公里，或者说，我们能付出那额外的一丝努力。但是，如果积极的态度本身，就可以导致质变的话，那么充满了自信的赌徒的赛马场，就会成为快速造就百万富翁的地方，其速度可以赶超奔腾芯片。

在今天这种激烈竞争的经济环境里，那种充满激情和煽动力的销售手段，已经毫无出路了。因为它和其他讹传的销售神话一样，都存在严重的缺失：它们都缺少一种切实的、可以进行准确辨别的体系去超越试探和错误。说到底，你需要可以给你信心的某种东西。在这里，第一件可以给你信心的东西，就是你拜访客户的过程——这是一个系统化的、可重复的方法，是你和你的客户进行互动的过程。

专注于客户的决策过程

我们向你传授的互动方法，不是让你去学习那些小伎俩，也不是向你做无用的承诺，而是让你去关注在每次销售的背后，在真正驱动着销售的力量——每位客户的决策过程。《新概念销售》本身，就是一张通向这一决策过程的路径图。

当我们说过程时，我们并不是指一种一成不变的、公式化的、放之四海而皆准的过程。客户们做出采购的决定，有千百种方式，探索和理解每种单一购买过程，是每次成功拜访客户和管理销售的核心。但是，这里也有一种模式，是一种决策过程的通用模式，每个个体，都会将这种模式，应用于他们自己独特的环境当中。作为学习这个通用模式的预演，这里先就我们开发的主要原则进行陈述：

1．采购，是一个特殊的决策过程。

2．你的所有客户，在每次做出采购决定时都会经历一系列的、可预测的和符合逻辑关系的步骤。

3．一个人所做出的决策过程的每个步骤，在一定的、可预测和符合逻辑的范畴里，是可以被销售人员分辨和跟踪的。

4．在对这样的结果进行系统化的跟踪时，在帮助客户遵循这样的过程时，你会发现：要么，有一种东西，既是客户需要的，也是你能提供的，这时就有了一种切实的契合，并可以带来有质量的销售；要么，就是没有这样的契合，这时你们之间就不该在这个特定的环境下，共同做这个生意。

5．如果忽视并违背了客户的决策过程，那么你肯定会遭遇困惑、不满，而且你会失去这桩生意。

显而易见，我们这种专注于客户决策过程的销售模式——概念销售，使我们的销售体系成为一种以客户为驱动，而不是以销售人员为驱动的销售体系。也许，我们的这种做法，会使你产生忧虑。我们的很多企业客户最初也表示过这样的担心，担心一旦允许让客户的决策过程左右公司的销售过程，就会导致事态的失控。但是，他们很快就发现，事实恰好相反。当你开始和你的客户一同工作、担当起他们决策过程的一个执行者时，你总能获得更好的控制权，而且，无论是在单一的销售过程中，还是在未来的生意关系上，你都能够获得比传统推销模式更好的控制权。

这种结果的产生自有它的道理。当你帮助一个人去做他想做的事情时——做一个明智的购买决定——而他又知道，他是从你这里主动地进行购买，而不是被推着进行购买，那感觉是完全不一样的。这样的做法，实际上是让人们知道，他们购买的，远远不只是产品或服务，而是购买了一种伙伴关系，而这种伙伴关系，意味着你的长期的、可以预测的成功。

策略规划：拜访客户的三段论

为了能很好地管理每次对客户的拜访活动，以便能让你的客户有一种与合作伙伴一同做生意的体验，你必须做好策略上的规划。这就要求你在事前，进行有意识的思考，并将其作为拜访计划的一部分，进行记录。这时，你要处理好以下三个阶段：获取信息，给予信息，获得承诺。

第一阶段：获取信息——这是指你要去了解客户的工作内容，以便你能有效地知道客户的工作状态。换句话说，这是在寻找潜在客户有兴趣与你做生意的原因，与常规的销售智慧不同，这一步是每次成功销售的起点。

第二阶段：给予信息——这是指向客户描述和展示你的产品或服务，但必须注意，这里要做的是那些和客户的需求有关系的内容。你所要做的工作，是通过给客户提供必要的信息，来帮助他们做一个正确的购买决定。我们会告诉你如何去做到这一点，如何去超越仅仅提供产品的特征和益处，如何使你变得与其他的信息提供者有所差异（包括你的竞争对手）。

第三阶段：获得承诺——意思是说，即使你的解决方案和客户的需求已经很契合了，但是可能还有一些不确定的因素，会导致你的潜在客户不从你这里购买，你要设法解决这些不确定因素。我们这里所指的，不是说要处理客户的异议，而是要和客户一起工作，以便你们双方可以分享买卖过程中所建立起来的双向承诺关系。

需要注意一点：不要把这个三阶段论理解成月亮变化般的各个阶段，周期性地按顺序发生着，一成不变。在现实的销售活动中，这三个阶段之间，是没有先后顺序的，我们把他们编上序号，是为了方便区分。每次拜访客户的过程，都是一个在客户和销售之间发生的充满活力的互动过程。这就要求你必须能够在任何时候，在不受任何限制的情况下，根据销售进程的需要，从一个阶段自如地过渡到另一个阶段。

策略规划就能够帮助你实现这个目标。如果你使用这个三段论框架，你就能事先准确地知道这些事情。你在拜访客户时，就能准确地知道现在处在哪个阶段，客户处在哪个阶段，你还应该做什么。只有这样你才能把销售引导到一个双赢的目标上去。

在为期两天的概念销售培训课程上，我们为企业客户提供的是一种实际操作的培训方法，让他们在课堂上，实战般地制定他们拜访客户前的计划。

为了能让我们的读者，立刻使用这本《新概念营销》，我们在书里面也是以实战模式为基础，为读者们也设计了个性化的训练单元。为了达到更好的效果，建议读者们看到这里时，准备好记事本和铅笔，然后自己确定好几个特定客户，再用即将要进行的 3~4 个拜访客户的计划，作为你学习这种策略规划的实战案例。

在本书的训练单元里，你将要规划客户拜访工作，你要运用它们，去与客户面对面地交流。为了能使我们的培训尽可能地收到效果，我们建议你不一定要选择那些很典型的事件，或者很典型的客户。所选择的案例，要有一定的特征，最好是那种让你因为某种原因觉得不舒服或不确定的案例。根据我们了解到的情况，对那些难对付的客户，或对难以把握的客户进行策略规划，是最好和最快的学习方法。它可以帮助你快速地理解和掌握客户的购买过程，并将这种预知能力有效地注入典型的“销售遭遇战”当中。

在我们培训课堂的教室里，所有的参与者都知道，他们精心准备的销售规划将很快被运用于实战，快到 1~2 天的时间内就要发生。而对于阅读本书的读者，情况未必是这样的，你可能要花费更多的时间。我们建议你挑选的案例，是要过几天才发生的，或是要在一周甚至一个月后才会发生的客户拜访。这样，你就会获得充足的时间，在拜访客户前，使用概念销售的原则，做好充分的学习和演练了。

如果你是在柜台后面或商场里，或是在某种特定的环境中进行销售工作，对你面前的客户没有主动的选择权，那么你就要选择那种典型的案例了。我们建议你选择最近刚刚经历过的，最难处理的客户，比如，那些你没有达成销售，或者虽然达成销售了，但是费了很大周折的案例。对于这样的情况，“概念销售”是同样有效的，我们这套销售体系，可以帮助你渡过难关。在你读到《新概念营销》的最后一页时，你就能够把我们的原则应用到你所有的销售工作中去了，你可以处理与客户面对面的交流。你在这本书指导下所作的销售练习，将为你提供一套动态而有效的销售规划模式，帮助你应对未来将要从事的销售工作。

要做到“放弃推销”的销售，最基本的要求就是要学会认识你的客户，知道他们是如何做出购买决策的。在销售最高的境界——这也是你想要步入的境界——你要做的，就是去遵循我们在本章提到的——“可预测的和符合逻辑的步骤”。在下一章里，我们将描述这些符合逻辑的步骤。

第 2 章

客户是如何做出购买决定的

每次开始拜访客户时，你可能会使用以下两种销售方式中的一种。在传统的方法里，你会假定你的目标客户对你销售的东西有所需求，所以要设法控制你的客户拜访过程，让客户意识到自己的需求。在另一种销售方式中，你开始并不做这样的假设，而是去设法发现客户可能会有的需求和你所能提供的产品或服务，是否能够契合。

我们把后者的销售方法，称为“合作经营”销售法（Joint Venture Selling，这种方式目前还没有被普遍认可），我们将在第 13 章做更多的描述。这里，我们将介绍这种销售方法的基本原则，其不同之处在于“创造需求”，合作经营是在遵循客户的购买思维。通常人们在做购买决定时，都要遵循这三种思维方式。

三种思维方式

早在 30 年前，心理学家 J.P.吉尔福德就对这三种思维方式作了定义性的解释，他在《人类智能的本性》(*The Nature of Human Intelligence*) 一书中提到了这三种思维方式。吉尔福德的临床研究结果显示，人类的意识决策过程，涉及三种直觉意识，而且它们的思维进程是相互关联的。人类意识所形成的决策过程，很像计算机的底层程序。这些底层程序不是随意组成的。在每个决策过程里，所有的程序都不同并且都相对独立，但它们总是显现出一定次序。在一个符合逻辑的和相互关联的决策过程中，个人的决策是遵循这样的过程的。如下图：

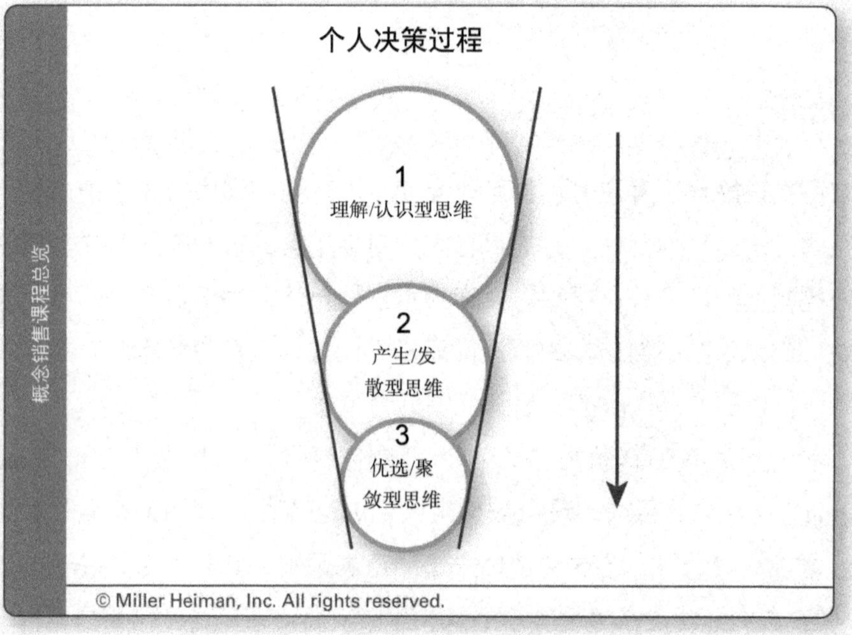

1. 认识型思维，是决策者感知和理解他所面临的形势的过程；
2. 发散型思维，是人们开拓思路，采集选择方案和解决方案的过程；
3. 聚敛型思维，是人们进行优选方案的过程。

这种三段式思考过程，在上面用图表的方式进行了表述。现在我们来看看，它们是如何工作的。

认识型思维

每当你要采取行动时，你会首先要设法看清形势。这时所有的感官会启动起来，把原始信息输入你的大脑。认识型思维将原始信息都会输入大脑，形成感知架构，并在大脑中形成一个意识图像。如果想试图记录大脑的进程，认识型思维会是这样的：什么……？多少……？哪里……？什么时候……？为什么……？

直到经过了认识型思维过程后，你才能分辨出所面临的形势。就像被锁在一个黑屋子里的人一样，你在黑暗中摸索家具。认识型思维的过程，就像将灯打开：它本身不能解决任何问题，除了使光线出现外，它不能帮你打开门上的锁。但是，它的作用是，让你清楚所处的位置。没有良好的认识型思维过程，人们想要做出正确的决定，那只能是靠运气了。在现实世界里，靠运气的情况很少发生。

认识型思维过程在销售中之所以重要，是因为你和你的客户都需要彻底地明白你们所处的位置和相互关系。如果无法做到这一点，你们之间几乎不可能建立在一个双方相互了解的基础上，也就无法达成一个让双方都能满意的结果。很多时候，客户是不会知道他们真正需要什么东西的，自然你也不会知道。

在很多情况下，认识型思维没有发挥好作用。有时销售人员对客户情况的了解并不全面，就贸然推荐给客户一种与其需求毫不相干的产品或服务，其结果自然是令人沮丧的。还有些销售人员，可能从客户那里已经得到了一个 20 件 A 类产品的订单；然而，他并不知道客户还有 100 件 B 类产品的订单。导致这种事情发生的直接原因，就是对客户的需求缺乏完整的认识。在最佳的销售案例中，买卖双方都应该有着完全和良好的相互认识过程，他们之间能够建立起一种可以产生真正契合的搭配与解决方案。

所有优秀的销售案例都是起始于客户脑海的。当你开始参与客户的思维进程，去分享你的认识与理解、去欣赏客户的想法时，你就开始进行真正的销售了。当然，这并不是说，你和客户一定要对每件事物都有一致的看法。换个角度而言，一个有效的销售过程必须从提问开始。提问将帮助销售人员洞悉客户的认识过程。

发散型思维

思维决策过程的第二个阶段就是发散型思维。之所以把发散型思维放在第二位，是因为如果没有第一个阶段的正确的认识型思维，你就不可能进行正确的发散型思维。在发散型思维过程里，决策者考虑的是针对他自己的具体需求提供多种解决方案。用语言来描述发散型思维过程就是："如此这般，会怎么样呢……如果那样的话……我们是否可以……咱们来琢磨琢磨……"

设计出有创意的而且自由的推进过程，是为了产生更多可供选择的方案。它也经常被叫做"脑力激荡"或"头脑风暴"。但当与认识型思维连接在一起时，它就成了一种专注的、精准的头脑风暴思维形式。

参加过"头脑风暴"训练的人都知道，在进行发散型思维时，解决方案产生的最好办法就是让大家的大脑不受任何限制。比如，你是一个研究小组的组长，小组的任务就是要找到一个解决库存控制问题的方案。如果在第一次会议，一上来你就要求大家提出一些具体的、经过深思熟虑的建议，那么几乎可以肯定，你不会得到多少有价值的答案。如果你确实想进行一场头脑风暴讨论，那么你就要准备接纳各种不同的建议，无论建议有多么的不着边际和超越常规。当然，你可能会获得一些馊主意，但是，你肯定也会获得很多想法，这会比限制住讨论的范围而得出的结果要好得多。

发散型思维的关键，是挖掘各种可能性，而不是排除可能性。它在与潜在客户进行互动时的重要作用，和在各种头脑风暴的训练中的作用，是相同的。一旦你的客户经过思维认知的过程，了解了自己的情况，他会花时间考虑所有的可能性。这时要采纳的不仅仅是那些"显而易见"的、"最合理”的可能性，也不仅仅是你能提供的解决办法。在三段式思维的成功进程中，你必须允许客户按照底层思维逻辑，进行他自己的发散型思维，这是一种思维本能。如果你不让客户做完这个过程，那么你要进行的销售，可能会让客户感到迷惑、不满，而且可能会让客户觉得这是一桩卖方受益、买方受损的交易。

聚敛型思维

一旦决策者有机会完成选择方案的信息采集，那么他最后的一个思维步骤就是：在这些选择当中挑选一个适合的最佳方案。这种选择过程就是聚敛型思维过程，我们之所以赋予它这个名字就是因为在这个思维进程中，我们的工作是收缩并聚焦视线；我们要把我们的答案聚焦。因此，聚敛型思维的过程，说起来时，大都是这样的：“我们应该……符合逻辑的选择是……那显然是……”

人们在谈起这个过程时，最常见的说法是：“他做的决定。”实际上，这种描述并不准确。做决策远远不只是用手指一指，然后说“就是它吧”那么简单。决策只是决策过程中的最后一步。

聚敛型思维里蕴含着一个有趣的悖论：你可能认为，获取“答案”是决策过程中最艰难、最冗长乏味的一部分，所以，你最不愿意在这个事情上出现问题，以避免再费周折。也恰恰因为你不愿意选错，所以你可能就需要花费更多的时间，去确保最后的决定是正确的。

事实上，经过一个好的决策过程后，这样的错误是不会发生的。也就是说，如果你在一个决策过程中，不得不挣扎于最后的选择，那就证明在前两个思维阶段里你没有花费足够的时间做必要的工作。如果你在一开始就花费了足够的时间，去充分地认识问题，并用发散型思维方式，对可供选择的方案进行了思考，那么，最后获得答案的过程，经常会变成几乎是快速而自动的。

本书第 29 页的图示，可以帮助你理解其中原因。

首先，请注意图中的三个不同大小的圆，代表着三种思维过程。这三个圆的大小与理想状态下，决策人在三个思维阶段花费的时间是相对应的。圆越大，花的时间应该越多。这和我们的头脑的工作方式是一致的。在各种不同的销售情景下，我们已经一次次地发现，当你给予潜在客户认识型思维的时间越长，他们就越容易进行随后必然产生的发散型思维。同样，如果你给他们更多的时间进行发散型思维，对各种可能性进行选择，他们最终作出最佳选择的时间就越少。

其次，你可以发现，三个圆有相互重叠的部分。这表明，三个思维过程是相互关联的，如同计算机的底层程序相互关联一样。这种关系至关重要，因为如果任何一个底层程序出现错误或不完整，那么整个思维进程就会出现问题。由此可知，如果你没有让决策者按照自己的节奏，运行完“程序”，那就有可能导致下一个环节的逻辑进程出现困难，甚至无法进行。

最后，在这个图示中，决策进程是按照一个特定的方向运行的。在本图的右侧有这个进程的方向标。在每个完整的决策过程里，认识型思维先开始，发散型思维随后，最后是聚敛型思维。鉴于购买过程就是一个决策过程，所以销售过程也应该遵循同一个顺序。销售人员应该首先和客户共同进行认识型思维，帮助他进行发散型思维，以便排查所有可供选择的解决方案；并在确保客户已经恰当地完成了前两个思维过程后，鼓励他去进行聚敛型思维。

但是，这样的过程也并不会总发生。请继续看下文。

传统销售与合作经营式销售的对比

在传统销售里，销售员们所采用的方式，与三段式思维过程有所不同。

销售员所受过的训练告诉他们要去攻击客户的决策过程。这样的过程，如下图所示。

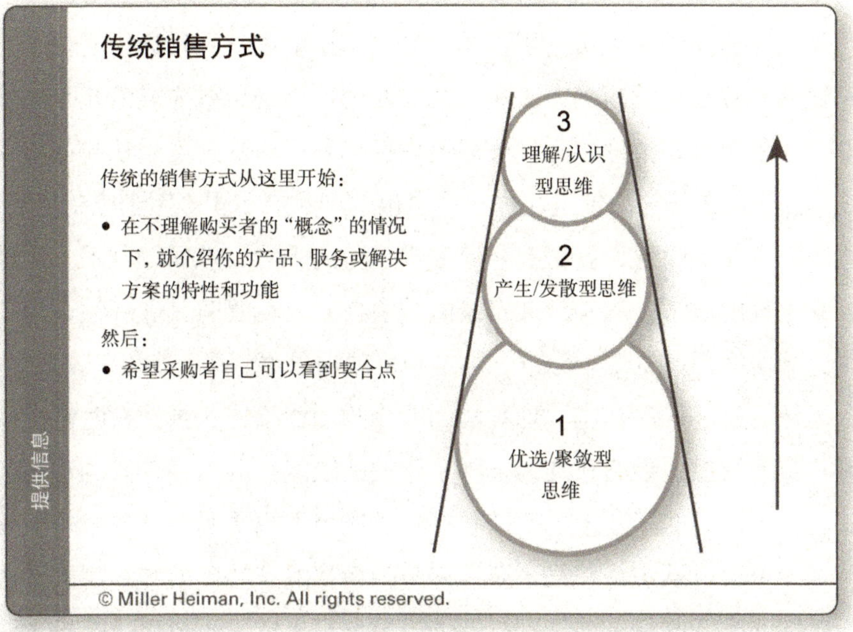

销售人员被告知，销售工作就是无论卖什么，你都要让客户相信他们是需要这些东西的。你销售的整个关键，就是要让客户把你当作答案。换句话说，就是要无视客户的前两个思维过程，而直接引导客户在聚敛型思维过程里，做出一个对你有利的结论。大部分的销售培训，就是试图让人们彻底忘记前两个底层逻辑，因为销售人员是“半路杀出”的，是要推销产品、赢得订单的。简言之，就是“卖给他”。

就如上面的示意图所显示的那样，传统的销售人员，事实上是在和人们的自然思维习惯进行抗争，他会首先要求人们做出选择，甚至不给人们考虑选择的时间，也不让人在经过一段考虑后，自己找到他为什么要购买的理由。这等于是在告诉客户：“虽然我和您都不了解情况，但我这里有一种最适合您的产品，这是几种您能找到的产品中最好的。”

听起来有些疯狂对吗？但这样的事情一直在发生，而且这样的销售人员还总拿不到订单。他自己都觉得奇怪：为什么就说服不了这些“愚蠢”的客户呢？

为什么这些销售人员会用这样的方式去接触客户呢？这明明是一种不合乎逻辑，甚至反逻辑的方式啊！究其原因，传统思维方式看起来既简单又安全。使用这种办法的人，一般都期待拿到订单的速度越快越好。而能最快拿到订单的方法，就是能在一个出色的产品展示里，完全控制住局势。客人还在微笑的时候，就把签字笔塞进了他的手里，然后蹦到下一间屋子里，继续他的表演。这种经久不衰的销售模式，尽管有其破坏性，但还是感觉比陪着客户从认识型思维一直走到聚敛性思维，要直接和有效率得多。

当然，这是一种错觉。这种颠倒顺序的销售模式，虽然有时候会在一些客户身上奏效，但它正成为一种职业性的缺陷。因为在今天的市场条件下，客户们已经有了更多的手段和办法去避免上当受骗，一旦客户们发现他们在没有通过认识型思维来获得充分知情权的状态下就被销售人员诱导甚至哄骗而买了某种东西，那么他们迟早会反击的。一般情况下，这种反击会来得越来越早。

另一个事实是，销售人员一上来主动要求客户去进行认识型思维，并不是一件迅速和容易的事情。事实上，这样的销售过程，往往比那些自然地跟随客户去进行顺理成章的思维过程，要吃力和低效得多。为什么呢？因为一个客户在思想上还没有准备好的时候，就被强迫进行决策，那么通常会有两种情况发生：

1．要么客户会采取攻势，提出各种反对意见，制造障碍，直到你彻底放弃，并最终失败。

2．要么客户会采取守势，虽然签下订单，但是经过三思后，开始因购买行为而懊悔不已。

如果在另一种情况下，你采取的方式是没法让客户明白自己在干什么，那么你就有比上述方式好得多的机会，获得与客户彼此信任的关系、得到更切实的解决方案。

说到这里，我们再回到前面的话题：放弃推销的销售。人们喜欢买东西，但是，人们也憎恨那种“被动购买”的感觉。你做销售时，如果颠倒销售过程中各阶段应有的顺序，在客户的眼里，你就会变成那种典型的、强加于人的推销员，总是试图用操纵的手法，从别人手里弄钱。造成这种印象的结果是，你会被客户甩在外面，一个人孤独地做着产品展示。

因为这种顺序颠倒的销售方式，经常会导致销售员自说自话，没人理睬，所以，我们把这样的销售形式叫做单向销售模式。所谓单向，就是单方面进行的，没有双方的互动过程，也就是说，销售人员在传统销售的误导下，恰恰会陷入窘境。这时，因为销售人员没有要求客户提供帮助，所以一切销售压力都由销售员单方面承担，而得不到客户的响应和帮助。在这种情况下，孤独的销售员会把客户当成反对者，想方设法跨越客户的心理障碍。其实，你忽视客户的认识型思维过程（或者你自己的认识型思维过程）而试图强行推销，你的这种孤独和单向行为就是咎由自取。

与此同时，你常常会在一个本应该由你主导的问题上向客户投降：解释你的产品或服务和客户对其自身需求的理解之间所存在的逻辑关联性（如果有），以便达成交易。当你用顺序颠倒的方法时，你在做的是向客户宣传你的产品，而至于对该产品的认识，它与客户的需求和经历的关系，都交给了客户自己，让客户自己去建立联系。这样做会使你对潜在客户的销售大大地受到限制。因为，按照正常的逻辑推理是不应该认为大部分人都会只对你的产品有需求的。即使他们真的有这样的需求，他们也不会都有能力懂得这些需求的。

因此，传统的销售有两个错误的假设。

第一，它错误地认为所有的潜在客户，都能买你的产品。

第二，它错误地认为，即使你只是向他们“展示和告知”你的产品，他们也会欣赏那些显而易见的利益，并冲上来购买你的产品。

这些假设都严重地践踏了商业互动的核心原则：人们是为了他们自己的理由而购买，而不是因为你的理由。我们在本书一开始就提到了这一点。在传统销售里，以产品为中心的销售方法忽视了这一原则。

另一方面，合作经营式销售则把这一原则当作核心。正如“合作经营”的称谓，在合作经营式销售过程中，买卖双方共同承担着责任。他们需要通过相互提供有益而积极的信息，来推动这一进程。这时，并没有形成客户已经有了对卖方产品切实需要的假设。相反，整个的提问过程，和整个的认识型思维进程，都是为了做出一个判断，那就是客户是不是确实有这样的需求。因此，合作经营式销售是符合决策过程的自然规律的，它从认识型思维开始，向发散型思维发展，再在聚敛型思维完成后结束。

这种行为方式的现实意义就是和常规的方式不同，它可以使销售人员获得更大的控制能力，更多的灵活性，使销售人员成为客户自然思维进程的发起者。从更长远上讲，和客户之间建立起这样的对话后，会带来更大的收获。为什么会如此呢？我们将在下文里，回到“放弃推销的销售”这一话题，解释在对话方式背后的基本处世哲学。在这种哲学下，追求的目标就是“双赢”。

第3章

我们争取的是：双赢

在米勒·黑曼的销售哲学里，贯穿始终的要旨就是实现双赢。买卖双方在销售上达成了共识，他们各自的最大利益得以实现，也就是说他们都有获利。在以往的千百个销售案例里，我们获得了一个坚定的信念，在销售事业的长跑中，只有那些能够矢志不移地奉行双赢哲学的销售人员，才能获得持续的成功。

其原因不仅涉及人们的哲学观。在当今时代，竞争频繁激烈，客户变得越来越明智，成功的销售人员，不可能像我们通常所说的那样“打一枪换一个地方”。尽管我们一直在怀疑短期行为方式，但我们至少可以肯定的是今天短视的行为是行不通的。为了使你的成功在客户中得以延续，只拿到一次订单是远远不够的。你还需要：

- 使客户满意。
- 建立长期的客户关系。
- 和你的“常规”客户重复地做生意。
- 积极影响新的目标客户。

如果无法在拜访客户时，持续地获得以上四个要素，那么你的业务迟早会变成过眼烟云。你也许曾经创造过销售奇迹，但那已经是过去了。那些只注重短期目标的销售人员，发现他们销售越来越艰难，而那些懂得“获得订单只是销售开始”的销售人员，发现他们自己不仅比竞争对手做成了更多的生意，而且订单会持续不断。通过这些订单，他与一个不断扩大的业务网络和未来的机会，紧密地联系在一起。

销售本身的特性需要得到彰显：买卖双方达成一致的协议。这意味着每次销售活动都应该包含相互依存的关系。我们的双赢销售哲学承认这种相互依存关系，并为你提供了一个可靠的方法去长期维持这种关系。

双赢矩阵

让买卖双方在每次交易中实现双赢，说起来容易做起来难。表面上看起来简单的销售方式，在具体的销售实践中未必就那么容易——特别是当竞争已经使你窒息，经理又要求你完成任务，或者你还不能确定客户是否也想要一个双赢结果的时候，你会发现要做到双赢实在是太难了。世事艰辛，所有的销售人员都在试图实现双赢，但有时他们却恰恰无法做到。

要实现双赢，首先就要认识到，双赢只是销售中四种可能性结局中的一种。我们这里谈到的结局，不包括那种在最后一分钟，你被竞争对手挤出局，没有得到任何结果的结局。我们这里讨论的是你已经赢了之后的结果，因为这时你已经赢得了订单，获得了佣金。因为一项业务，总是有买卖双方存在——你和你的客户。在你把钱装进自己的腰包时，就会有四种结果出现。

- 双赢：你和你的客户都对交易感到满意，你们双方都对业务关系满意。
- 赢一输：交易后，你感觉良好，但你的客户，无论出于什么原因，感觉到吃亏了。

- 输—赢：你的客户感觉良好，但你却有一种被迫的感觉，你觉得自己吃了亏。
- 双输：尽管你们签订了合同，但双方都后悔，都觉得最好什么都没有发生过。

我们把这四种结果，在下面图表中用矩阵的方式表示出来：双赢矩阵。在图表的上方，双赢模块是所有的人都希望达到的境界。

双赢：为什么会吸引人

人们喜欢双赢的结果，有两个基本原因。

首先，它比其他三种结果更能获利。我们已经指出，一个双赢的结果所能产生的利益，不是一个简单的订单，而是你和客户相互之间良好的感觉，然后你们会共同期盼着下一次的业务机会。你们双方都没有产生负罪感或不满情绪。

双赢矩阵

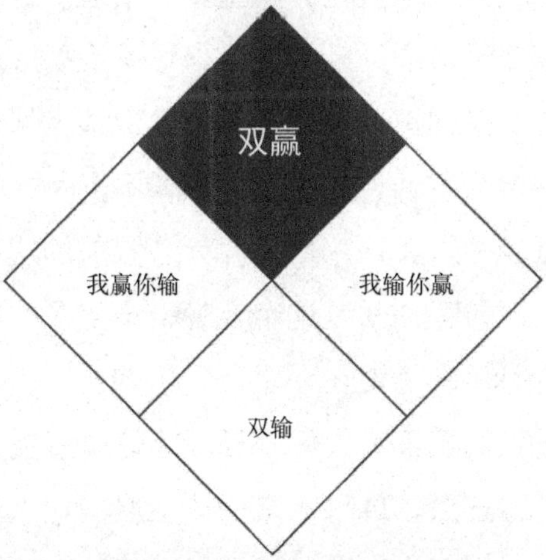

简言之，就销售而言，双赢是一种可以获得持续赢利局面的销售策略。毋庸置疑，那些知道应该如何去赢得客户的销售人员，都在试图达到双赢结局。

赢—输：客户的反冲

无法实现双赢模式的原因，往往是销售人员没有足够的意识确保实现，最主要的现象是他认为：

1．自己能够控制整个过程。

2．自己赢比客户赢重要。

3．客户自己会自动地赢，因为客户买他的东西是明智的选择。

还有一些案例里，销售人员根本就不去考虑这个问题。总之，以上的原因都可能导致赢—输的结局。

对卖方而言，导致赢—输情况出现的原因也有很多种。最常见的可能就是客户根本没有任何想法。这里有一个日常的例子可以说明。为了一个特殊的活动，你在一家餐厅里做了预订。你对这家餐厅的信用毫不怀疑，你也准备为这顿饭花上一大笔钱，并希望物有所值。但那个夜晚，却变成了一场灾难。当你按照预订的计划出现时，你发现餐厅订座严重超额，你要等上一个小时，才能得到你预订过的座位。饭菜上得非常迟缓，火候也过了，而且还搞得乱七八糟的，最后你还不得不支付一笔昂贵的费用。你本可以享受顶级的贵族式服务，这家餐厅为了眼前的短期利益，在这个夜晚获得了一方的胜利，而客户却在这个夜晚，产生了一种被愚弄的感觉。这就是经典的赢—输的销售情景。

在这个案例中，我们权且不去怀疑餐厅经理本意就是要主动地去占客人的便宜。但恰恰是这一点，体现了赢—输结局的一个重要特点。产生赢—输的结果，有时是故意而为，有时却是无意而为，让你的客户产生你赢他输的感觉。在很多时候，尽管你认为他们赢了，但客户们往往愿意把自己想象成输的一方。

此时，请记住当单向结果出现时，事实就变得不再重要，客户的想法才是最重要的。这与有一个古老的销售观点完全吻合——客户永远是正确的。如果客户主观上认为你赢他输，即使错了，你也得接受客户的想法。在销售中，也许你不会立刻遇到这样的冲突。因为无论有意还是无意地产生了赢一输的结果后，客户形成输的感觉和观点，还是需要一定时间的，可能需要几个星期或几个月，才能形成这样的意识。比如，在很多针对生产型企业的销售案例中，工业品销售人员错误地推荐了设备或过分地夸大了公司的服务能力，当然这需要经过一段时间才能得到验证。但客户发现的迟与早，其产生的后果都是一样的，那就是后坐力。后坐力是赢—输式销售所导致的一种无法避免的后果。通常，它会分为两个阶段。

第一阶段：客户的悔恨。当客户发现了问题，觉得自己被欺骗了，于是开始产生憾恨，有愤懑和自责的情绪，他意识到你卖的软件已经过时，或者他的车买贵了，或者服务协议和他想的不一样，他开始为自己上当而懊悔。他责问自己："我怎么会这么蠢呢？"

第二阶段：客户的报复。在这个阶段，他找到了问题的根源。他感到被一个骗子哄骗着买了一堆东西，而骗子根本就不在乎他的输赢，一旦吃了亏的客户认为自己被推销了，那么部分责难和愤懑的情绪就会奇迹般地转移到销售人员身上。他终于找到了一个可以责怪的对象。如果他认为是你把他骗来买了这些东西，那他就会向你进行报复。而且，这时他不管是不是真的是你，只要他认为是你，这就够了。

客户进行报复的手段有很多种形式，而且没有一种形式会对销售人员有利。客户能做的最低限度的报复就是再也不和你做生意了，他当面撤出了。其实，这已经很糟糕了。但更危险的是，吃亏的一方要寻求平衡。如果你在销售中成了赢—输模式的赢方，那么你就是在未来很长时间里，塑造了一个敌人。请相信他会在任何必要的场合，包括他自己的公司内部和外部，诋毁你的公司。他会十分乐意去干这样的事情。

1985 年，白宫消费者事务办公室的一项研究报告对此做了很好的描述。它包含如下统计：

- 96%的不满意客户，从来不向销售人员直接投诉他们的不满，但有 91%的不满意客户再也不会从给其造成伤害的销售人员那里购买任何东西了。
- 在不满意的客户群里，每个人都会向至少 9 个人讲起吃亏上当的过程。
- 有 13%的不满意客户会对超过 20 个人描述他们的经历。

对职业销售人员而言，本书的目的非常清楚，就是试图让那些处于赢—输模式，或是放任赢—输模式发生的销售人员相信，他所毁灭的远不止他的职业声誉，因为在那个 96%的不满客户群体中，赢—输模式下，几乎可以肯定你将得到客户的报复。而且，报复很可能是在你不知情的情况下进行的，这是非常具有破坏力的。

我们之前谈过双赢模式是稳定的，而赢—输模式不稳定，与你和客户的意愿相左。它会恶化到双输的地步。

输—赢：委曲求全的生意

在输—赢的模式下，不稳定性可能更高。你在有意识地做出牺牲，从客户那里买下了生意。在“卖方吃亏，买方受益”的情景下，你为获得订单，付出了昂贵的代价。你所希望的是你吃亏之后，可以在以后的生意中再捞回来。你可能给客户提供的是一个世上根本不可能有的服务承诺，一个低得可笑的订货价，或者一个特殊的数量折扣。无论是什么样的代价，如时间、期限、价格、培训或财务支持，你都是在告诉客户，我付出很大的代价让您赢了，因为我很看重您的业务。

从根本上讲，先输后赢，这样的投资战略本身也许并没有问题。零售行业就经常采取类似的手段，而且结果也不错。输—赢模式的问题在于其动机是“临时性的损耗”。在任何时间对任何客户都提供这样的战略手段是不可能的事情，而获得收益的客户，却恰恰都误解这种行为。

你向客户开出了一个特殊的付款进度计划，作为吸引初次合作的客户的手段，你知道这属于一次性的活动，但是客户却没有这么理解。客户会认为特殊条款就是常规的条款。因此，当更新合同时，我们必须要回到正常的付款进程上去。客户的反应就像你刚刚偷了他的车一样。你是什么意思？正常？我想我们原来已经讲好了！你确实是讲好了，但是客户并没有意识到那只是一个临时性条款。在这里，我们就可以说你的客户陷在输—赢模式的困顿当中，产生了错误的期待。

输赢的困局

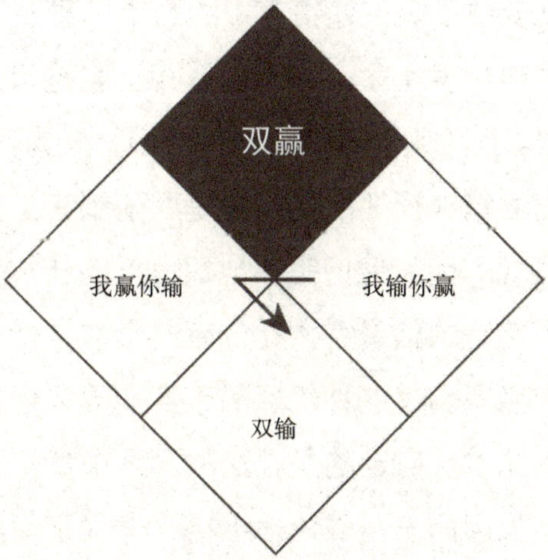

想一想那些信用卡公司，为了吸引新的开卡人而制定的低得可笑的资金利息吧。这些利息确实诱人——有时要比正常的低 2%~3%。但在试用期结束后（一般是 3~6 个月），持卡人会付出超过常规成本——18%~20%——

的利息，这时很多人就会把他们的余额，转到其他的地方去。这种总是“期待下一张牌”的心态，有时是一种令人反感的游戏，使信用卡公司无法获得长期稳定的业务。其实，输—赢模式本身就是一种在本质上让客户失望的模式。

当你采用这种输—赢策略时，你的客户会怀疑在交易中有某种陷阱（因为我们所有的人都知道，无利不起早）。因此在不明的情况下，客户就会手捂钱包退出，或者他们会以这种输—赢的方式购买，并希望这种方式能永久保持下去。

我们前面已经讨论过，一旦客户感觉你在乘机占他的便宜，情况就会向双输的局面恶化了。我们在上图中用图表标示出这个路径。你会发现当你告诉客户所有的优惠已经结束，恢复到正常的轨道上时，客户的心路历程会发生变化。他认为你是在试图欺骗他，他在这个问题上吃了亏。因此，不费吹灰之力，你就变成了赢—输情节中的那个坏蛋。

不可避免的事情自然发生了，那个自认为上当吃亏的客户，要么会撤出，要么会寻找补偿。而你呢，最终会一筹莫展，成为双输的受害者之一。

在这个问题上建立错误预期的并不总是那些销售人员。许多客户会主动地要求输—赢的模式。因为他们错误地相信可以长久获得好处。有时，一位顾客会强求一个特定的信贷结构，或者一个非常优惠的价格，并不理睬世界上还没有人曾经得到过这种优惠的事实。因为他相信你迫切地需要成交，所以你会不惜血本。有趣的是，这种顾客虽然可以一时获得本不该属于他的利益，但从长远而言，因为他给自己一种不现实的利益观，他终将会成为双输中的一方。

最后的结果，和前面所讲的情况是一样的，无论是谁造成输—赢模式，它的结果都是一样的：从长远上看都会导致双输的结局。

什么时候值得赌上一把？

有些情况下，经过风险计算后是值得赌上一把的。有时由于潜在利益和回报太高了，你愿意考虑使用输一赢模式，放手一搏。因为长期的潜在业务机会是如此有吸引力，不赌上一把就会显得自己很愚蠢。当然，在这个问题上，没有人会告诉你在什么时候、什么情况下、和什么样的客户可以进行这样的抉择，没有人比你更了解自己的情况。不过，我们可以在这里讲一个小故事，给你一些启发。

我们的一位朋友，在曼哈顿经营着一家植物护理服务公司，为大公司和大型零售商店提供装饰用植物的租赁和护理服务。前段时间，他们又获得了一个机会，为一家大银行提供装饰用的绿叶植物。这家银行是本市最大的银行，有很多营业网点，如果业务能够做成，他们的销售收入能立刻翻番。我们的朋友非常渴望能进入这家银行，所以他们同意用几乎是平常一半的价格，为这家银行处在商业区和居住区之间的一个营业网点提供为期半年的植物护理试用服务。他们赚不到钱，事实上是在赔钱做。但是，他们为了未来的回报，决定孤注一掷，赌上一把。

朋友向我们介绍了他是如何把赌注告诉他的银行客户的："我们做得非常棒，但如果我们和那些竞争对手正面相逢，而不是占领先机先做出来，客户根本就不可能知道我们有多么出色，他们会因为我的价格问题，从一开始就把我清除出局了。所以我们要告诉银行，我们愿意用一定的试用期，向他们证明我们有多么出色。我们以书面的形式明确地表达了我们的意见。我们非常清楚地告诉客户，如果他们想要我的服务在试用期后得以继续，那么价格就应该回到我们的常规报价上来。现在我们有一个为期两年、照顾 10 个网点的装饰植物的合同，而且，我的客户也没有认为我是在涨价。"

这个故事恰到好处地揭示出，在何时可以使用输一赢模式，以及如何去进行这样的操作。在很多情况下，输一赢模式演变成赢一输模式，再发展到双输的原因，往往就是销售人员在一开始没有明确地为客户指出，他所得到的交易是一个特殊的个案。所以，如果你发现使用输—赢模式是有策略和计划的，去做就是了。但是，一定要事先告知客户，告诉他们你在做什么。你得承认这样做对你和你的公司都很难！告诉他们，为什么你认为这样做是值得的。并且，最重要的是要明确地告诉他们，什么时候、在什么条件下，你们之间的交易条件会回归到正常情况。

双输：富有“引力”的模块

双赢模式的销售从来不会因为意外事件而产生，也不会是因为幸运或者美好的愿望。要做到双赢，一定是销售人员有意识地做工作，积极主动地推动双方向满意的结果前进。我们认为，作为一名销售人员，有两个基本的职责：

1．你有责任帮助你的客户去赢。

2．你有责任帮助你和你的公司去赢。

这两个职责同等重要。在双赢的销售中，他们之间紧密相连，不可分割。无论哪个方面没有做到，最终都只会演化成双输的结局。双输的销售模式，似乎对销售人员有着一定的磁性。无论是因为惯性、懒惰、疏忽，还是几种因素综合在一起，所有本来具备良好潜质的买卖互动，都有一种向混乱移动的自然内在的趋势。唯一能够阻止混乱、避免混乱发生的方法，就是有意识地、主动地去管理你每次对客户的拜访活动，将其始终指向双赢。

这项工作并不容易。在大多数情景中，人们可以有意识或无意识地操纵客户去买（赢—输），或者不惜折本去赢得客户的订单（输—赢）。而实现双赢是要真功夫的。

我们在这里没有把此事说得那么容易，是因为我们知道实现双赢是需要付出许多努力的，这可以帮助你和你的客户避免双方的损失。

维持双赢的挑战

我们先来说说一些主要的困难。当我们告诉客户永远为双赢而努力时，我们会经常遭到一些反对意见。在本节，我们将讨论四种最常见的挑战。我们并没有用放之四海而皆准的灵丹妙药，但我们可以提供一些原则。

问题 1：就没有合适的

如果你要销售的产品或服务并不适合客户的业务或个人的需求，你该怎么办呢？在卖给客户一些并不是非常有针对性的、单一的、可以明确解决客户问题的东西时，是不是还能让客户赢呢？简单地回答是不能的。所以，你应该远离这样的业务。当然，如果你能给他的公司带来一些其他供应商不能提供的东西时，答案也不确定。

如果你卖给 XYZ 公司的机器，只能达到竞争对手 96%的效率，那么你还是可以通过提供良好的服务支持体系，做出特殊的服务承诺，或者你可以提供比竞争对手多 20 个月的付款周期，争取与客户的双赢。今天，已经没有人只管卖产品了。所以，你有可能通过提供好的后续服务或其他的无形价值，来实现与客户的契合。

所以请相信，你现在正在从事的销售工作，要求你从一开始就向客户明确地讲解：你在提供什么样的产品或服务，与竞争对手在哪些方面有关键的差别。在销售中，没有人能够仅仅通过承诺一大堆好的服务，就让客户相信，他买到的产品，是国家级的顶尖技术。反之亦然。销售成功的关键，是与客户坦诚相待。如果你能做到这一点，就能将本不明显的契合显现出来，实现与客户的双赢。如果做不到这一点，无论你的产品与客户有多么契合，早晚你都会把事情搞砸！

这样的忠告对客户的无理要求也同样适用。如果客户滥用其权利，提出一些过分的要求，比如对一个本来很简单的问题，非要一套非常高端的解决方案，这时最需要销售人员坦诚相待。很多时候，客户在采购时并不明智，而那些头脑简单、目光短浅的销售员，则会屈从于客户的错误意见，还振振有词地自我安慰：客户说了，这就是他想要的。这样做你也许很快会拿到销售佣金，但这绝对不是双赢的销售，实际上这是在有意识地误导客户，是一种自找麻烦的做法。

问题 2：我不得不完成任务

在公司的销售队伍中，有些人本应该站在你一边，去为双赢而奋斗的。但是，你却有一种他们都是敌人的感觉，如市场和销售的管理层。这里不是指所有的市场和销售经理，而是指那些只会盯着数字看的经理们，他们往往提前三个月就会让你去看你应该达到的目标。这些算命先生一样的管理层，通过了解道琼斯指数和你公司的市场份额后，就根据他们自己的占卜法器进行推算了。然后用毫无幽默感的语调宣布“我们已经计算了这个季度的任务，它应该大于六位数”。

我们并不反对市场预测本身，但对所有的销售人员而言，那些无论是来自区域经理，还是公司总部的季度销售任务，与在市场上每天都发生的事情之间，有着一种简单的边际关系。这也是为什么作为在第一线与客户直接接触的销售人员，有责任去教育公司管理层，向他们解释，将通过与客户的长期合作，而不是把客户当成对手，而获得更多的长期收益。

就销售人员而言，从销售经理那里获得混杂的信号，是非常普遍的。一方面是那个用了很久的陈词滥调：“我们就是去迎合客户需求的。”另一方面却是让他需要我们的东西，无论使用什么办法都要完成任务。我们希望本书阐述的理论，可以使你产生这样的认识，这两种混杂在一起的信号是矛盾的，并且相互制约的。有时候，单一追求完成本季度的任务，会不可避免地伤及你的长期利益。

问题 3：竞争正在削弱我

我们已经在前面提及过，是否该使用先输后赢的策略，这是一个进退两难的任务，特别是当你的竞争对手已经出现，而且潜在客户已经获得了一种更好的交易条件时，做出这个决定就更困难。在与竞争对手比拼条件而且必定面临亏损的时候，你有三种选择。

1．你可以选择输—赢模式，将眼光放长远，期待未来的生意。

2．你可以在增值的基础上，让客户相信物有所值，虽然你的产品或服务比竞争对手的贵（或交货期差，或其他什么劣势），你还是可以做成交易。

3．除上述两种方法之外，你还有选择，就是放弃这笔生意。

最后一种选择，虽然看起来缺乏吸引力，但从长远上讲却是最好的选择。因为第三种选择揭示了一个简单的事实：如果你奉行的是双赢原则，那么你就不可能对所有人、在所有的情况下，进行销售。很多销售人员，信守的是销量第一原则，他们可能更喜欢第一种选择——先输后赢，把“输”作为一种投资。我们并不能说这样的方法就一定错了。但是，如果你决定用这样的方式去锁定未来的生意，那么就要判断暂时的牺牲是否值得，而且还要判断客户是否理解你的临时性安排。

问题 4：我的客户不让事情向双赢发展

面对这种挑战时，无论你如何努力地去对客户实现你双赢的理想，总会有一些人希望看到你或其他人都以失败告终。有些人就像秃鹫在空中盘旋觅食一样，就等着出现一个破绽，然后他们就会饕餮你的不幸。万幸的是，这样的人是少数。但尽管如此，你还是注定会遇到这种人的。

当你遇到时，我们的忠告很简单：如果你准确地判断了形势，发现对方根本不在乎你的死活，你应该起身告辞，对他说“对不起，我们做不到”，然后静静地走出他的大门。这样的忠告，虽然不是销售基本原则，但毫无疑问，它是一条好的忠告。你不能期待和所有的人都达成双赢的结果，你也不可能在单向状态下实现双赢。因此，如果确实想实现双赢，你就应该能够识别赢不了的情况，你应该学会撤退。

从“死马”上下来

撤退？我们真的是要让你拒绝生意吗？在一些具体的情况下，的确是这样的。我们会在后面的第 5 章谈到相互之间的承诺时，对它进行更具体的解释。在这里，我们只需要告诉你，如果你不愿意去拒绝一桩已明显糟透了的业务，那么你其实就是骑在一匹“死马”上。我们最近接到过一位同事充满智慧的电子邮件，他在邮件中提到了印度人的至理名言：当发现自己在骑一匹死马上时，你应该下来。但是，很多人却经常选择一些不明智的策略。这些策略主要有：

- 买两条更大的鞭子（强行推销，直到哭爹叫娘为止）。
- 进行培训，提高骑术（培训销售技巧）。
- 纠集几匹死马，寄希望于提高速度（10 个输一赢客户，肯定比一个好）。
- 宣称只要抽打，就不会有死马（只要有积极的态度，就不会有无法挽救的销售）。
- 为了改善马的表现，提供更多的预算支持（面对一个已经毫无反应的客户状态，还向里面投入好的资源）。

在这些怪念头面前，你应该得到一个基本的认识。作为职业销售人员，你的目标不是要做所有的业务，而是应该做好能够双赢的业务。所以，要么你尝试进行双赢的销售，要么你就试图向所有人销售。在这个问题上，你只能二选一。

基本目标

在本章结束之前，我们列出了所有的基本目标。在你每次出去做客户拜访时，都应该把它们铭记于心。

- **不要做超越预期的过分销售。**不要过分承诺，以避免自己陷入无法交付的被动。从一开始就和客户坦诚相待。如果你从一开始就超限度销售，那么你和你的客户，在最后都会无法达到销售预期。
- **不要舍本逐末。**不要因为太希望得到一个具体的生意，就忘记了你做业务的目的：满足客户和你自己。两者缺一不可。
- **倾听客户的心声。**不要认为你知道客户是怎么看你的，也不要认为他知道你会为他的公司做什么。让你的客户讲话。这是获得客户信息的唯一的可靠方式，它可以帮助你判断客户的自然思维过程和管理销售进程，使之始终在双赢的模式下进行。
- **愿意主动走开。**如果你确信有些生意就算实现，也会导致其中一方的输，那么你应该主动走开。如果不愿意主动走开，你就会面临以下情况：

在双赢的问题上，你只是在动嘴皮子，你将永远处于赢—输或者输—赢的结局，而这些结局最终会恶化到双输的境地。

培训课件 1　双赢

把下面列举的重点和你自己所处的情况，有机地结合在一起，你就可以做到双赢。用 15 分钟时间，来完成这项练习。

步骤 1：分析你过去的销售活动

回忆一下你在过去几个月完成的销售订单。在题目“双赢”的下面，页面的左边，列举出 6~7 个销售案例。这些案例，只需要简单的说明，如 MACRO 公司的 3100 号合同、COMRAM 集团的服务更新合同，只要你能清楚每个个案是在做什么、你销售的是什么、在什么时间销售的就可以了。

现在，请针对个案写下一段简短的描述性文字，描绘你和你的客户，在生意完成后的感受。我们在这里强调的是生意真正结束后，是在交易完成的一两个月后，就是说你的客户有足够的时间去认识到他的这次采购到底意味着什么以后。在这里，你可以做一个有意义的猜测，来推测客户的感受；因此你一定要尽量简单地描述，你和你的客户在一笔生意完成后的心理感受。

仔细地阅读你自己写的这些内容，把客户可能会有的心理感受和你自己的感受进行比较。如果通过比较发现在很大程度上是自我感觉很好，客户感觉很差，那么很有可能在没有主观意识的情况下，你导演了一场赢—输模式的交易。如果你做出的判断，认为客户获得了一个极好的订单而我倒霉透顶，那么你可能是导演了一场输—赢的交易。

这里并没有评判对错的标准答案，我们建议你回顾自己最近做生意的经历，以便你领悟到那些实现双赢的可能机会——以及那些导致失败的原因。你很可能会发现在你刻意和积极地去满足客户利益的时候，你实际上也满足了自己的利益，而在那些你刻意（或不经意地）忽视客户利益的销售个案中，你会发现自己也同样忽视了自己的利益。

步骤 2：评估现在的双赢位置

现在，把双赢的模式用到你现有的客户身上。在你即将进行的客户拜访计划中，挑选两三个案例作为本书中的范例。针对每个将要进行的单一销售拜访，提出以下问题：

- 我是在坚定地寻找产品或服务与客户切实的需求之间的契合点吗？
- 我面前的这位客户真的明白我希望帮助他、让他赢吗？我有什么样的证据来判断他相信这一点呢？
- 在让我赢的问题上，客户有明确的承诺吗？或者，他是不是在试图用我的牺牲作为代价，来换取自己的好处呢？

- 为了获得双赢，我有没有向客户表达清楚，他也必须和我共同分担这一责任呢？

我们敦促你问这些问题。只有这样，你才能固定好你与客户之间的关系。如果将这些问题写下来能对你有所帮助，那就要写下来。对你的工作而言，那些越能明显地标识出你位置的东西，越能对你维系长期的双赢客户关系有所帮助。

步骤 3：列举出实现双赢的行动措施

不只是幸运的销售人员，才会碰上双赢的客户。实现双赢是一个有意识的、主动而积极的选择。在每次销售拜访中，你都可以事先决定希望选择四种模式中的哪一种。虽然你的决定并不能确保一定能达到目标，但如果你没有做出决定，就去争取双赢，那么你很可能就会因为惯性的作用，自动滑到双输的地步上去。

因此，在这个步骤中，你要仔细考虑在下一次销售拜访中，可以采用的具体行动措施，以便与客户共同管理好整个销售进程，实现双赢。此时，我们建议你从三个不同的角度，提同一个问题：

- 为了确保双赢，我**能**做什么？
- 为了确保双赢，**我**能做什么？
- 为了确保双赢，我能**做**什么？

你会注意到，问题的第一个角度，是在强调现实性：在列举采取的措施时，你必须从最有可能办到的做起。比如，你在下个周末会遇到哈里森，她这时正在明显地采取输—赢的路数，要求你给她一个根本不可能的价格，而你的公司不可能接受这样的折扣。因此，你根本不可能列举一个类似“同意最低价格”的行动建议，你可能会采取一些更现实的措施，如开出比采购价格高出 10%的价格，以应对对方还价，或者告诉哈里森，她的价格建议会使我们两家两败俱伤。

问题的第二个角度，是专注于你的个人责任：如果你公司的条款是一个你根本无法控制和改变的财务流程，你就不要再自找麻烦去重新调整付款条件了。您能以个人的方式，和哈里森一同进行的工作就是更全面地解释公司的信用条款和可选方案，或者安排一次和公司资信经理的会面。

最后，问题的第三个角度，是关注什么样的措施是具体的、可操作的。你需要分辨和选择一些措施，既要和客户的实际需求有直接的关联，同时还能确保你也可以“赢”。你所列出的措施，不仅应该是具体的、可以确保你和客户的互动过程持续进行，而且还应该是能够推动销售进程的。这些都是你在下一次和客户面对面时能够实际操作的措施。

在这里，“行为”这一字眼可能会产生误导。我们不仅仅是在说切实的行动，如带她去吃饭，或者在本周五提交新的产品特性报告。有时提问题本身，也是一种行为，而且是一种你在即将到来的拜访客户的工作中，一定能够派上用场的行为。如果你还没有和客户一起步入双赢境界，如果你还不确定你们处在什么样的阶段，就该起草各种问题来帮助你提高对客户需求的理解程度。

当然这样的练习不可能提供所有答案，但是它可以给你一个工具，帮助你判断自己的销售属于何种销售模式。在形成了基本印象后，你就可以筹划一次拜访客户的工作了。这个计划过程会自然地跟随着一个合理的顺序，从理解客户为什么要购买开始，到分析他们是如何完成采购决策的。在了解具体销售情况、做好拜访客户计划后，我们从我们称之为“客户的概念”这里开始。我们在下面的章节中，将继续讲解。

第 4 章

产品推介之外

鸡为什么要穿过马路?

这个古老的脑筋急转弯问题，最常规的答案是：为了到马路的另一边去。但这种答案，实际上并没有告诉我们鸡过马路的原因。它只明确了鸡横穿马路的一般目的，却没有讲明一只特定的鸡，决定要穿越马路的特定目的。比如说，内华达州的雷诺市的一条主要大街上，在 10 月的一天的下午 4 点钟，有一只鸡要穿越马路。如果你要了解这只鸡穿越马路的目的，你就需要发现更多的信息。

也许这只鸡是因为渴了，要穿越街道去寻找水源？也许是被太阳晒得厉害，要躲到街对面的阴影下去？也许它正被一只坏脾气的狗追逐着？或是被一个准备拿它做汤的厨师追赶着？它穿越马路的行为，肯定有某种特定的动机驱动，如果你对畜禽心理有足够的兴趣，你会去探求在那个特定的下午、那条特定的街道上，那只鸡的特定动机。

在了解更高层领导的决策过程时，寻找其特定动机非常重要。客户每次做出一个采购决定，他都会穿越一条概念的马路。但是，他做出穿越这条马路或那条马路的原因是：（1）高度个人化的；（2）可能想通过穿越马路到达目的地。

你不能只是简单地想象，就像传统的产品推销员一样认为所有购买者的心理都是一样的，而且到哪里都一样。事实上，购买者们做出购买决定的特定动机的范围，和那只横穿马路的鸡的动机一样宽泛。而且，因为你的客户是人类而不是禽类，所以他们的动机要更加模糊和复杂。

因此，要想在概念销售的培训中获得成功，你就必须从一个重要的认知开始，那就是每个决策都始于个性化的观念，如果没有这种认知，就好像在说，鸡和所有的客户都是一样的，他们之间没有任何区别。

我们在第 1 章里已经谈论过、人们是因为他们自己的理由才购买的，而不是因为你的理由。作为此现象的必然结果，就是你在和客户发展双赢交易关系的时候，必须从客户的实际情况出发，而不是从你的产品出发，把客户吸引到街的另一边来。无论你的产品或服务是什么，你都应该将其影响弱化到零，然后从零开始去寻找客户需要或不需要购买的真正原因。这就意味着你必须采取一种迥异于传统的产品推销的新方式。

这一动因，可以用一种夸张的说法来阐述：从没有人买过任何产品。

从没有人买过任何产品

这个论断，并不匪夷所思。想一想你自己上次购买东西时的情况。你上次花钱，无论买的是一份毫不起眼、随手可弃的报纸，还是一辆性能极佳、经久耐用的汽车，其实你都不是在买肉眼可见、随手可摸的产品本身，而是在购买一种预期，就是你所买的东西对你能够起何种作用的预期。从某种程度上讲，所有的买主都是期货交易者。当购买时，我们会产生希望满足某种特定需求的预期，这才是我们付钱的真正原因（所以，我们买东西时，都不是在买那个产品本身）。

如果我们花一块钱买了一份报纸，我们是希望了解这一天里发生的事件。如果我们花几千美元去买车，我们是在预期获得一定的行动能力、尊严或方便。我们从不是为了买东西才去买东西，而是为了满足购买的预期。在概念销售中，我们有了这样的论断：

从没有人买过任何产品。

客户掏钱购买是因为他们认为产品或服务对他们有用。客户认为产品或服务会对他们有用的预期——就是我们所说的概念。**客户的概念就是他想要通过购买，将现状改变，而形成的那个解决方案或定型的想法。**针对客户的概念进行销售，是所有优秀销售人员的起点。

因人而异

贯穿本书始末，只要我们提到客户，我们就是在指一个你要销售东西给他——他是单一且唯一的个人，你是为了销售而去拜访他。这个人也可以是我们通常意义上所指的老客户，或者是你已经和他有了某种生意关系的人。或者，此人是你的潜在客户，你正准备第一次拜访他。我们这里谈论的客户也是所有那些会对你的销售工作有所影响的人——不管这个人是过去的、现在的还是将来的，也不管这个人是否有正式采购行为或决策权力。

在概念销售中，专注于这些单一的个体，并把他们当作个体看待，是很重要的，因为对每位客户或目标客户而言，他们的“概念”是有单一指向和区别的。没有任何两个人，会因为完全一样的原因购买（或者不购买）一项产品或服务。这也是我们为什么会坚持认为，导致销售实现或突破的原因，不是因为产品或服务本身，而是因为单一客户对一项产品或服务能够对他产生什么作用的特定观点。

进一步说，客户自己的概念是和他个人的价值和态度联系在一起的。我们在本书的后面部分，还会更多地谈到客户的价值和态度。这里的根本出发点是要扩展传统销售人员所强调的“产品特性”的视野，再一次强调人们是因为他们自己的原因而购买。这些原因永远地带有各自的特性和自身的特征。

因此，另一个概念销售的原则是：

公司没有概念；人才有。

这句话告诉我们，如果你向一家具有多人决策习惯的公司进行销售，你就要面对多位具有采购影响力的个体，你要去面对多种客户概念。也就是说，即使你是向一个四人采购委员会销售同一种产品，你也要面对一个现实的挑战，就是要去了解四种不同的客户概念。

更具有挑战性的是，群体客户的概念和个体客户的概念一样，都是动态的和充满活力的，它们会随着客户观点的变化而变化。因此，你每次走进客户办公室的时候，都要做好从头开始的准备。你必须要更善于倾听，而不是滔滔不绝地讲话。

除非你能读懂客户的大脑，否则，你只能通过更多的询问去了解到客户的概念，而宣讲是做不到的。即使这位客户是你最可靠的老客户，你也必须要做好准备去了解他当下的概念。因此，你应该遵循一个简单的原则——无论何时，只要你和一个人坐在一起，无论你认识他五分钟还是五年，都不要对他的任何想法进行想当然的猜测。把你的每次客户拜访，都当作对客户的第一次拜访。无论你们一起做了多久的生意，他的概念都有可能会在两次拜访之间，或者因为你的一个疏忽，或者无法控制的原因，而发生变化。因此在每次客户拜访中，你都必须要去判断，而且是反复地判断客户的概念。

之所以要这样做，更多的是因为你和客户都具有认识事物的自然进程，不是因为与客户有多么亲密的关系。如果销售的起因是客户对解决方案的构想，那么销售的进程就是你将这些构想具体化的过程。也就是说，一个可靠的销售进程，会伴随着复杂的认识过程。而且今天只有当你能破解客户心中所想时，你才能开始进行销售。我们的一位在高科技领域工作的同事，用了一个激进但准确的说法描述了这种情景："在你不知道客户想要买什么之前，你是不会知道你在卖什么的。"因此你在每次客户拜访中，都必须去判断新的客户概念。

判断概念

在进一步谈论"概念"之前，我们应该澄清一个误区。这样的困惑往往很容易出现在这类人群中，他们花费了很多时间去准备产品介绍，而且已经在产品推介中开始提及"客户的概念"。我们收到的困惑诸如"我非常高兴客户也在关注这些概念，我们一直在尝试让我们的客户注意到产品的背后所蕴含的这些概念，但有时候还是有些人不能认识到它们"之类的话。

也许，你永远也不会让那些客户明白过来的。因为有些时候，当一个销售员或一个销售公司，在提到"产品背后的概念"时，也许这些概念和客户的概念根本风马牛不相及。对于正在进行推销的人而言，"概念"往往是一种寓于产品生产之前的蓝图——存在于市场和研发人员头脑中的、在具体的产品形成前就已经具有的、关于产品的基本概念。这时，对一些目标客户而言，这些概念当然是有意义的，但是，如果把有针对性的概念，应用于其他普通的买方，寄希望于对他们也都有意义，那就是一个错误了。换个说法就是，有些概念对自己有意义，但是对其他人而言，也许永远不会有意义。

比方说，在很多快餐店，免费赠送玻璃杯是一种常见的促销方式，客户只要购买一定数量的软性饮料，就可以获得这只杯子。最典型的过程是这样的，这些杯子由软饮料公司免费提供，目的是能够刺激软饮的销售量；而餐厅呢，也大多乐此不疲，因为他们自己的销售额也会因此而提升。在很多情况下，对软饮商的促销概念和餐厅的概念而言，这种促销手段是一种屡试不爽的契合。但是，有一家不可小觑的快餐连锁店，却从来不使用这个促销手段。我们曾经为此事询问过他们的部门经理，他的回答非常贴切地反映了一个重要的事实——买方的“概念”和客户的“概念”之间，有时候根本没有必要保持一致。

他说：“是的，我们会卖掉更多的苏打水。但是，我会遭到一半店员的反抗。你看到了我们的店面情况。我们一直以店面的使用效率而自豪，因为和我们最主要的竞争对手的典型店面相比，我们的地方比他们的小一半。所以，我们总是对促销说不，当一个推销员向我推荐使用赠送杯子的促销手段时，你知道我会想到什么吗？一个 3.6 米见方的大盒子，放在厨房里，会妨碍所有人工作的。

这个客户的概念，换种说法，就是对一个潜在的零乱状态的想象描绘。无论销售人员的“概念”多么精彩，它也无法解决客户内心的担忧。因此，说到底，试图销售产品背后的概念，不会比推销产品更容易，有时反而会更加艰巨。推销你的产品概念，实际上只不过是一种更加复杂的强行推销产品的过程，这样的做法很少会带来好结果。有时，它甚至会导致负面的结果，因为它会误导你偏离销售工作中应该关注的有益的东西：客户的想法。

因为每次销售和每位潜在的客户都是不同的，所以我们无法告诉你在单独面对客户进行销售的情况下，你的客户在想什么。但是本书将会向你揭示，当你和客户面对面交流时，你可以如何去获知这些想法。现在，我们将为你提供一些指南和通用的思路，这都是你在评估客户的概念时需要寻找的东西。

关注结果：三条线索

我们已经讲过，“概念”是指潜在客户对于你的产品或服务能够给其带来的作用的一种预期。换个形式来说，就是在强调你的客户和所有生意人一样，总是在寻找结果。只有当他们认为你能够给他们提供结果时，他们才会愿意了解关于你的产品或服务。更确切地说，一个客户所期望的概念性结果，总会与以下三个方面的一个或多个相关联：

1．差异性

关于差异性，我们是指在目标客户（而不是你）的脑海里，在他现在所处的位置和他想要达到的位置之间，存在着一个可察觉的鸿沟。除非客户相信你可以帮助她跨越这个鸿沟，否则你基本上可以先忽略销售这件事。你应该还记得那个古老谚语——要为一个什么都有的人买件东西，是非常困难的。事实上，要把一件东西卖给这样的人，会比给他买东西，难上十倍的。

这里涉及概念与预期的结果之间的关系。如果潜在客户对他所处的现状非常满意，那么，你就没有办法帮助他提高现状。简言之：没有差异，就没有销售。

比如，我现在开的一辆车，是一辆用了五年、跑了九万公里的车。除了没有好的音乐播放器外，它基本上具备了我想要的所有功能，而且就其使用年限而言，车已经很不错了。如果我对这个车感到完全满意，那么就是没有差异性，你也就没有办法卖给我一辆新车。但是，如果我感觉到邻居看我开这辆车时的眼神有些异样，或者，我觉得这辆车的左后保险杠的锈迹已经使我难堪时，这就在我的现状和我希望所处的状态之间，有了一个明显的鸿沟。这时，差异性使我改变了我的“新车概念”，因此，我会以更开放的心态，来对待一个可能性销售。

2. 重要性

在谈到客户的概念时，你要时刻警觉一个问题，就是客户对要进行的任务的重要性排序。我们用车载音响举例。如果我只是对车里没有车载音响而隐隐约约地感到一种缺憾——因为我希望在开车时能享受美妙的音乐——那么，车里音响有与无和其质量好与坏，对我采购的影响也就没有那么明显的差距，音响的重要性也就低了，我买此车的机会就不大。但是，如果我每周要有 20~30 小时在路上，我需要不时地停车，更换 CD，而我又想尽可能地不延长驾车时间，那么音响的重要性就可能提升了，因为我的期望值是它可以缩短我在路上的时间。这时，我买一个这样的音响，或者买一个有这样音响的汽车的概率就高多了。

3. 解决问题

我们讲过“概念”的同义词是解决方案的构想。如果你的客户有一个急迫需要解决的问题，那么，差异性将显然会增大。如果你提供的解决方案，和他头脑里的想法完全契合，那么获得这个生意的机会就会非常高。这种情况是显而易见的。

还有一种非显而易见的情况，那就是即使你的客户自己还不是很清楚他面临的问题，你也可以通过向他展示解决方案，让他知道你的解决方案能够帮助他避免在将来可能会出现的问题，如果能做到这一点，你也可以完成你的销售。

“客户定制”式销售

我们正在谈论的销售，可以用一个词来形容，那就是客户化的，或者更准确些，叫“客户定制”式的。在一个高度竞争着的市场环境下，对有大量选择机会的客户而言，能够让销售人员得以长期生存的唯一方式，就是“客户定制”式的销售。我们用两个例子来说明这一点。

首先，举一个不做“客户定制”式销售的例子。我们的一个朋友，开着一辆破旧的运动型车，来到了一家汽车专卖店。一下车，他在门口就遇到了一个跃跃欲试的年轻销售员。他看到我们的朋友是开着一辆运动型车来的，所以这个年轻人根据表面现象做了一个想当然的判断，他认为我们的朋友是准备替换一辆运动型的车。于是，当他们一走进展厅后，年轻人就开始喋喋不休地介绍起他们所展示的各种运动型车辆的发动机压缩比和百公里加速耗时等一系列的高速性能参数。但是，这样假设却是没有道理的，也是致命的。

事实上，我们的朋友和他的太太刚刚有了他们的第二个小孩儿，他们迫不得已地决定，现在是应该换车的时候了。他们要把他们那辆代表着年轻而放荡不羁的运动型跑车，换成一辆更切合实际的家庭用车。他对于他的“新车”的概念，换个说法，就是建立在他自己概念之上的：需要更多的车内空间，而不是要跑得飞快。因为这位年轻人没有发现这些概念，他浪费了我们朋友的时间，也浪费了自己的时间，而且他自己还以为能做成这笔生意拿到佣金呢。

下面来看第二个例子，我们的另一个朋友，来到一家男装店，想买一件运动夹克，他向销售员寻求帮助。这位销售员没有像其他的销售员那样，只是告诉他：“先生，39 码的在那边。”而是对他说：“先生，为什么不和我坐几分钟，告诉我你现在都有什么衣服呢？”在接下来的 10 分钟里，他们谈论了他喜欢的颜色、样式、所希望的功能等。“真有意思”，我们的朋友事后说，“他甚至把我说的颜色做了文字记录。最后离开那里时，我买了两件夹克，两双便鞋，一件套头衫和三条领带”。这就是“客户定制”式销售。

1987 年，在我们出版《概念营销》第一版时，很多人认为“客户定制”

式销售有些惊世骇俗、过于激烈，而且也难以实现。今天，很多厂商和市场营销团队已经接受了“客户定制”的概念并将其付诸实施，再提概念销售，有种恰逢其时的感觉。正如商业顾问乔易·百恩在他的经典著述《大规模客户定制》（*Mass Customization*）一书中讲到的那样，我们现在已经进入了一个市场精细划分的时代，这就要求所有公司，要把销售当做众中之重，需要提供“量身定做”式的产品和服务。

这是一种宏观的观点，但是“客户定制”式销售在微观上（或者说在战术上）同样适用。从逻辑上看，这与“放弃推销”的销售模式有异曲同工之妙。这也是唯一的一种没有想当然进行销售的销售。它不是从产品，而是从客户的个体兴趣和价值需求开始的销售。它再一次阐述了一个重要的事实：和客户进行有效的对话，总是从客户的概念开始的。

两个基本的销售任务

我们是要把产品彻底忘记吗？

我们是不是正在过分地强调着那些无形的价值和期望，而使得我们离产品越来越远了呢？

并不是这样的。你所要做的一切，就是要懂得“概念”。我们没有说产品信息不重要。认识你的产品，熟练地掌握产品和服务的信息，永远是优秀销售人员的基础。这一点从来没有改变过。但是，在我们今天生活的世界，竞争变得异常激烈，客户的要求变得非常复杂而细致，而他们所面临的选择，比历史上的任何时候都要多。在这样的情况下，只关注于你的产品本身，那就等于自掘坟墓了。

是的，你所销售的是产品。但是，这只是你的任务之一。当每次和你的客户坐在一起时，就需要完成两件不同的，但又相互关联的销售任务。

首先是认知，然后是联系。关于“认知”的话题，我们已经讨论过了。这是分析和判断你的客户认为产品或服务能够对他有什么用而“联系”，我们是指把你的产品或服务与发现的“概念”联系在一起——就像那位男装店的销售员一样，把他的特定的产品，和我们朋友的“服装”的概念联系在一起。通过这样的联系，你可以给出更多的产品信息，这也是很多销售人员最愿意做的事情。比如，你可以提供产品数据、使用细节、价格计划，等等。其他的例子，见下图。

两个基本任务

在销售中，你有两个基本任务要做：

第一，认知客户的概念。他个人觉得什么是重要的，是需要完成、修复或避开的。

第二，把你的产品或服务和客户的概念联系起来：

成本/价格	产品说明
产品特性	做演示
包装	技术
产品功能	经过验证的结果

在上图中可以发现，你在联系的部分所要提供的内容，其实就是你的产品特点和有益之处，无论我们如何陈述，首先要注意概念，强调产品的特点和优势都是没有错的。事实上，这是你的两个基本任务之一。我们之所以要在这里相对减少描述产品特点和优势的作用，是因为人们往往过分依赖它们。在传统的销售培训中，销售员们总是绞尽脑汁来记住所有的产品内容、图表和数据，并且一到客户那里，就把这些东西抛向客户。这么

做有一个缺陷，就是会丢失针对性。

销售人员都热爱他们的产品和服务——这是他们销售的主要原因。问题是，他们非常了解这些东西，以至于他们很容易就在销售的过程中，出于好心地向他们的客户过分强调一些产品，而不去观察面前的客户是不是需要这些东西。有时在很多情况下，客户们根本不懂这些。特别是在今天，客户面对如此之多的复杂产品时，如果你自己对产品信息的相关性和客户是否感兴趣都无法分辨的话，你自己的产品知识越渊博，就越有可能成为你的负担。如果不能够分辨信息并且有效过滤，你会给客户提供很多他根本不关心，也不想知道的信息。

你所需要的信息过滤，要根据客户的概念而定。它能够帮助你决定今天应该说什么，和什么时候才应该介绍藏在皮包里的产品概况。遗憾的是，很多产品发烧友从来不安装这样的过滤器，在以下任何一种情况下，他们都会滔滔不绝地倾倒出那些数据来：

- 他们彻底遗忘了客户的概念，而是试图完成一个单边的销售。
- 他们试图谈论客户的概念，但却把产品演示放在了前面。

关于第一种情况的缺陷，我们在汽车销售的案例中，已经谈到了。而第二种情况同样是不奏效，因为你有“概念”不去使用，却偏偏先要按照你觉得更舒服的方式，宣讲你熟悉的产品知识，描绘产品功能。事实上，你的意图就是完成一个“产品销售”，大概是传统销售的通病了。

传统销售人员的通病

这个错误是从“产品推销”观念而来的。这样的方式因为“说”比“问”多，让大多数销售人员都觉得比较容易，所以这种方式得以不朽，甚至还被所谓的“产品演示”技巧发扬光大了。在这些演示中，你要做的就是向一个你认为的“潜在客户”宣讲你的产品，如我的车可以达到时速 130 公里，或者你看我切牛排时，就像在切黄油。

如果你是在对一个正确的对象做这样的产品宣讲，也许会有用。但是，如果你面对的是一个认为 55 公里的时速就已经很快了的人呢？或者你是在向一个素食者炫耀你的刀子切牛排时有多么快呢？这时你的表演，就彻底砸了。在很多产品推销的过程中，都有一种所谓的惯性效应。拥有产品知识的出色的销售员，在向客户宣讲产品特性时控制不住了，把很多客户根本不想听到的东西也讲了出来，结果把他自己和生意都淹没在了一大堆没用的陈述当中，错失了机会。没错，从里到外地认识你的产品，在一些特定的销售中，针对一些特定的客户，确实能够帮助完成生意。但是，如果你把产品特性，讲给一个和产品根本没有任何关系的客户，那么你就毁了一个很好的潜在机会。

在高科技产品的销售案例中，我们经常看到这样的事情。在这个领域，有很多销售人员都是工程师出身，他们因为对产品的熟练掌握而被安排在这个岗位。这些销售工程师最容易犯的通病，就是他们在和大公司的副总裁或总经理谈论业务时，总是把他们也当作工程师。一个来自一家大型计算机公司的销售工程师曾经提到，这种做法几乎从没有奏效过。

“我第一次做公司销售时，客户是一家很大的纺织厂，他们的仓储出了问题。他们信息系统的负责人，让我们去做一个演示，并且记录了我们说的所有内容。但是，我还要去向他们的总经理做产品介绍，他虽然是一个执拗的老头，但这单生意额超过了 50 万美元，一定要说服他。我把能讲到的细节都说了，包括各种数据记录形式和方式等一系列技术关键的内容。但是，他打断了我的话，并说：“小伙子，我只会听和我有关系的那一点点儿。现在告诉我，这个能在每个月跟踪 16 种 400 000 米长度的不同的纺织物吗？它能告诉我这些东西的确切位置吗？”

我一下就愣住了，赶紧说：“是的，它完全可以。”

“好的。那么，你干吗不给我当场演示一下它是怎么做的呢？”

这个销售代表最后做成了这个生意。但是，他不得不收起了那些用之四海的技术细节，而专注于这个单一客户的特定需求及其个人对计算机新系统的功能和用处的认识上。

注意到了吗？那位总经理对销售人员的要求和两个基本的销售任务是有直接联系的。

首先，他想知道那个新的计算机系统是否能够解决他的问题——是否能够和他的解决方案的构想相一致。首先解决客户关注的问题，就是在认知个人的“概念”。

然后，经理一旦确认这位销售人员乐于解决他的困难，他就想知道这位销售人员是如何来做的。他希望他把产品和他期望的解决方案联系在一起。

这本书以及培训的目的，是要让大家知道。两个销售的基本任务都很重要，但是对“概念”的认识过程，一定是第一位的。

远离“甩果冻法”

我们的一位客户，吉姆·法摩有一个很好的例子来说明产品驱动型销售和概念驱动型销售之间的区别。吉姆是一家叫 PDP 公司的副总裁，该公司是专门为财富 500 强企业的雇主们提供复杂的人事档案解决方案的。在一次目标客户的复审委员会拜访时，吉姆意识到他们的生意有可能要彻底丢掉了，因为和他一起去的那位销售人员，一直在喋喋不休地絮叨着他们的产品。

吉姆回忆说：“在客户采购委员会里，有五个人。但是我们的销售人员，事先没有搞清楚他们每个人所关心的概念的情况，就开始抖搂他那些足有

10 公斤重的资料，并且认为他应该尽可能地把产品都介绍详细。这是一次痛苦的经历。他用大约 1 小时来追述产品研发的背景，1 小时讲实施方案，半个多小时做演示——他这样喋喋不休，却压根儿没考虑这些内容和这五位客户到底有什么样的关系，这就像把一大块果冻甩到墙上去，然后期待着有什么东西能就这样粘在墙上一样。

“在我们离开时，他已经滔滔不绝地说了三小时，我都清楚，我们掉坑里了。我们也都知道，如果这些人还愿意给我们这次机会的话，那将是我们的最后一次机会了。

“后来，他们确实又给了我们一次机会。这一次，我们精心设计了一个 180 度大转弯的方案。就在第二次会面前，我督促这位销售代表，悉心采集每位委员会成员的态度和想法，我们利用其他途径，收集到了这些成员个人对这件事的解决方案的构想，然后，我们又拜访了每位成员，让他们自己来评价我们的发现是否正确。

“当然，他们的概念有着明显的差异。但是，我们也确实发现了一些共同的地方。大多数委员会的成员，都希望员工档案的记录方式快速、可靠、易懂。所以，在第二次客户拜访时，这些就是销售代表要去关注的了。这三点对大多数人来说都很重要。因为谈论的内容一下子少了很多，所以，第二次客户拜访，只用了 30 分钟。

“这次拜访中，最精彩的地方发生在最后时刻。结束时，我们的销售人员甚至不用归纳问题了。在他为委员会成员解释我们的档案建立系统是如何快速、可靠和易懂地工作后，一位副总裁直截了当地说：我们现在要做的话什么才能开始实施呢？所以，一旦我们把服务和他们关心的问题联系在一起后，几乎就没有什么需要销售的了。你只要去关注客户的概念，你就一定能赢得订单。”

更多的优势

能够先认识到概念的第一个最明显的优势，就是避免产品推介的危险。此外，还有很多其他的优势。在我们对曾经参加过概念销售培训计划的学员们进行的跟踪调查中，我们曾经问过他们在亲自尝试了从一开始就直面“概念”的方式后都有什么样的收获。他们列举了很多：

- 首先聚焦在“概念”上，而不是一上来就滔滔不绝地推荐产品，会使你更多地了解客户。即使那些最倾向于推销产品的销售员也承认，你只有越多地了解客户，你才越有机会长期地守住这位客户。从“概念”开始，是最好接近客户的方式。
- 通过描绘客户的当下利益和他所关心的问题，你能够把注意力放在他真正想要实现的结果上去。而不是你认为的产品能够或者想当然提供的那些结果。通过这种做法，就能够使你有的放矢地精简你的销售呈现内容，强调更为重要的目标。
- 在今天的环境里，聚焦在“概念”上的销售人员并不多，你的与众不同之处将体现在竞争中脱颖而出。在第 1 章里，我们已经讲过了那个餐饮服务公司的例子，那个非常新颖的“首先提问”的方式，使运用这种方法的销售人员具备了一种独特的优势，已经超越了那些只关心自己的销售员。
- 从“概念”开始做销售，把价格竞争的重要性降到了最低点。它使客户知道，你更感兴趣的是提供价值——是一种他需要的具体价值——这就会使你比那些只会靠低价竞争、打价格战的竞争对手们更多了几分胜算。
- 在大多数针对公司的销售中，尽管很多时候，都需要几个人或者团队的一致同意，才能使销售得以完成，但是总会有一个人的意见起着最终的决定作用。把注意力首先放在“概念”上，会使你和最终决策人站到一起。正如我们前面讲到的那个根本不想听存储数据量细节的总经理，这类最终决策者往往对那些细枝末节没有任何兴趣。他们关心的就是你能为他的公司做的最关键的是什么。和这样的角色接触，就要先了解其“概念”。

- 最后，首先聚焦在“概念”上，使你在销售循环的最初阶段，就能判断出你和客户在某种情况下，是无法实现“双赢”的。这时，我们要面对这样的事实——这个世界上，不是所有的人都希望有一个双赢的结局。所以，有些人根本就无法或者根本就不愿意让你“赢”——他们致力于破坏。但是，通过先关注“概念”，你不仅能发现好机会，也能在销售环节中明智地放弃你本不该追逐的销售机会。

很多销售新手，还在接受着一种错误的教育，他们被告知要竭尽所能，去抓住所有机会。只要有销售，就不能错失机会。但是，当你有一定经验后就会知道，这是一个错误的观点。每位从事专业销售的人员，都有过那种完成销售，但是最后发现亏本的经历。我们在这本书里，就会通过关注“概念”的方式，帮助大家避免在将来陷入这样的业务中。

培训课件 2　概念

在阅读练习中，你将有机会把我们讲到的客户“概念”应用到你的实际工作当中。在记事本上，写下这样的题目：概念；然后，用大约 30 分钟的时间，来完成下面两部分的练习。

第 1 部分：当你是客户时

第 1 步：挑选一次特定的购买经历。为了明确地认识到客户“概念”，你要开始思考这样一个情节。这时，你自己就是那位客户。挑选一个你自己刚刚完成过的购买行动——不是那种冲动型的购买，而是一个重要的、经过深思熟虑才进行的采购。举例来说，可以是买车、买服装，或是一次长期的休假。挑选一个类似的、对你很重要的购买经历，然后把它写在你的记事本上。

第 2 步：记录下你在购买之前的想法。现在，回忆你在这次购买之前的想法，包括影响你决策过程的那些期望和思考。我们讲过，任何客户在购买前的"概念"，都和以下三点有关：

（1）客户当下所处的位置和他所希望达到的目标之间的差距；

（2）一种要得到某种重要东西或效果的构想；

（3）一种处理一个紧急问题的需求；或者，在出现问题前防患于未然的需求。

把这三类问题作为指南，记录下你觉得那次购买要实现的目的和性质。

记住，在这同一购买项下，可以有多个理由。我们希望你在这里记录的，是对你来说那些重要的、采购前的考虑，这些导致你寻找一辆汽车、一套西装，或者一个度假方案的个人想法，就是形成购买的"概念"。

第 3 步：查找和判明特定购买的原因。无论你在采购之前的想法是什么，你都要在付款前形成一个特定的决策。你必须有一个或多个理由，才会从那位特定的销售那里，在那个特定的时间下，买下那个特定的度假方案。记录促成你做出这个特定选择的原因。然后，看看你自己刚刚写下的购买前的想法，注意你最初的购买构想和那件你挑选的产品或服务的特性之间的关系。换句话说，你现在要判断一下，你的买前"概念"和你购买的产品之间是否很好地结合在了一起？

第 4 步：销售人员对你的影响如何？通过把自己当作买方，体验一次"被销售"的感觉，可以使你获知你自己在做销售时的那种状态。在你自己买这件东西时，销售人员的风格对你产生了什么样的影响呢？是积极的，还是消极的？如果他轻而易举地就让你把东西买下了，是为什么呢？这个人和你建立了什么样的对话，让你觉得你在做出购买决定的时候很舒服呢？他是如何向你表示他了解你的？或者说，他如何试图了解你的买前“概念”的？如果这次销售变得很困难，那又是为什么呢？有什么操纵或强行推销的证据吗？你是不情愿地面对着产品推销吗？又是什么样的原因，使你克服自己的不满意，而掏钱购买了呢？

第5步：记录你买后的感想。最后，简要概述一下你买完并使用了一段时间后的感想。特别要注意以下几个方面。

- 效用：产品工作状态如何？
- 价值：你觉得物有所值吗？
- 满意度：你对这个购买满意吗？

一旦记录下购买后的想法，你就可以很好地理解，你买的具体的产品和服务，与你在买前想要的那种解决方案的构想之间有多么好的结合了。换句话说，你将会更清楚地认识到你买的产品和你的“概念”之间，有什么样的匹配关系了。

第2部分：当你是销售人员时

现在，你已经通过设身处地的换位思考，来验证了客户“概念”和你自己的购买决定之间的关系。我们也在前面有过要求，请你挑选几个在这里可以用作工作案例的客户拜访计划。在培训课件里，我们会给你一些指导，针对这些挑选出来的客户拜访计划，给你做一些战术计划。我们鼓励你在即将到来的两三个客户拜访中，按照我们培训课程的计划，实施这些方法，最终应用概念销售，让培训变得生动和立竿见影。

现在，挑选你即将到来的、最重要的客户拜访计划，并记录如下信息：

- 客户名称；
- 要为单一销售目标而去拜访的人的名字。

我们会在下一章里，解释关于单一销售目标的内容。现在，只要把这个目标理解成，无论你希望和这位客户一同完成什么样的工作，都不是这个目标达到后就能够立即完成的。一个好的单一销售目标，是一个具体的目标描述，它描绘了你希望向客户销售的内容、内容的程度、实现这个目标的时间，比如，6 月 1 日前向 X 公司销售 1 打 A 型“继电器”。一旦你定下来明确的销售目标，你就知道你应该和谁谈，并可以换位思考，设身处地地想象他的思维方式，关注他对于这项业务的想法。

第 6 步：这个购买有意义吗？把你自己想象成客户，问问自己：这里描述的单一销售目标对你有意义吗？作为 X 公司的采购人员（或采购代理、产品运营经理，或者处于其他职位的人），你真的需要 A 型的继电器吗？它们能对你的运营产生什么影响，或者说能影响到你们的利润吗？你个人的满意度如何呢？如果你不知道你的目标客户对此类问题的回答，那么，简单地记录：不知道。

第 7 步：记录下你的客户购买前的想法。这一步要求你记录下你的客户对 A 型产品销售可能会有的思考。在他的脑海里形成的构想，有什么样的期望值和考虑呢？

（1）在他现在所处的位置，和他想要达到的位置之间，存在着怎样一种差距？他想如何超越这一差距？

（2）A 型产品如何完成某种他认为很重要的东西？

（3）A 型产品如何帮助他解决一个紧急的问题？

如果你知道所有这些问题的答案，那么就请详细描述出在哪方面存在差距，什么东西重要，解决什么样的问题。如果你不知道这些问题的答案，也请记录下来，你现在要做的就是要试图挖掘你的客户对产品和服务有什么样的看法，也就是要确定你的潜在客户的买方“概念”。

我们都知道，这样做并不容易。但这也恰恰是我们要求你现在做这个练习的主要原因之一。当我们把参加同一培训的学员们组织在一起，问他们学到了什么的时候，每次都会有人摇着头说，我发现认识到自己的购买概念，要比你去认识别人的购买概念容易多了。对于这样的评论，我们会说，是的。这就是我们希望给你们揭示的。

如果这个练习，能让你意识到客户隐藏的思维方式，那么它就完全达到目的了。因为好的销售，总是从客户的概念开始的，所以从销售过程的起始环节，能够充分认识到你还不知道客户的概念，是非常有价值的。整个概念销售培训的客户拜访过程的设计，就是要帮助你定位缺失的客户信息，并且以最有效的方式来实现这一定位。

在完成课件的练习后，你可能会问我们这样一个问题，为什么我们会要求你在第 2 部分重复第 1 部分的前两个步骤。其实，我们这样做的目的，就是要强调我们所讲的内容——首先要认识客户的概念。

第 1 部分的第 3 步，向你展示的是买前概念和你所采购的具体的产品或服务之间是如何结合在一起的。在你更全面地了解到客户的概念之前，你还不能针对你的客户使用这样的练习，因为你还无法确定，在你要卖给他的具体的产品或服务与他的概念之间，到底有什么样的联系。你也无法像在第 4 步中评估自己那次购买的效果和感觉，测量你的客户采购后的满意程度，因为你还没有把产品卖出去。在本书的后面部分，我们会向你展示，如何把具体产品和服务与你的目标客户的概念联系在一起，并成功地判断他的满意度。

“发展”客户的概念

客户的概念，不是静止的。像所有处在销售状态的东西一样，客户的概念会不停地对新的体验和信息做出反应，并不断地向前推进，这其中，也包括你提供给他们的信息。事实上，作为一名销售人员无论你如何去处理销售工作，客户的概念都会无法避免地随着时间而变化的。这种变化，会有三种方式：

- 客户自身的个人观点和期望值发生变化，导致了“概念”的内部变化。
- 客户因为获得了你竞争对手的信息，而发生“概念”变化。
- 客户可能会因为你，因为你和客户一同工作，并且为他塑造了一个可以使你们共同受益的概念，而发生“概念”的变化。

上述三种变化里，哪一种变化最好是毋庸置疑的。你最好能够监控好客户概念的演化过程，而不是让他自己形成一个“概念”，或者更糟的是让你的竞争对手帮助他形成一个概念。

因为你能强有力地影响和你共同做生意的人的想法，我们就认为，对你而言与其说你是在刻意去发现客户的概念，不如说你是在帮助客户去发展概念。鲍勃·梅耶，我们的一位客户，是桑塔房地产公司的销售部副总裁，他说：“我们通过与客户共同创造一种沟通过程的方法，来帮助客户做出决定。我们帮助他们进行信息处理，给他们提供可选方案，为他们提供一种更好的方式来表达那些“只可意会不可言传”的东西。”鲍勃的目标，就是要成为一个购买决定的助推器。

一家优秀的技术公司——ATS 公司的销售部副总裁，理查德·布拉谢尔，也有一个案例。作为一家全球团队通信方案的提供商，ATS 公司为客户提供着大范围的、多点的会议解决方案，其客户有小到三个人的小组会议，大到大型的可能有上千人参与的国际会议。显然，这些会议的处理方式不可能都一样的。每个会议，都要根据客户的不同需求，进行具体的处理。这就意味着要经常帮助客户发展“概念”。

布拉谢尔告诉我们：“我们最近在和一架高科技设备制造商接触，他们在通过各种不同的经销渠道向外发送升级软件信息时，遇到了困难。我们帮助他们举办产品和用户研讨会，但是，很显然这位特殊的客户需要更多的东西。所以，我们不得不和他们坐下来，设计一个非常具体的解决方案，以适应这个制造商经销网络的独特需求。最终，我们为他们提供的产品，不仅仅是那种为一般客户提供的标准电话会议系统，还包括一套针对他们特定需求的市场与教育服务体系。我们帮助其召开电话研讨会，提供注册登记辅助服务，分发会议资料，提供跟踪反馈和训练服务。我们还为其发现潜在的问题，并且帮助他们设法降低和每位经销商的联络成本。我们能够对他们的需求提供全套的事件管理方案。”

“ATS 公司不仅仅能提供高端的解决方案，如果有需要，我们当然也能提供低端的解决方案。”布拉谢尔介绍说，“事实上，我们有相当一部分这样的业务直通式的小规模例会。但是，你必须提供出多种选择，这往往要取决于客户的需要。我们认识到，生意是在多层次上进行的，所以我们必须根据具体客户的具体需求，把我们的解决方案做客户化处理。这意味着要经常和客户一同开发‘概念’。”

像布拉谢尔和梅耶这样成功的销售人员，往往把他们的销售工作看作一种不断精进的过程。他们在每次进行单一客户的拜访时，都抱着一种要去认识和调整“概念”的态度，他们知道每次销售都始于客户的“概念”，但从不止于此。在一系列客户拜访的基础上，他们逐渐地归纳出了一套和每个客户都能形成共同“概念”的模式。但是，这些都始于客户初始的“概念”，也就是在你第一次走进客户的办公室时，他脑子里闪现的那些东西。这可能包括一大堆的印象和过去的经历，成功与懊恼，满意和牢骚，等等。

如果你能事先做好准备工作，了解这些东西，那么一切都会变得容易起来。在下面的章节，我们就来告诉你如何完成这些工作。

第 2 部分

开始：在拜访客户前要问自己的四个问题

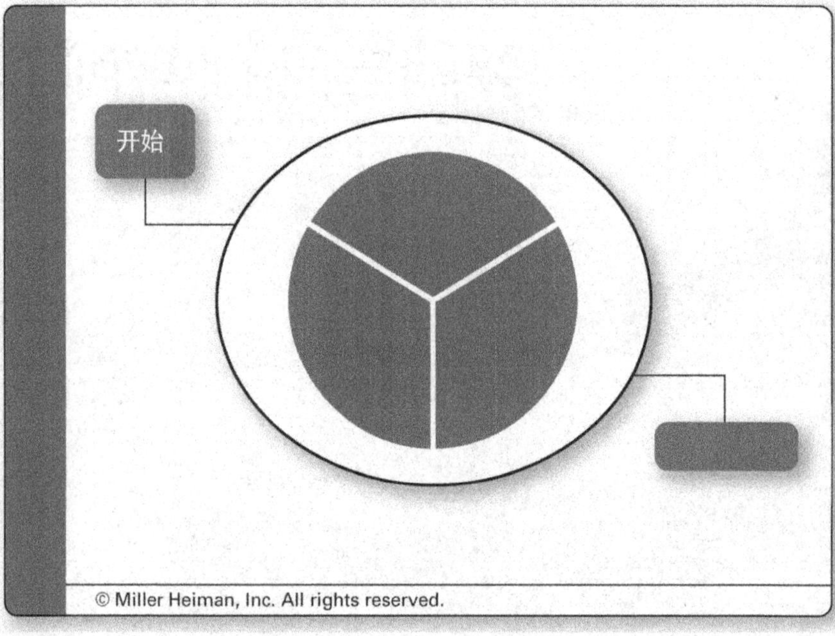
开始

第 5 章

我为什么会在这里

销售人员有许多拜访客户的理由。其中很多拜访，都是为了获得一个特定的订单。因此在官方的叫法上，我们把这些拜访叫做销售拜访。但是，也有一些对客户或潜在客户的拜访，并不是真正的销售拜访，或者说，至少不是直接的销售拜访，因为它们的目的不是要获得一个特定的业务。对于这样的拜访，你去那里的目的主要是发展、建立或维系一种关系。你可以通过提供信息，了解某一个人或其公司，或者做出进一步的努力，期望着按照这样的方式继续进行下去，你也许能为公司带来一些业务。但是，你和客户都知道，这次来的目的并不是签单。

进行这样的销售拜访并没有错。事实上，这是你的公司获得长久成功的基础工作。但是，这和真正的销售拜访之间，还是存在很大的区别。我们把这种区别，用一个特定的术语来明示出来。我们说，有着鲜明特点的销售拜访就是你抱着单一销售目标进行的拜访。

定义“单一销售目标”

所谓“单一销售目标”是指具体的收入目标，或者说，是你希望从所拜访的客户那里获得一单潜在的业务。实现这个目标，也就是说完成销售，也许指日可待，也许要耗上几个月。但是，在你每次进行销售拜访时，都有这个单一销售目标，在诠释着你为什么会出现在这里。

因为你的成功，尤其是你通过完成销售来实现的销售生涯，就是由实现一个个的单一销售目标所形成的。无论你和公司或某个人的长期关系如何，无论你完成的个人业绩如何出色，你的职业生涯的成功，都会来自你实现目标的累积。这就是一幅在积年累月中所完成的销售记录。如果你平常不注意积累单一销售目标（并完成它），你就会一事无成。

我们如此强调就是为了引起注意。但是，事实上，对很多销售人员来说，常常会把确立单一销售目标的工作忘掉。当我们问销售人员为什么会在特定的时间，去拜访特定的客户或目标客户的时候，我们经常会得到一些答案，显示其既不是单一的，也和销售无直接关系，或者更严格地讲，它甚至不是个目标。以下有若干例证：

- “我们这个季度的市场目标就是在这个行业领域内的主要公司。”
- “我已经有半年没见过他了。现在是和他重新建立关系的时候了。”
- “他让我送几份关于公司产品的资料。”
- “我要检查一下上次解决方案的执行情况。”

所有这些理由可能都是有效的，甚或是极好的拜访客户的理由。但是，这些都不是单一销售目标。那么，你是不是需要追求单一销售目标呢？当然需要。但当你去重新建立客户关系，或者检查执行情况时，不要自欺欺人地认为你是在做销售拜访。销售拜访，应该是更聚焦的，其焦点在于完成单一销售目标的行动上。

我们在本书中描述的过程，就是销售拜访的过程。所以，本书只聚焦于那些能够确立单一销售目标的销售拜访活动。完成确立单一销售目标的工作，是进行所有拜访前的首要工作。要有效地进行这一工作，就要观察一些特定的指标。

五个判断标准

单一销售目标，是一个已经预期到的结果。我们经常用这样的方式来形容它，为“我正在试图使一个没有在客户身上发生的事情发生”提供了答案。换句话说，当我们实现了目标后，会产生什么样的不同的结果？无论是什么，它都必须可以用很精确的衡量方式来测量。

开始

单一销售目标

评判标准：

- 与产品、服务或解决方案相关
- 具体的、清晰的和准确的
- 可定义的、可测量的
- 有时间进程
- 通常情况下不用“并”等连词

单一销售目标只专注于销售活动

一个真正的单一销售目标，明确地定义了：

销售的对象（Who，谁）；

内容（What，什么）;

时间（When，何时）;

实现方式（How，如何）。

为了确定你的销售拜访目标确实能做到这些，我们为你提供了检查这五个标准的清单。每个真正的单一销售目标都是:

与产品或服务相关。

它明确地告诉你要销售哪种产品或服务，要销售多少。并不是你们所有的产品线，并不是所有的服务能力，而是某种更加具体的部分，比如，42 型号产品、月度的促销活动、一个具体的服务协议，等等。

具体的，清晰的，准确的。

在单一销售目标中，没有含混不清、模棱两可的字眼，如果你能恰当地制定单一销售目标，你就应该能向你的同事或客户，宣读你的定义，并使之能够准确地知道你在说什么。如果他问“多少个 42 型号的产品？”或“哪个月的促销？”那么，你肯定没有把你的目标定义准确。

可定义的、可测量的。

一个单一销售目标应该清晰地被定义，所以一旦你达到这个目标，你就可以测量出你的成就，比如，合同签署，客户收到了货物，佣金到手，等等。如果你无法在最开始就写出要完成的内容，那就不是一个单一的销售目标。

有时间表。

这是进一步强化可测量的指标的手段。一个单一销售目标，是有截止日期的，或者有一个完成目标的可能性时间框架。一个真正的单一销售目标应该完成于“本季度”或“3 月 15 日”，而不是“近期的某个时候”。

没有用“并”等连词来连接。

低水准的单一销售目标，经常含有双重或多重目的。比如，“我要卖掉 20 个产品，并要兑现服务承诺”。单一销售目标就是单一的。如果你要销售给一个公司五个不同的项目，那么它们就应该被定义成五个不同的单一销售目标。

培训课件 3　单一销售目标

建立明确的单一销售目标是贯穿本书始终的实习操作过程的第一步，这一实习过程就是你要制定详细的销售拜访的事前计划。正如我们在本书的第一部分中所强调的那样，和你的客户进行沟通，是你要做的最重要的事情。因此，筹划如何沟通，是保证有效的关键。在这种情况下，有一个很重要的第一步要走，那就是要问自己，你为什么会在这个时候来拜访这个人？换句话说，在这次拜访中，你的单一销售目标是什么？

第 1 步：确定你现在的单一销售目标。现在，选出你最近要做的 6~8 个销售拜访，然后，在记事本上做一个表格，并填写上相应的信息。对于你要确立的所有的单一销售目标而言，你都应该能够按照下面的格式进行填写："通过拜访（客户名称），我将会试图在（某时间段）销售（一定数量）的（产品或服务）给（××公司）。"如果在你未来要进行的某个销售拜访中，无法做这样的陈述，那就表明你没有确立单一的销售目标，因此，它就不是一个真正的销售拜访。毫无疑问，出于你的个人原因，你仍然想完成这一工作，但是那样的拜访，不是本书所要进行的操作内容。

第 2 步：挑选一两个拜访作为范本。检查你确立的各种各样的销售拜访，对应观察它们各自的单一销售目标，从中选出一两个可以在本书的训练中作为销售拜访的范本。当然，在以后的实际工作中，我们相信大家都会时时刻刻地在所有的销售拜访中使用单一销售目标的方法。但是，在这里我们还是建议你只选择一两个作为起点，在接下来的所有训练中，你将多次使用这些范本。所以，你应该选那些无论出于何种原因，你都很关注的销售拜访，并且是那种你已经确定了明确的单一销售目标的、你很快就会进行的拜访。

单一销售目标工作表			
公司	产品/服务	销售额	完成日期
合计 单一销售目标数量 ______		合计 销售额或其他单位数量 ______	

第 3 步：用五个评判标准做检验。为了能确保你挑选的销售拜访是恰当的，请使用我们为你提供的五个评判标准来检查其单一销售目标。对于每个单一的销售目标，试着问这样的问题：

- 这和一个具体的产品或服务有关系吗？
- 它明确规定了销售的对象、内容、时间、数量吗？
- 完成这个销售拜访后，我能够测量它吗？
- 有没有准确的完成时间表呢？
- 它是一个真正的单一销售目标拜访行为吗？

第 4 步：和客户的想法对照检验。最后，问你自己一个问题，你确立的单一销售目标，和你要去拜访的客户的概念是不是相吻合呢？复习一下我们在前面讲过的关于"概念"的培训课件的内容，重温一下你在课件中确定的客户信息，并用它们来做你的单一销售目标的检验。一个单一销售目标必须是现实的，而且这样的现实性，应该来自客户的观点，而不是你个人的观点。所以，想象一下你的客户脑海里解决方案的构想，问问自己，它与你的目标一致吗？如果你的单一销售目标和客户所想象的东西不一致，或者说，这次不一致，以后有可能一样，那么这就不是一个现实的目标，应该加以修正。

本培训课件的目的，就是要使你能更加清晰地认识到你和客户所要共同达到的最终目标。但是，在你现在所处的位置和你最终要达到的地方之间，也许还有很多步骤和很多销售拜访要做。为了确保每次努力都不是徒劳的，你需要制定近期的成果目标，通过实现它们来保证销售进程的向前推进。我们在下一章中会讲述这些近期的目标。

第 6 章

我想让客户做什么

获得了单一销售目标后，你就有了具体的行动目标，知道在具体的时间框架内，从客户那里能够获得什么。但是，你只有通过脚踏实地的一步步行动，才能成功地实现目标。也就是说，你要确信在你每次的销售拜访后，你都比在拜访前离目标更近了一步。为了能做到这一点，你需要为每次销售拜访制定近期的成果目标。我们把近期成果目标称作“行动承诺”。

在这里，我们要先纠正一个可能会引起误解的概念。在《概念销售》中，我们使用“行动承诺”一词时，是具有特定指向的。它不是单纯意义上的那种你要做或者要承诺的意思。行动承诺，就是客户做出的、对于买或卖的进程有着切实影响作用的承诺。因为这样的约定显然会和销售目标相吻合（它推动了事态的进展），又因为是你的参与才使之成为可能，所以你很容易会把这样的承诺看作你的成果。这没有问题，只要你记住一点，那就是，完全兑现这个承诺，实际上是客户的责任。如果他没有做到这一点，无论你如何投入都是没有用的。当你真正地获得承诺时，你和客户就已经走向了双赢。从这个意义上讲，每个销售拜访，都有一个共同的目标：在销售的过程中，你要获得来自你的伙伴的投入与承诺。

有一点对你而言是显而易见的：在进行销售拜访时，销售人员脑子中应该有一个目标。销售人员是追求结果的，当和市场部门和销售经理一起工作时，大多数职业销售人员会不断地关注这些目标。他们会不断地为自己设立任务指标，以使他们成为本季度或本部门的最高佣金获得者或年度最佳销售人员。但是，根据我们的调查发现，在销售人员带着追求结果的态度做销售拜访时，客户会产生明显的排斥心理，因为他们没有为自己的销售拜访制定清晰的和现实的目标。对于有经验的销售人员而言，年度和个人收入目标，也许还定得比较清楚，但是，下周一的那个拜访成果目标，却可能还是个未知数。

传统的销售拜访目标

当我们在培训计划里介绍"行动承诺"的概念时，我们要求参加培训者选定和描述几个他们最近做的销售拜访，并确定他们认为成功的衡量角度。这些人都是非常有经验的专业人士，但我们常常会发现，即使是这样的人，他们也经常无法准确地讲出他们在做销售拜访时具体的目标是什么。在典型的案例里，我们会发现三个相关的问题：他们预期的成果太笼统了；他们太不现实了；他们总是更加强调销售人员内在驱动，而不是强调客户驱动。

太笼统。除非一个成果是具体的、可触及的，而且是可以测量的，否则，销售人员很容易在还不知道是否已经达到目标的情况下，就结束了一个销售拜访。一个好的行动承诺，就是一个标尺，而如果这个标尺本身就含混不清，如要向前推动整个进程之类的说法，那么你就无法确定在结束销售拜访时你已经走了多远，或者走上了哪个方向。一个经过管理的销售拜访，会准确地告诉你，为了使你们的进程走向双赢，你到底走到了哪里，还有什么工作需要你和客户去做。在这个问题上，你越是能准确地制定目标，就越是能进行好的管理。通过具体的目标，你就能清楚地看到关键的症结，并能在销售拜访结束后重新审视问题，看看你是不是切中了要害。如果你没有制定具体的目标，而只是一个模糊的想法，那你就无法掌握销售的进程。

不现实。问 10 名销售人员，他们希望在下一个销售拜访中获得什么样的收获，有 9 个都会告诉你是获得订单。在一些具体的销售类型中，这当然没有错，像商场里的销售或在一些特定的促销活动中，这样的想法都是有道理的。但是，在更多的销售类型中，需要 5~10 次拜访，并且是针对多个不同的客户进行的销售环节里，"获得订单"才可能成为一个现实的销售目标。然而，在一个没有多少耐心的世界里，最后的结果光环会遮蔽那条引导我们实现了目标的过程。"获得订单"，依旧是被最普遍推崇的销售目标。

拥有一个明确的销售拜访目标，可以把现实性带入这个工作中。这种清楚地制定销售拜访目标的方法，可以使你的销售工作获得一种方向感，而这一效果是那些拥有一厢情愿想法的销售人员或者超级成功的销售人员都无法实现的。它能帮助你避免那种毫无方向感、盲目的而且似乎永无出头之日的销售拜访。据我们所知，所有的销售人员都曾经历过那种"随波逐流"的销售。所以让我们把销售目标的概念理解成一个导航工具，一旦使用它，你就能驾驭舰船，保持方向，避免触礁。

销售人员驱动。当培训学员讲出销售目标时，他们常常会全面关注自己要做什么，而不是潜在客户一定要做什么。这个结果很自然，因为绝大多数销售人员，还是被要求要坚持他们自己的立场，控制住局势，绝不要让对方（客户）控制住局面。所以，他们制定目标时会说"摊开所有包装材料"，或者"强调我们出色的服务纪录"。这些说法，实际上就是"我要给他们做一个精彩的表演"的潜台词。尽管这样的精彩表演本身没有什么错，但是，它只有在确实收到了效果的前提下，才会是精彩的。而你要在拜访中获得结果，就要从客户开始。

在强调概念销售的最基本原则时，我们谈到所有好的销售，必定是客户驱动的，而不是销售人员驱动的。因为所有的事情，都是由客户的想法而引发的，你不能指望只想着你自己的观点和做法就能把事情办了。另外，当你的销售拜访目标只包括了你自己时，你会很容易就被两种常见的误会给蒙蔽了。一种是，你说服自己达到了目标，而事实上，你甚至没有能获得客户的积极回应。这使你还无法判断客户是不是确实对你的销售感兴趣。另一种是，你拜访后空手而归，但却自我安慰："我做了我的工作。我已经尽力了。如果没有生意做，不是我的错。"

所以，"从客户开始"是所有销售的基础一课。而第二课呢？那就是所有好的销售，不仅仅是依靠相互之间的满意，而且要依靠相互之间的承诺。一个好的销售目标一定会涉及客户的承诺。

行动承诺

在没有从客户那里获得具体的承诺前，你是不应该结束这次销售拜访的，我们把这样的承诺称作"行动承诺"。我们这样称呼它的原因，和我们在本书的第 2 章和第 3 章里描述的那些基本前提是直接关联着的。只有通过行动承诺，你的客户才会展现出其对双赢的信念和通力合作的愿望。

针对双赢和通力合作这种唯一的可以长期发展的商业关系而言，相互之间为使对方满意而做出承诺，是一个具有说服力的基本行动。正是因为这个原因，在每次销售拜访中，你都应该从客户那里获得具体的行动承诺。这样的行动告诉你，作为一名职业销售人士，你不是在孤单地卖着东西，而是在和客户一起工作。

话说到这个份儿上，似乎已经非常合理了。但是，在现实工作中，却很少有人这样做。正如 PDP 公司的副总裁吉姆·法莫先生观察到的那样，对销售人员而言，这样的工作还没有达到能够运用自如的程度。他说："当你审阅季度销售预测报告时，你就会发现问题。在我们的预测报告中，有一项是关于'跟进步骤'的，销售代表们要在这里填写他下一次计划拜访的客户，并把这个生意向达成协议再推进一步之前，都会发生些什么样的事情。每个季度，我都会审阅大约 30~40 份这样的报告，'概念销售'培训以前，在这些报告里提到的来自客户的行动承诺屈指可数。而没有这样的承诺，你会一筹莫展。"

为了确定你是在沿着一个积极的方向前进，你必须采取我们的一位同事所说的方法——"热诚而残酷"。如果你允许客户做出一些含混不清的承诺，或者说，你无法要求你的客户信守他们做出的承诺，你将会无法避免地走向"输—赢"的游戏。到那时，即使你们双方都不想这么说，也已经晚了。这也是为什么在很多情况下，客户说"我保证会考虑你所说的意见"，或者"我们会很快和你联系的"，甚至还不如不说的原因。

米勒·黑曼公司的一位客户，仓储数据管理和决策支持软件系统解决方案的市场领袖级公司——SAS 机构的丝黛芬尼·库纳尔女士，曾经为积极和消极的承诺做了一个很有意义的区分。她说："在很多情况下，销售人员常常爱把所有的工作都一肩挑，以致他们有时会错把客户显现出的些许意愿，当作一种承诺。也许有这样一个承诺，它只是整个销售过程启动的第一个阶段，而你却已经为之奋斗了三四个月，那它就算不上客户的承诺了。所以，当某人告诉你，客户的承诺是同意再为此举行一个会谈时，你必须指出其中消极的一面：客户此时所要做的，只是在工作日志上圈定 30 分钟的会谈时间，这并不足以说明它是一个行动承诺。"

承诺不是免费的。无论对客户还是对你而言，一个真正的承诺都包含着机会成本。它意味着客户和你，将愿意为了达成交易而放弃他的一些时间。而这样的承诺，要求的是行动，而不是动动嘴皮子就行的。

让我们谈得更具体一些。在“概念销售”中，你在销售拜访时可以把获得承诺分为两个层次，这是以获得承诺的可能性作为标尺的。其一是你能够在销售拜访中，所能期望获得最好的、最现实的结果；其二是你最低限度可接受的承诺。我们现在先来看看两种承诺水平中，销售人员最期望得到的承诺，即最佳行动承诺。

最佳行动承诺

正如文字上体现的那样，最佳行动承诺是承诺的最高状态，它是你对销售拜访的现实期望中最好的那个结果，也就是你的客户能做出的最好的承诺。当然，最佳行动承诺，就是签署订单。但我们已经说过，这样的目标很少会是现实的。对于大多数销售拜访而言，这里当然要去除经过漫长和多次递进的销售拜访后所要做的最后一次拜访，我们的目标往往要瞄准比签单低一点的地方。比如，在销售进程中，你想要达到的是一种有增进的承诺。例如，让他在一个特定的日期前，给你一份最后审议的报告。在一个复杂的销售进程的后期，这也许会是一个更合理的最佳行动承诺，而如果是同一销售进程的前期，这也许就不是一个现实的期望了。制定最佳行动目标的关键，是你要采取的行动应该和你在销售进程中所处的位置有关系，它应该建立在客户过去所做的行动承诺的基础上，它瞄准的应该是未来的一个个坚实的承诺。

现在，假设你要向一个制造商销售一套解决方案以使他们的产量得到大幅度的提升，你已经拜访过杰克·杰夫瑞了，他是这家工厂的副总裁，他也已经接受了你的建议。你和他已经处在一种令人感觉舒适的双赢状态。但是，他不是那个能最后签署这笔交易的人。你也还不知道是谁能决定这件事情。那么，在下一个销售拜访计划中，你的目标应该是这样的：“在辛辛纳提会议之前，让杰夫瑞同意告诉我，或者帮我介绍有最终决策权的人。”

这一过程，包括了你已经建立起来的和杰夫瑞的良好关系，并将继续把杰夫瑞包容在整个销售过程里，而同时又通过杰夫瑞让你和另一个关键的决策者建立联系。这就是“增进的承诺”。

在这一情景中，你可能还有很多可以当成最佳行动承诺的目标。事实上，对于一个销售拜访而言，理想的最佳行动承诺不会是单一的、独立的。它会是一系列好的行动计划，而你作为行动计划的管理者，需要在这些计划里寻找到你的“最佳”。因为你比其他任何人都更了解你正在进行的工作，我们无法告诉你哪种是最适合你的，但我们可以给你一些指导，确保你在关注与承诺有关的行动。在为销售拜访选择最佳行动承诺时，我们建议你问自己几个问题，请看下面：

这个行动计划具体吗？它有没有明确是谁、什么、哪里、何时？在要求客户做出承诺时，你自己必须注重具体内容，特别是具体的时间计划，因为时间往往是一个承诺最难确定的方面，不然你很快会发现自己已经陷入了麻烦。比如前面的例子，杰夫瑞可能很愿意帮助你介绍他们的部门经理，但是他没有给你一个具体的时间，你也许还要为这样的承诺再等上半年。这也是为什么我们会在这个情景中写上“在辛辛纳提会议之前”的原因。在你的生意中，你应该尽量使用一个现实的时间框架来管理时间。

它聚焦在客户将要做的事情上吗？如果你不是在用你的努力去换取结果，你就是在浪费时间。所以，你要确信你的最佳行动承诺，是在给客户的担子上加码，让他也为了你们共同的利益做些事情。这里还要注意一个细节，那就是你必须确信，杰夫瑞所向你承诺的事情，不仅仅是他想做的，也是他能做的。很多销售代表犯的错误是他们让马克帮忙请简乃丝参与，但实际上马克根本没有权力让简乃丝参与。在上述情景中，因为杰夫瑞是公司副总裁，所以让他帮你引荐部门经理是合理的，而如果杰夫瑞只是一名工长或产品线操作员，这样的想法也许就不合理了。对于你的单一客户的责任、权力和他们的业务需求等方面的敏感度，是一个很重要的素质，在漫长的工作过程中，它能够帮助你确定他们能做什么，不能做什么。

这个最佳行动承诺是可以测量的吗？我们所说的可测量是针对你而言的。换句话说，一旦杰夫瑞按你的要求做出了最佳行动，你怎么才能知道呢？人们并不一定会告诉你他们做了什么，也不一定说了就做。当你要求行动承诺时，不要害怕在事后索要证据。

如果承诺是一个与部门经理的会谈，证据也许会来自他的助手的确认电话。如果最佳行动承诺是向你提交复审委员会的报告，证据也许是该委员会的回信。这并不是在说你应该去四处寻找客户的情报，但是你已经花费了时间，你有权知道得到了什么样的承诺与回应。承诺意味着要完成一些事情。如果它们确实完成了，你的客户在向你提供证明文件上就不会犹豫。如果他犹豫了，那你就应该问问自己这真的是一个双赢的交易吗？

这个最佳行动承诺在推进销售吗？无论你的客户愿意采取什么样的具体步骤，也无论那些步骤如何精巧地反映出他的承诺，你们两个在做的事情，说到底是在一起做生意，而不是你们两个都喜欢对方的陪伴。所以，对每个预期的行动，你都应该问问它和销售有什么关系——更确切地说，它对你们的双赢有什么作用，增进的承诺应该有一定程度的进展做延续。所以，至少要问问自己：当客户兑现了他的承诺时，我是不是离单一销售目标更近一些了呢？

这个最佳行动承诺现实吗？这一步总是最后的检验，也是对其他四个问题的总结。一个现实的最佳行动承诺是具体的、聚焦在客户有能力而且有意愿的基础上，一旦完成了也能被测量出来的，它是能够推进销售的那种承诺。如果杰夫瑞所要安排的你和部门经理之间的会谈没有一个具体的时间，如果你不知道他到底认不认识那个经理，如果你也没有办法来判断会谈到底能否举行，那么你的最佳行动承诺就不是一个现实的目标。

现实是一切承诺的基础。但是在很多培训中，你却得不到这样的答案。很多培训在不断强调“主动思维”和去争取“他们”的同时告诉人们，你看待事物的方法比事实本身更重要，世界上没有问题，只有机会。我们现在要质疑这种论点，尽管“想法战胜事实”的销售观点，在第 1 章里已经论述过了，我们还是要强调对它的批判。我们认为，永远要从现实出发。这不是被动和消极的思维，而是实事求是。如果你在销售时睁大眼睛，你就知道什么是事实。你能知道杰夫瑞在合理的范围内能够为你做什么，不能为你做什么。所以，我们每次都要从最基本的事实出发，制定最佳行动承诺目标。

如果你确实不知道如何判断现状，那么有一个好办法可以去发现它，那就是去问问题。在现在和未来发生的每次拜访中，你都可以通过问问题来澄清你的观点，发现杰夫瑞的现实状态，知道他能干什么、不能干什么，他会去做什么、不会去做什么。在第 3 章里，我们讲到提问题的过程，告诉你提问可以帮助了解和认识什么是现实的，什么不是。

尽管你会为现实而努力，但并不是每次都能找到最佳行动承诺的。有时，你可能会误解某种可能性；有时，可能是自你上次拜访后，事情就发生了变化；或者，还有另外上千种原因，客户就是不能如你所愿从你希望的角度去看待这个问题。这也是为什么我们说，当你为单一的销售拜访去制定目标时，你应该制定一个最低目标的原因。

我们把这个最低的目标称作最低限度可接受行动。在此我们应该澄清一点的是，这样的目标不是我们刚刚讨论过的最佳行动承诺之外的唯一选择，它是你在任何销售拜访中都可能获得的一系列最低行动承诺。

在我们的概念销售培训中，SAS 公司的丝黛芬尼强调过一个很重要的看法，那就是应该避免那种非黑即白的倾向，她说：“在最佳行动承诺和最低限度可接受行动之间，存在着一定的距离，销售人员应该懂得，这不是一个非此即彼的状态。如果你不能获得最佳行动承诺，在你获得最低限度可接受的行动之前，你可能还有很多种目标可以选择。最低限度可接受行动，正如字面意思所表现的那样，那是你愿意接受的、最低限度的、你的客户会做出的关于他对这个项目的‘所有权’的证据。”

最低限度可接受行动承诺

在这里，丝黛芬尼用“所有权”一词，来表示客户对推动销售所要做的投入，这是一个关键点。“最低限度可接受行动”是你能够依托的底线行动，因为它是你的客户所能做出的最低限度的表示，它明确地告诉你，在你和客户之间，还存在着实现双赢结果的共同利益。

动态分析显示，高水平销售拜访的平均成本可以高至每次 1 000 美元，这些费用就是销售一方所要做出的承诺。最低限度可接受行动承诺（以下简称“最低行动承诺”），就是你所能够接受的、可以置换回来的客户的回应，而你也愿意花费时间和精力来进行这样的交换。如果你还没有达到这一层次，那明智之举就是你最好不要告诉你的经理你要在这样的事情上花费更多的时间。

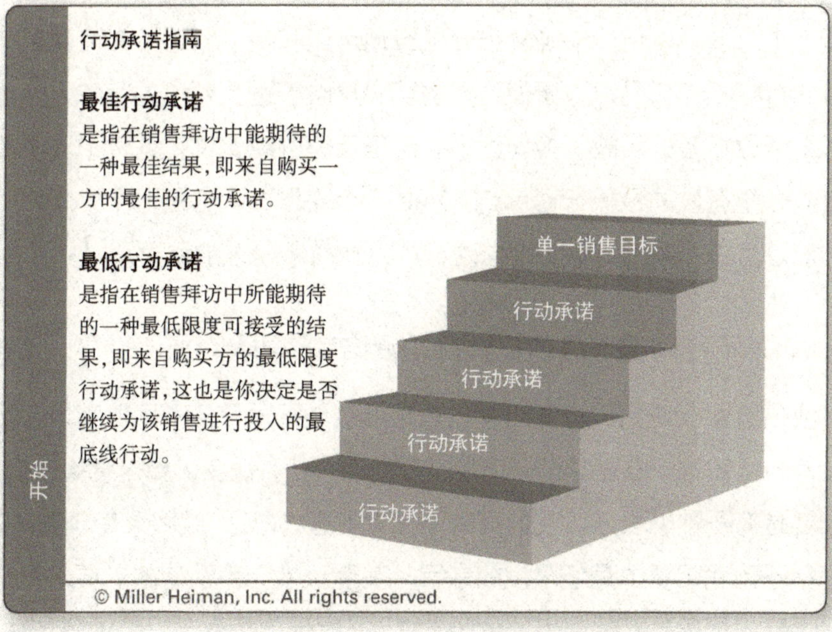

在确定最低限度可接受行动时，你应该记住我们在最佳行动的定义中所列举的那些相同的指南，每个最低限度可接受行动——即使它是整个过程中的最低限度，它也应该是具体的；它也应该是聚焦在客户愿意（也能够）做的事情上；它也应该有一个让销售人员，即你自己可测量的结果；它应该是现实的，能够推动销售前进的。

虽然最佳行动承诺和最低行动承诺都必须遵循同样的标准，但是人们不应该把他们看作同一件事的不同版本。人们应该避免把最低行动承诺简单认为是一个最佳行动承诺的缩小版。如果你力求在这个销售拜访中获取订单，你就应该特别注意这一点。比如，在你的一次拜访中，最佳行动目标是让客户签订 80 000 个单位的产品订单，你可能会诱导客户说你的最低行动承诺是诸如“让她签订 40 000 个单位的产品订单”。注意，在这里我们用的是“诱导”，它未必有计划地向这个销售目标前进，因为这时的客户可能根本没有考虑要订购任何数量的货物。

我们敦促你，与其总是想着获得“订单”，不如考虑你正处在销售过程的哪一个阶段，以便能够确立出最佳行动承诺和最低行动承诺两种目标。这样的目标不仅仅是对你所处位置的现实反映，也是对你的客户为回应你的努力所做准备的反映。换句话说，这里反映的现实性，是你们双方的期望值。一个有效的最低行动承诺，不是一个安慰奖，它是一个比所期望的双方满足感小一些的，但却是向这样的感觉有所递进的结果。

如果不能获得这样的最低行动承诺怎么办

我们经常会遇到这样的问题，在理解最佳行动承诺上职业销售人员似乎没有什么困难，但是对于一个设定底线的想法，很多人要么觉得不现实，要么就是有一种恐惧感。我们有时候会听到这样的话：“如果每次离开时，我都得不到我想要的最低限度的东西，我明天就会丢饭碗的。要求每个人获得这样的结果是一件压力很大的事情。有时候你根本无法取得任何进展，只能改天再去为之奋斗。”

这样的论点是极具说服力的，它听起来似乎更现实和更有灵活性，但它却可能是一个冠冕堂皇的借口——一个可以使你和客户都得到解脱的借口。比如，有一种把这样的借口当遮羞布的说法：“我没有完成我的功课，客户恐怕会拒绝我的，所以我们就先这么着吧，也许下次他会感觉好些。”这是一种很少会收到好结果的想法，因为除非客户离开你的产品就没法活，你总是用这种借口来逃避推进销售的责任，总是把销售的成功完全寄托在与客户的自然倾向相吻合上，你很快就会因为这样的想法而出局，处于随波逐流的状态。

顽强坚持住你的最低行动承诺的期望值并不容易，但是非常重要。如果你确实想长期地获得业务关系，并从你的每次销售拜访中都获得尽可能好的结果，那么在你无法达到这样的目的时，你就必须对自己说：“这不是双赢。”要么考虑撤出，要么重新评估你正在追求的单一销售目标的现实性。最低行动承诺的价值就在于它可以给你提供一个评判销售进展的抓手，告诉你到了哪一阶段，还没有到哪一阶段。如果在销售过程中，你的客户不愿意去迎合你的最低期望值，那么就说明整个销售过程出现了严重的错误，你应该在继续花费 1 000 美元前，先找到这个错误（避免进一步的浪费）。

一旦发现你自己在推进事情的进展而得不到客户的帮助时，你就要首先问自己，在客户的概念和你的产品或服务之间，是不是真的存在着一种潜在的吻合。如果确实存在，但你又不能从客户那里获得哪怕是最低行动承诺，你就只有三条路可走了：

（1）探询客户拒绝你的原因；

（2）根据销售中发生的（或者没有发生的）情况，调低最低行动承诺目标；

（3）静静地合上文件夹，离开客户。

下面，让我们来探讨一下这三种选择。

探询拒绝的原因。在客户拒绝协助你把销售向前推进的原因中，有一种最常见的，那就是他把这样的进展看作他个人的一种“输”（损失），或者至少他不把它看作“赢”。要判断是不是这种情况，就要向他提出问题，而如果是这样，就要探询在这样的情况下，你能做什么——这是一个根本的和带有启发意义的方式，可以让你排除干扰，准确地判断客户拒绝你的原因。如果经过半个小时的谈话，你清楚地发现你无法使杰夫瑞接受最低行动承诺，那么，你就要去探询他为什么不合作的原因了。我们会在本书的第 5 章里，再探讨承诺和一些基本问题的关系时，更多地讨论这个问题。

向下调整。提出向下调整最低行动承诺的建议，并不是我们发自内心的想法。因为它是一种很容易就被滥用的手段。事实上，如果过快地向这个选择移动，就意味着你在销售拜访中获得成功的机会会越来越小。但有时，这样做也是有道理的。

总的来说，当你在参与一个会谈时，你发现情况和你原先的设想有很大的差异时，你就应该考虑调整你的目标。如果一进门，你就发现杰夫瑞刚刚被升职（或降职）了，那么显然你就应该考虑调整你的策略——包括你对最佳行动承诺和最低行动承诺的定义。或者，在你们上次会谈一个月后，当你再次走进杰夫瑞的办公室问他：“我们是不是该讨论如何供货的问题了？”而他却只是摇了摇头说：“我们离供货还差得远呢！”那么很显然，在这种情况下，你就应该考虑调整你的销售拜访计划了。

最佳行动承诺和最低行动承诺两个概念，都不是僵硬的和一成不变的。在合理的情况下，两者都可以被修改。但是，修改它们的决定，不应该是轻易做出的，或者说不应该一遇到难缠的客户就去修改。如果你在遇到困难时，总是去修改你的最低行动承诺，那么你就会后退得根本没有最低限度了。

离开。离开是最后一招，但这并不是你要不惜一切代价去避免的结局。因为如果你制定了一个现实的最低行动承诺目标，并且根据我们的指导进行了操作，那么一般情况下客户就不应该再拒绝做出你所期望的最低行动承诺。而如果他这样做了，你就要问问他真的在投入地做这件事吗？他确实是想实现双赢吗？如果你不能对这些问题回答“是”，你和他在此次会面之后再安排会面，就可能是在浪费你们两个人的时间了。

有些销售人员问我们：“在你无法得到最低行动承诺时，真的就从生意旁走开吗？”根据我们前面讲到的内容，在很少见的情况下是这样的。我们制定最低行动承诺是以能够确保我们值得继续为之付出时间为保证。如果我们连这一点都无法获得，那么我们就只有走开了。否则，任何其他的销售方式，都会使我们遭受损失的——就像你在向那些并不对你做出承诺的客户说：“我的时间不如你的宝贵。我宁可等着你扔给我点渣儿，也不愿意再找别的真正的生意。”那些得到错误信息的客户，并不是要存心把你当傻瓜。但是，你的行为实际上是在邀请他们这样做。

三条相互关联的限制性条款。

第一，我们不是在告诉你，把离开当作不销售和不去努力工作的借口或退路。在对待客户的时候，应该像对待你自己一样直截了当。如果你不做功课，或者你不回应他的问题，或者无论出于何种原因，你没有恰当地管理好你的销售拜访，你就不应该期待会获得客户的承诺——哪怕是最低行动承诺。但是，如果你做的没有错，仍然无法获得客户的最低限度的回应，那此时就是该考虑退路的时候了。

第二，与你的上司达成共识。如果你正在考虑离开，那么按照常理，你应该先和你的经理讨论这个决定。对于任何一个你没有得到任何承诺的销售拜访，你都应该记住，你是在花公司的钱，在花费本可以用到更有效益的地方去的时间。在你将它作为一笔失败的投资加以审核时，你有理由和其他人再讨论一下这个项目。你的经理可以获得一些审核的机会来判断是不是值得再去做一次拜访。

第三，离开并不意味着永远消失。管理多头客户（我们一般都同时有很多客户）的一部分工作，就是要不断地调整你自己的销售时间，以便你能够把每一周的时间，都用在最好的地方。有时候，离开意味着你把时间和资源从一个明显不会有承诺的客户那里移开，用于另一个更容易获得双赢结局的地方。但是，也许在半年或三个月后情况又发生了变化，你会发现一个原本不配合的客户变得有合作的意识。

向上取齐

在很多情况下，销售人员会发现，比起确定最低行动承诺，找到最佳行动承诺是比较容易的，因为无论如何，这是他们最想要的东西。如果你在这里有困难，我们建议你使用一种被我们的培训计划称作“向上取齐”的方法。所谓“向上取齐”，就是当你只知道你的最佳行动承诺而不知道你的最低行动承诺时，不妨“向上取齐”，把最佳行动承诺当作你的最低行动承诺。

比如，你可以想象的最佳行动承诺，就是让杰夫瑞组织一次初步的意见征询，在这次的销售环节里，你就是要准备实现这个目标。但是，你无法想象出一个再低一点也可以使你得到某种满足的目标，所以“建立一次意见征询”就同时成了你的最佳和最低可接受标准。这样，我们就把这样的结果叫作你的最低行动承诺好了，然后，把你的眼光再放高些，去寻找一个更高的目标，来作为你的最佳行动目标。这个目标也许是“促使他把我介绍给具有最终决策权的人”，也许是“在这个月的月底，获得他们部门经理的书面确认函”。

在“向上取齐”的努力中也存在危险，那就是，你可能会因为把那个最佳行动目标设定得过高而疲于应付。如果你在开始时，就把“获得最后批复性解释”作为所有可能性里的最佳目标，那么，你最好还是不要一下子就跳跃到“获得订单”这样的顶级目标上。在这里“现实”永远是最需要关注的。

培训课件 4　行动承诺

让我们把这些承诺原则，应用到你即将进行的销售拜访上。首先，在你的记事本上，写上“行动投入”四个字。在这个标题下，列举出你正在为之努力的几个单一销售目标，以及你将要拜访的一个特定客户的名字。在这个练习里，你应该挑选一个你以前已经拜访过一两次的客户。

第 1 步：判断客户的概念。在一开始，花几分钟时间，重新审视你对客户的解决方案的理解程度，因为客户脑海中的解决方案的构想，和你追求的单一销售目标是相关联的。你能够明确地描述出客户想要的是什么吗？在他的脑海里，有这样一些东西：

- 他现在所处的位置和他想要达到的位置之间，存在着一种已经被明确认知的差距。
- 他认为重要的一件事情。
- 他认为需要紧急处理的问题。

对这些问题中的哪怕一个问题，你如果无法明确说“是”，你就有可能还没有充分地认识到你的客户是如何看待其所面临的情况的。

第 2 步：行动承诺的现实程度。现在，确定客户承诺（投入）的现实程度，也就是要明确地记录下来，这个客户在过去为你所做的、把销售进程向前推进的那些具体工作。这些工作，也许会包括从“建立意见征询”到“把我的建议递交给首席执行官并附上他本人的积极推荐”等各种内容。这时，你要写下客户上次所做的工作，或者客户上次准备要做的工作。如果他同意在你们下次会面时帮你做一件事情，那么，你就要把它记在这里。

如果到目前为止他还什么都没有为你做，你也要把它记下来。

第 3 步：你的现实承诺。现在，记下你为了把事情向前推进而为客户所做的所有工作。把从起草建议书到做产品演示、再到那些并不重要的初步或持续的客户拜访等，都要一一记录下来。请记住，你每次和你的客户或潜在客户见面时，你都在作出承诺，因为你花费了时间和金钱，你甚至可以把你为此要多花费的钱也记录在内。

第 4 步：你们是在分担承诺吗？现在，看看你们双方记录下来的清单，这两张单子上记录着客户的承诺和你自己的承诺，把它们两个作比较。你们对整个销售过程是在共同作出承诺吗？如果这样的承诺与投入并不平等，而你是那个向后退的人，你就要扪心自问，在即将到来的客户拜访中，你应该如何做才能更好地展现出你的承诺与投入。如果向后退的人是客户，你需要问自己如下几个问题：

- 还有哪些行动，是他现在可以为我做而还没有做的？
- 为了发现他向后退的原因，我在过去都问了一些什么问题？我是不是找到了他认为和我做生意会遭受损失的原因？
- 为了能揭开缺乏行动承诺的原因，我应该在即将到来的客户拜访中，向客户提什么样的问题？

把这些问题都记录下来。问这些问题，是你下一次拜访客户的一部分行动内容。

第 5 步：确立你的最佳行动承诺。在知道了你的客户对现时承诺水平的理解，知道了你的客户向你保证的、在你们下次会面时他会为你做出的某种承诺（如果有），你要确立你的最佳行动承诺。换句话说，要设法确立出在下次会谈中他所能同意做的事情。这里要记住的是，无论他同意做什么事情，都应该是一个比他已经同意或已经做出的事情都更进一步的承诺。同时还不能忘记，每个行动承诺目标都应该是特定的；都应该是聚焦在客户要做的，而不是你自己要做的；都应该是可以测量的；都应该是把销售进程向前推进的；都应该是现实的。

第6步：确立你的最低行动承诺。最后，通过阐明你将要达到的目的，来确立你可以接受的底线。换句话说，当你要和这个人再次坐在一起时，你所能接受的最低行动承诺是什么？这里，依然要记住承诺的增量变化，以及我们的五个基本要素。而如果你发现确立最低行动承诺目标很困难，要使用我们在前面讲到的“向上取齐”的技巧。把你的最低行动承诺目标写成一句话，记录在记事本上。

在进入客户的办公室前，你一共有四项前提工作要完成，现在你已经做完了两项，和这两项的前提——确定单一销售目标和行动承诺，你作为一个销售人员，列出了你通过客户拜访所要达到的结果。但是，为了能够实现这个结果，你还必须去进行实际的工作，去拜访客户，而这个客户可能对你的单一销售目标根本就不感兴趣。所以，第三项需要确立的，即拜访前的第三项要求，就是你的客户和你首次见面的理由。我们会在下一章里，探讨这块“敲门砖”的话题。

第 7 章

客户为什么会见我

在进行客户拜访前，你必须问自己："这个人是出于什么原因才见我呢？"我们这里说的，不是你的原因；我们指的是你的客户，或者说是潜在客户，同意见你的原因。当一个人约好时间见你，他实际上在繁忙的时间表上，挤出了一段本可以用在其他更有意义的事情上的时间，并把它花在你的身上。只要你要求人家这样做，他们就总要搞明白这是为什么。

这样说明，听起来已经很充分了，但是很多销售人员没有看到这一点。销售人员把注意力都放在了自己认为更顺手的领域，如产品演示，或是没有什么效果的礼节性拜访和午餐会上面，而不是去设法给他们的客户一个把时间花在他们身上的、充分的商业理由。

有效的约见理由：核心理念

一个有效的约见理由，是可以让你的潜在客户愿意把宝贵时间为你预留出来的。它可以强化你要去拜访客户的意愿，但它更强调的是客户的优先性。一个有效的约见理由，构成了两个主要目的：

1. 它给潜在客户传递了他所需要的信息，以便他能够准确地知道你是谁，你为什么想和他订立一个会谈时间。

2. 它帮助建立了一种共识的基础，以便你们在会面时，你能够顺畅地进入提问过程，并把注意力放在探求客户的概念上面。

有了这两个基本的理由，就不难明白，一个有效的约见理由不同于你自己的商业理由，或者那些含混不清的、导致销售人员经常聚会的社交理由，它应该是一个精确的理由。它不是泛泛地聚焦在客户身上，也不是聚焦在你的囫囵需求上，而是关注着一个即将到来的客户拜访，针对的是一个人或几个单一的客户。它所要明确的是这位潜在客户本次见你的目的是什么。

这里有一个例子。金·施耐博克是 TTC 公司的一位高级客户经理，这个公司的主要业务是为财富 1000 强企业提供电信测试解决方案。金的客户是 TTC 公司的一个主要客户，他们是美国东北部地区的电信业领军人物。金说："每次我们的很多产品从手持检测器到阵列检测系统，到程序优化软件，都可能引起这个大客户的兴趣。这时，最有挑战性的就是你要设法使每次会谈都聚焦在一个产品上，并为此雕琢出一个有效的约见理由。这个工作，在你拜访那些高层管理者时，是非常关键的。通过设计这样有效的约见理由，你可以按照逻辑的方法，去推断一个老板为什么愿意在你身上花上 20 分钟的时间。

"在那个层次上，有一个理由能够让你的客户看到其重要性是非常不一样的。比如，在我最近的一次拜访前，我们已经发现，客户正在设法处理他们的库存系统，这个使用人工录入的系统显然已经无法满足需求了。这一事实，预示了一个明显有效的约见理由。我告诉他们，我希望开一个会以便展示我们的库存管理系统是如何高效运作的。我不用再说任何别的话了。因为'库存效率'恰恰是他们脑子里想到的内容。"

是的。是他们脑子里的内容，而不只是销售人员自己脑子里的。在第4 章里，PDP 公司行政副总裁吉米·法摩先生讲的那个案例也有同样的内容。在那个案例中，吉米先生的一位销售代表，面临着如何重新进入一个刚刚搞砸了的客户。他那次是只顾宣传产品了，而没考虑其他的问题。事实上，他在那次拜访中，浪费了客户三小时时间，所以客户想再见他的机会已经微乎其微了。但是，客户确实又给了他第二次机会，为什么呢？因为这一次，销售人员给了客户一个有效的约见理由。

吉米解释说："在向那些并不太情愿的客户们说出有效的约见理由时，我的销售代表是从检讨自己的失误开始的，他告诉大家上次错过了机会，没有把焦点放在大家感兴趣的问题上去。他对因此而浪费的时间表示了歉意。随后，他展示了大家所关心的东西——对企业员工流失问题评估的解决方案，这个方案实施快速、数据可靠、浅显易懂。"

销售代表形容说："这个有效的约见理由，来自所发现问题的逻辑顺序。我现在向你们展示，在一个快速、可靠和简单易懂的软件系统帮助下，PDP 公司能够如何降低公司的员工流失率。"

这就是客户感兴趣的内容，即使有了上次的不良记录，这些人还是愿意给我们的销售人员第二次机会，因为他这次非常准确地聚焦在了客户的需求上。

这两个故事在告诉我们同一个要点，每个有效约见理由的重点，就是鼓励你的客户去认同，因为从他们的业务角度讲，你的提议可以使之更合理。但是，在这样的前提条件下，还有其他几个关键点。以下是其中最为重要的六点：

1. 从客户的角度说，有效约见理由阐述了会谈的真正目的。当你使用一个有效的约见理由作为会面的理由时，这时所有的会谈计划就被公开了。你脑海里的内容没有模棱两可的概念，客户也不用去揣摩"这顿午餐到底是什么目的"了。

2．讲明你的有效约见理由，表示你是有备而来的。表示你已经在思考着客户的问题（或者潜在的问题），并且你开始为提供解决方案做功课了。

3．确立一个有效的约见理由，可以把你的拜访时间最小化。有效约见理由是一种过滤装置，可以减少你的拜访次数，并使之能够全部集中在可以使你和客户获取双赢的机会上去。对于那些被训练成尽量提高拜访数量的人而言，这个说法有些不容易理解。但在概念销售中，做客户拜访是要追求质量的，而不是数量，你要认识到，最大化的数量未必就是最合适的。

一个有效的约见理由，还可以减少销售拜访中的时间浪费。当客户们事先知道你来拜访的原因，你就不用再花费宝贵的时间去解释会谈的目的了。你可以开门见山地谈手头上的业务。

4．一个有效的约见理由，就如同在说："时间宝贵。"换句话说，它不仅是在节省双方的时间，它还使你的客户知道你把节省时间看得非常重要。对于一个时间有限的潜在客户而言，你的这个做法显得礼貌而高效。即使这个人当时对生意没有什么兴趣，如果给他留下良好的印象，对你未来的业务也会有帮助。

5．有效的约见理由为双方设立了会谈的期望值。它使客户可以事先知道你准备谈什么，和你为谈这些内容做了什么样的准备。如果客户事先知道你来访的原因，他就有机会多考虑一下自己的情况，多检查一下对自己问题的理解，并整理好你需要的数据。当你坐在他们面前时，就不会有意想不到的事情发生了。

6．事先讲明有效的约见理由，可以使客户获得充分的时间去做相关的准备。买卖双方都有责任积极地参加到销售的过程里面来，并且共同推进销售的进程以达到双赢。你的客户只有在事先懂得了你看事情的方法，并且他们也认同你的观点后，他们才能更有效地做这样的工作。

下面，我们来讨论如何确保你在每次拜访客户时都获得一个有效的约见理由——这样的讨论，会揭示把这些要点付诸实施的方法。

有效的约见理由：五个指标

在你说出你想见什么人的理由之前，你首先要决定的是为了这个会面，自己是否真的有一个有效的约见理由。你做出这样的判断时，要根据五个指标。我们在这里把这五个指标以问题的方式列了出来，你应该在每次拜访客户前，问自己这些问题。

1．客户接受了我想要见他的理由，而他接受的原因，是因为我的理由会对他的概念或解决方案的构想产生影响吗？我们在这里所做的假设是，如果你已经接受了概念销售的基本原则，那么你对待每次销售拜访时，都会设法把它调理成使你的产品或服务与客户所希望完成的内容相关联。而且，客户必须知道你是在做这些事情。所以，在确立一个有效的约见理由时，要确保你的客户从开始就知道，你把他的解决方案当作你最关注的重点。

2．你的约见理由，是否已经告诉客户，他为什么应该把和你的见面放在他要进行的会面安排中的最主要的位置？这里谈论的话题是事情的紧急程度。每当你要做一个销售拜访时，其实你都在和其他 100 件事情在竞争，比如，你的竞争对手也希望约见，客户内部有开不完的会，需要赶飞机，个人事务，等等。你的有效约见理由必须要能使你的客户想要先见到你，或者至少是尽快见你一面。因此，那个最可能把你带给客户的有效的约见理由，应该是聚焦在当前事务的、对工作重点有急迫感的那一类。

3．你的约见理由，是否把对客户的作用清楚地向客户传达了？客户已经知道了你的这次拜访目的，他至少会比较容易地推断出一点：因为是你在试图获得一个见面机会，他能够很确信地判断出，沿着这样的轨迹，在某一刻，你会需要签订一张订单的。但是，对客户或其所代表的机构而言，会不会有好处呢？所签订的合同，会不会是单向赢呢？客户无法确认能够从会谈中获得什么，你其实就是在要求他冒险了。这对他而言，不是“赢”，要求这样的会面，也就存在了某种非逻辑性的猜测。

这样做，并不意味着你一定要把底牌在阐述约见理由时和盘托出。很明显，在你们面对面时，真正的销售才开始。为了能够和客户面对面，你必须让他知道拜访会对他有什么好处。

4．有效的约见理由，是否既和我自己的工作有关系，又和客户的工作有关系？这个问题和上面的问题，正好可以换位地进行思考。你希望在见客户时，所有理由都有助于增加你们之间共同做生意的机会。如果你能帮助客户去赢，你才能建立起你的信用——而这种信用，就是一种双赢的历史记录，也是未来业务合作的基础。

5．在通过留电话口信的方式，电子邮件的方式，或通过助理进行传递的方式时，有效的约见理由是否被准确和清晰地进行了传递呢？这个指标是一个操作性的问题。今天，大多数销售拜访都是通过电话来安排的，在笔记本电脑和全球化的穿梭泛滥的世界里，如果你只通过两三个电话，就可以办妥和客户的会面，那已经是很幸运的事情了。也就是说，你的客户第一次听到你想要见他的消息，大多来自一个电话、一个口头邀约。而如果这个口头邀约不是那么清晰和准确，你的约见理由就都会显得不专业。这是我们为什么要建议我们的客户，一定要把他们的约见理由清楚地记录下来，并且使用简单、简捷的语句的原因——你会在后面做到类似的练习。如果你不能把约见理由，用 25 个之内的单词描述出来，那就不是一个真正有效的约见理由。

开始

有效约见理由指标

- 冲击采购者的观念
- 销售拜访使购买者感觉有优先权
- 符合购买者的兴趣
- 向购买者表明“我的诉求”
- 明确、具体和完整

以上就是我们的五大有效约见理由指标。记住，每个指标都必须从客户的角度去考虑。

不打无准备之仗

在上述五个指标里，隐含着一个重要的假设，那就是在你走进客户的办公室前，你已经开始为这笔生意做了一些思考了。在概念销售里，根本就没有所谓的“无准备之仗”的概念，因为当你去销售“概念”时，你在每个销售拜访之前，都得去做战术上的计划——即使第一次去拜访客户，你也要做这样的准备。事实上，如果你不去做这样的计划，不去思考你要去见的这个人的情况，不设想一下他的问题是什么，不去考虑产品或服务能够和他们有什么关系，你就根本没有办法表述出一个有效的约见理由，那你其实就是在打无准备之仗。

当然，你并不需要客户的所有细节。很显然，在对新客户进行第一次拜访时，你知道得并不多。但如果你不作任何事前的准备和研究，那么在会面时，就没有办法保证充分利用大家的时间。准备工作有时可能是很初级的，比如，你通过阅读报纸的一篇文章，发现在你的潜在客户所在行业里，出现了一种可能的机会。或者，你可能听说一家公司正在进行机构调整，可能会导致考虑更换新的供应商。这些特定消息，也许都不是那么重要，但是比起让你进行充分的思考和准备，而避免去打一场无准备之战而言，他们就都是很有意义的了。

我们的研究结果显示，很多销售拜访都准备得过于笼统了——就是无论对买方还是卖方而言，都没有重点。事实上，如果你能事先就针对特定的客户，针对他的概念进行思考，你就能把注意力更多地聚焦在特定的情况上，这样在进入销售拜访的时候，你就会知道是在拜访正确的对象，你就可以管理你的销售时间，而不是盲目地赌博。

我们的客户，高科技公司 ATS 的销售副总裁，理查德·布拉谢尔先生，在描绘处在 ATS 公司的销售环境中有效约见理由的重要性时，他特别强调说："对我们的大客户而言，我们无法做电话推销或者见一次面就能搞定的生意。所以，有效的约见理由非常重要。销售人员做再多的工作，如果你没有有效的约见理由，就不要给客户打电话。

"而当他们给客户打电话时，我们要求销售人员在电话中要讲清楚，要开门见山地告诉客户：'我们认为，我们的会谈应该是关于什么的，我们为什么认为这样做对你有价值。'用这样的办法，你就可以知道你要实施的具体方案。通常情况下，我们的工作做得还是不错的，客户大都愿意接受我们的约见理由。有时，我们遗忘了一些信息，客户就会说：'不，不是那样的。'当这样的事情发生时，你就应该闭上嘴，认真地倾听。或者，你就应该对客户说：好吧！让我们重新来过。"无论哪种方法，有效的约见理由，都是一种非常好用的工具，它可以确保你和客户的交流保持同步。

在整个销售环节中使用约见理由时，有三个基本点能够确保布拉谢尔提到的做法得以实现，在你去约定会谈时，在会议开始前，或者在你事先筹划好的“巧遇”中，见到惊讶不已的客户时。

建立约见的预期

为了能在第一次接触客户就获得一个会谈的机会，去使用一个有效的约见理由，对于卖方而言是一种价值最容易体现之处。但是，你需要在具体实施时，在去约定一个会谈时，通过电话清楚地把它表达出来。我们前面已经解释过，有效的约见理由能够让你和客户都知道会谈的预期是什么。

我们用以下的方式来形容这个情景，也可以使你获得立竿见影的收益。有效的约见理由，降低了潜在客户的不确定性，并使你和客户之间的实质性沟通变得更容易了。在做这样的事情时，你应该注重以下的原则：

明确你在销售拜访中的销售责任。你准备谈论什么呢？你准备针对客户关心的哪些问题进行讨论呢？你准备在会谈中提出哪些特定的信息呢？你在给客户打电话预约时，这些问题说得越多，你被客户拒绝的可能性就会越小。

明确客户的责任。这也是我们一贯坚持的所谓“获得承诺”的逻辑。在每个适当管理下的销售拜访，你和客户都肩负着销售进程向前推进的责任。如果在前一次拜访中，你的客户已经承诺“带来财务部的书面回复”，那么，在你进行电话预约时，就要提到他的这个责任，这将会帮助你明确拜访的期望值。

从客户的角度出发讲明这次会谈的目的，也就是你希望会谈能完成什么任务。在你和客户预约会谈时讲清楚这一点，就是在向客户再次确认你清楚客户的需求。同时，也就确认了你们的共同日程，由于人们的日程总是在变动，所以这样做就为一些不确定性添加了切实的成分。这也就使你避免了一种常见的雷区：但是我原本以为我们是要谈其他的……

验明在场的人员。在你预约一个会谈的时候，为了两个原因，你应该事先验明在场有关人员的情况。有效的约见理由，可以使你要去拜访的客户事先做好必要的安排，以便避免当你到场的时候，有太多的人或太少的人甚至不该在场的人员在场。如果你原本只打算和一个人会谈，但到会谈时，你发现已经被六个陌生的人包围了，这就可能使整个会谈作废。另外，如果要使会谈获得成功，有两个关键人物应该到场，但有一个人却没有被邀请，那么你原本可以一次会谈就完成任务，现在要分成两次去做了。所以，在打电话预约时，就要提高警惕，要明确下次会谈的范围。

逐一确定所需要的环境条件。如果你的会谈需要一块黑板，一台投影仪，或者一间特殊的会议室，那么，在和客户预约时，要确信客户知道了你的需求。如果客户有责任帮助你准备这些条件，你就要确保客户也这么理解。如果准备环境条件的责任在你，你也要明白地告诉他，以避免他浪费时间去帮你准备那些物品。

还有一点也应该引起注意。如果你事先已经定好了一个会谈，然后在你再次去电话确认时，你需要逐一确认上面这些内容，看看有什么不妥。这种再次确认，听起来也许有些重复，但是它却可以避免一些不该犯的错误。

明确会谈的焦点

在会谈一开始时，重复一下你的约见理由是很有用的。这样做的理由，和你打电话过去再次确认会谈时的要点是一样的。这么做起来并不难，也很自然。因为作为会谈的开场，没有比确认一下此次会谈的目的来得更顺理成章了："今天下午，我们会讨论一下流程的问题，对吗？" 或者 "如果我的理解正确的话，杰瑞，你是想总结一下我们在你的行业里的服务记录，是吗？"

开门见山地说明你来访的原因，可以向你的倾听者发出一个明确的信号——你自己非常清楚到访的原因，邀请对方表明他们也知道这一点，并想要这么做。当然，如果他们不想这么做，他们也会告诉你，正如布拉谢尔所说的那样："让我们重新来过。"或许，会谈可以被调整到一个能够和你的想法更契合的时间段去。

遭遇不速之客

当你进入一个会议室，发现你所面对的人不对劲，或者不是你原本以为要面对的人，"让我们重新来过"这句话就变得非常重要了。你要永远记住，在你开口说话之前，一定要搞清楚你面前的人是谁。这样做的办法之一，就是从一开始就声明自己的约见理由，这样会使你的客户从一开始就和你知道的一样多，知道他们自己是在正确的时候处在一个正确的位置。

如果你没有去做这些，就是在自找麻烦了。我们认识的一位朋友，最近曾经做过一次讲座，满满一屋子的听众都是来自一家大型跨国公司的中层经理。他忽视了会议的约见理由，以致在他开始讲话的 10 分钟后，一位被搞得莫名其妙的经理从前排的座位上站了起来，愤怒地说："这和我的领域毫无关系，我肯定是来错了会场。"他一边说着，一边离开了会场。这位经理感觉糟糕，他的同事们也被这件事分了神，而我们的朋友呢，则失去了镇定下来、重整旗鼓的宝贵时间。他告诉我们："这件事完全打乱了我的时间安排，我感觉就像给一个本该上希腊语课的班级讲了化学课。"所有这些，其实是可以避免的，如果他事先强调了约见理由，并和每个偶遇的成员探讨其有效性的话，他就可以避免这样的尴尬场景了。

三种常见的保留意见及回应

事实上，所有和我们一起工作的人，都知道有效约见理由在销售拜访中的作用。但是，我们有时确实会遇到一些抵触意见。这种抵触，通常来自那些把“友谊”和“保持联系”也看作销售拜访的人。下面我们会谈到我们如何来回应这样的反对意见。

保留意见 1：不是所有的销售拜访都需要有效的约见理由。有些拜访，纯粹是一种礼节性的拜访。我确实并不需要一个有效的约见理由才去见客户，因为我没有在做生意。我只是想保持这种关系，不让它冷下来。

是的，确实有这样的情况发生。在很多社交场合里，你只是想和一个潜在的客户一起喝酒和吃饭，你的原因也简单到只是因为你愿意和他在一起。但是，你不应该把这样的情况和销售拜访混为一谈。在销售拜访中，你是要求客户给你一个特定的时间，以便你能够推进你们双方的业务目标。当你在这种职业状态下时，无论你们两个人之间有多亲密，你欠着这个人（和你自己）的时间，而且，是高质量的时间。而唯一确保你能够提供高质量时间的方法，就是你拥有一个有效的约见理由，并在你们一相遇时就明确地提出来。而且，每次都要这样做。如果你不这样做，你在这个世界上最好的朋友，就可能会回避和你做生意，因为他们无法承受浪费自己的时间。

保留意见 2：我不想让别人觉得我只是为了生意才找他。“我不想在我和客户的关系上，把做生意的意图表现得那么明显，他会觉得我不太在意他这个人。米勒·黑曼说过，从个人的角度，我应该想办法让我的客户‘赢’。如果我除了和客户谈生意，其他什么都不谈，我怎么做到这一点呢？”

这种反对意见同上面的一样，也是把业务关系里面的个人因素和职业因素两方面混淆在一起了。如果你愿意和你的老伙计一起在游泳池边放松地倾谈，或者在高尔夫球场漫步，没有关系，尽管放松就是了。但是，一个销售拜访，有它自己的明确要求。当然，如果在一种令人兴奋的环境中，你还是需要回避鲁莽和生硬的做法。你不能一上来就说“我们现在别浪费大家的时间”或者“嘿，伙计，我们今天见面的目的是……”之类的话。但是，这只是一种个人的风格问题，它只和你对客户的敏感性有关，而和生意的本质没有太多联系。

很多业务在开始时有种类比，更多地被理解成冰锥，是用来刺破坚冰的。不过，在这里你可千万不要用这样的话来蒙蔽自己，这种类比，可不是销售拜访的常规部分。当你和客户坐在一起谈生意时，你们真真切切要做的，就是把注意力放在你们相互的业务需求上。

与那种所谓的“欠考虑”或“刻板”的担心正好相反，在每次销售拜访中，从一开始你就明确地表达有效的约见理由，恰恰是一种考虑周全的做业务的方式。它告诉你的潜在客户，你已经考虑了他所处的境况，你也正在寻找帮助他改善处境的方法。它向客户表示，你对于你自己现在的想法，是抱着开放的心态的，你愿意为他进行改进——而且，只要对他有效，你很愿意为此和他会面。

保留意见 3：把理由大声地说出来会让我觉得很不舒服。“我们今天的会谈，是因为以下几个原因”——这样的说法，似乎太直接、太生硬了，这似乎有一种侮辱人的感觉，就好像你的客户自己不能发现这些原因似的。我更喜欢用自我感知的方式进入状态，而不是如此鲁莽地被推了进来。

注意，只要你在说明会谈目的时，还感觉到某种不舒服，那一定是你的约见理由还有不妥之处。也许，是你没有很好地把它表达出来，或是你自己并没有真正明白你们两位到底为什么要坐在一起。如果有效约见理由是被正确地表述出来的，它就不会是对客户的一种侮辱。它也绝不会是自我感知的方式。而且，如果你有着一种要高声宣讲你为什么要到这里来的冲动，也就重复验证了会谈的目的。很多时候，用问话的方式重新声明一下你的约见理由也会有用，比如，“如果我没理解错的话，我们今天的会谈缘由是不是这样的……”

在声明自己的有效约见理由时，销售人员如果会感觉到不自在，通常就会是这三种基本原因了：

（1）他自己并不知道这次会谈的目的；

（2）他不能确信他的客户理解的约见理由和他想的是不是一样，而他自己又不愿意去发现这里面的差距；

（3）他害怕客户会因为他的“简单”和浪费其时间而驳他的面子。

最后一种情况是销售人员自己的一种假设，认为客户比他聪明，而且也没有耐心去花费 10 秒钟的时间，来确认一下对方是不是同意见一次面。事实上，如果你确实遇到了一位聪明而专横的客户，我们的建议还是一样的。那就是，为了能实现双赢的交易，你要从一开始就讲明你的有效约见理由。如果他不想当面回应你，那就可以证明他并不想要一种双赢的解决方案。

说了这么多，还是回到了那个话题上：相互满意，相互尊重。用有效约见理由的方式，明示会谈的目的，是提高清晰度和信息交换质量的必要和直截了当的技巧。任何一个想要和你进行公平交易的人，是会欢迎你的这种简单明了的。而拒绝或嘲笑你的理由，或者认为你的理由与他不相干的人本身也不会给你什么好生意。果真如此，你为什么还要和他浪费时间呢？

长期回报

有效约见理由的好处，除了我们前面已经讲到那些外，还有一个很重要而又不太为人所知的方面，是我们在这里必须要特地描述一下的。那就是，有效的约见理由，可以使你与众不同，并使你因此长期受益。

在本书的后面部分，我们还会具体地阐述关于与众不同的话题。在这里，我们只要先知道，客户是通过比较差异来进行选择的就行了。一个有效的约见理由，如果简单明了地让你的客户所知悉，并认为它很新颖，那么它就是帮助你与众不同的最好的方式。很多职业销售人员仍然认为他们和客户接触的方式，应该处理得尽量社交化一些，不那么具备攻击性，比如，电话公司的推销员在要打断客户用餐时，假称是来做“市场调查”的，或者一家公司的销售代表，假装对客户的生意不感兴趣，而只是要“和客户吃顿午饭”。与这些传统的销售手法不同，销售人员如果一上来就讲清楚自己的商业兴趣，并给客户一个关于此次会谈的约见理由，那他就可以使自己从众多的人群中脱颖而出，他就会被客户所记住，并且了解他与其他竞争对手的不同之处。

一位参加了概念销售培训的受训者总结得好：开门见山地讲明一个有效的约见理由，可以帮助你去接触那些原本你认为无法接触到的客户。我这样做了，成功的例子不计其数，其效果是令人震撼的。很多销售人员都已经习惯了迂回的方式，所以，当我告诉客户我为什么想见他，那效果绝对是立竿见影的。有三四个客户甚至跟我说，他们还从来没碰到过像我这样做的销售人员。所以，自然而然地，我有了我自己的风格。

这，就是与众不同。

培训课件5　有效的约见理由

这里是关于有效约见理由的一个总结性练习，可以应用在你即将到来的一些销售拜访中。在你的记事本上，写下“有效的约见理由”几个字，作为练习的题目。然后，找一个你即将要做的销售拜访，而且，关于这个拜访，你还没有安排具体的约会时间。写下这个客户的名称，联系人或你想要见的那个人的名字，和希望在这次会面里完成的任务。我们这里所说的“希望完成的任务”是指会谈的目的。

第1步：注明你的有效约见理由。你刚才标明了对会谈目的的想法，你自己知道为什么要见这个人。现在，要明确下来这个人应该要见你的理由。做到这一点并不容易，因为这要求你探入对方的大脑，想他所想。在你的记事本上，记录下这些，并要记住两件事：第一，有效的约见理由应该是简短的；第二，它应该是从客户的角度出发的。“有效”应该是客户眼中的“有效”。所以，在这里，你可以重温一下我们前面讲到的“五个指标”，然后把你的有效理由放入下面的框架中，进行检验：

- 这个有效的约见理由，是如何影响，或者说它为何被认为会影响客户的概念？客户会如何看待这个理由对他的解决方案的作用呢？
- 为什么有效的约见理由会让客户把我放在他的首要会见的名单上呢？
- 有效的约见理由，是如何来告诉客户会面的内容，是为了他和他公司的利益呢？它有没有清晰地传达出有什么是针对他们的呢？
- 有效的约见理由，是不是清楚地告诉客户，不仅仅对我的业务有利，也对他们的业务有利呢？它表达了什么样的商业意义呢？
- 如果我把这个有效约见理由通过电话录音、电子邮件或者通过其助手转达时，它的内容和重要性能够被准确地传达吗？

把上述这些问题用作指南，重新审视你的有效约见理由。最后的有效约见理由的版本，未必需要完全符合这五个指标，但是，它们之间越契合，从客户的角度看，它们就越有可能清晰和明了。你要给出的是一个真正的有效约见理由，而不是一个空中楼阁，你要让客户能够并且愿意和你会面。

第 2 步：测试理由。在你使用上述的五个标准检验了约见理由的有效性后，再把你的约见理由，拿来问问你的同事和销售经理。看看他们觉得你的理由是否合理。要求他们设身处地地去想象一下客户的状态，并想象你这时要约见他们。你的这个有效约见理由，能够使你的同事觉得是一个充分的好理由吗？他们会愿意为此而见你吗？如果他们在你的有效约见理由的好坏问题上，并不是很确信，那么你的这个会谈的理由，可能还需要再斟酌一下才行。

第 3 步：我下一步能如何去做？最后，要选择好一些特定的行动，以便能使你更好地去提出你的有效约见理由。为此，也许你需要去更多地了解你的客户所处业务领域的大环境。也许你需要参加一些培训，教练也许是来自客户的机构里面的，或来自你自己所在单位的，或是一个和你或客户的单位都没有关系的人。也许现在的有效的约见理由，已经足够好了，已经通过了你的测试，包括和上面五个标准的比较与你同事的检验，而你现在要做的就是给客户打电话。总之，为了使你自己和一个好的会面更近一步，无论你准备做什么，你都一定要确认这些行动会帮助你更好地了解客户的情况。你要记住你讲出约见理由的终极目的，就是要告诉客户，你和你的公司能够帮助他“赢”。

一旦你完成了这个练习，你应该更好地认识到了有效约见理由的意义，而且更多掌握了一种战术手段，它能帮助你从一开始，就更好更有效地管理那些销售拜访。在我们进行正常的销售拜访前，还有一个我们需要准备的问题。这个问题，就是关于判断你的职业信用的话题。

第 8 章

我有信用吗

在 20 世纪 70 年代初，美国水门事件听证时期，很多杂货店都张贴过一张海报，上面画的是那位正在遭受围攻的总统理查德·尼克松，画面上还有一句著名的旁白：“你会从这个人手里买一辆二手车吗？”整个海报，把尼克松处理成了一个典型的、狡猾的二手车销售员形象。画面的寓意是：这个“爱说谎的迪克”（迪克是理查德的昵称）的信用度，已经连“狡猾的山姆”都不如了（狡猾的山姆，是美国俚语，常用来形容一个狡猾的人。而二手车商人，在美国多以狡猾和欺诈出名，口碑不好，故得此称呼。——译者注）。

无论比喻和称谓是否公平，它毕竟鲜活地描绘出了关于销售员善于欺骗顾客的刻板印象，从另一个角度看，这也对客户的一种心理状态做出了形象的阐述。如果你无法让潜在客户相信你是可以信赖的，你就不可能比一个受到弹劾的总统更让人信服，甚至，你还不如那些小商贩有信用。

在所有优秀的销售案例中，建立个人和公司信用是长期业务关系的必要条件。在我们上一本书《新策略销售》中的最后部分里，“一个对所有商业领袖公开的秘密”一章中，我们把信用甚至推崇到了“必需”的地步。

我们将要讨论的问题是“开始启动”的第四个基本环节。我们会通过讨论，告诉你如何询问和回答这些问题，以便知道你是否赢得了客户的信任。

一位潜在的客户会因为以下五个基本因素的存在，而不接受交易：

1．买这些东西根本没用。潜在客户的需求与产品或服务之间，没有明显的契合。

2．没有钱买。或者预算不够，或者没有办法申请到预算。

3．对于交易所能带来的变化，没有什么期望。

4．在特定的时间内，缺少急迫性。

5．缺乏信任感。对于潜在的客户而言，他们不相信销售人员会关心他们双方的利益。

以上因素的任何组合，都可以导致一笔潜在业务的消失。但是，它们中有一个至关重要，只要它存在，你的交易就会失败。那就是最后一个——缺乏信任感，这一个因素导致的失败比其他四个因素所导致的失败的总和还要多。

客户的信任感，对于销售人员而言意义重大。无论你做得多么好，如果客户对你没有信任感，那么你肯定做不成生意。没有人会从一个他不信任的人那里进行购买。

当然，也有例外。如果你是某种产品或服务的唯一供应商，而客户又非常需要那个产品或服务——也就是说，客户根本没有选择的余地，那么有可能在没有信用或低信用度的情况下，你会得到这样的业务。此外，你也能通过欺骗的手法，让一个本来没有购买想法的人暂时相信你，而在常理下他本不该这样做。但是，这种情况太少了，你也无法在此基础上建立你的业务。如果你想打造双赢局面，如果你想发展的是满意度高的客户群体、培养口碑、赢得老客户、悉心经营客户关系，那么你就必须有信用。

信用的要素

因为不同的人会出于不同的原因而信任你，所以了解信用的要素就成了很有用的事情。在各种各样的销售情景里，会有许多操作方法建立信用，但我们在这里只把它们分成四个方面：你的经历，你的知识，自我介绍的方法，以及你的交往人群。

你的经历。当你面对一个潜在的客户时，他在众多需要了解的事物中，一定有一件事，是关于你在当前行业里的经验或相关话题的。在行业中 20 年的老销售，一定会比上个月刚刚入门的新手更令人信服。对于潜在的客户而言，你过去的工作范围与所处行业的关系越紧密，就越容易赢得客户的信任。

当然，这里有关系的部分是质量，而不是数量。你的客户所要寻找的，不是你在这个行业里稳定的 20 年工龄，而是有记录可循的工作能力，以证明你能够为之提供服务。所以，即使你是个新手，如果你能为客户或其他人提供切实的解决方案，那你同样可以赢得客户的信任。信用度的意思是说你可以被信任。因此，如果你去拜访哈利斯夫人时，带着的是你曾经承诺过的关于改进工作状态的数据，那她就知道你是可以说到做到的人。

这就是经验的作用。如果你有了类似的经验，而且你也提供了相关内容，并且你已经做了 20 年，那么你的信用度自然会高。

你的知识。有时，即使你还没有为哈利斯夫人提供切实的解决方案，但是你仍然可以用你的知识来赢得她的信任。你的教育背景、技术专业，你所展现出的对她的领域的专业知识和责任感，所有这些，都是组成信用的要素。尽管通过你的知识建立一种信任，不如通过你所实际做过的事情来得可靠，但是，如果你的知识恰好能够帮助客户完成她想要做的事情，那它也不失为一种好的选择。

当然，这也许存在着很大的不确定性。展示你的知识并没有错，但是在简单地炫耀你的名牌学位或引用什么话时，你就一定要小心。知识本身能给你一种暂时性的信用度，但是，如果你希望能长期建立信用，你就必须证明它，也就是说，展现你的专业知识，用它们帮助你的客户解决问题，满足他们的需要和收益。

自我介绍的方法。我们这里所说的是你向客户做自我介绍时的行为举止。注意，我们说的是自我介绍，而不是介绍你的产品或服务。这里面的一些内容是显而易见的，比如，我们要遵循约翰·墨里关于商务着装的要求，T 恤衫和牛仔裤有其适用的场合，但是，它们绝不是能够赢得你商业伙伴信任的一种装束，而“得体的着装”，是最显见的即时有效的例证。还有很多其他因素，诸如你的外表、语言和表达方式，你的个人魅力和行为举止，以及你的职业礼仪，等等。所有能影响你的外表、能影响客户对你的印象的东西，都是能影响你信用度的内容。

但是，有时外表也是可以造成错误判断的，我们这里并不是说以貌取人，仅从外表上来判断人的信用度。你可以将所有能在市场上找到的关于商务着装和商务礼仪手册上面的内容都烂熟于胸，但是仍然无法使相当一部分客户信服，因为他们还是不会相信你的衣着和行为举止之外的那些东西。而另一方面也是一样，一个穿着得体、整洁、专业的人，总会比那种穿着绿西装，说话唧唧歪歪的人更能赢得客户的信任，但无论是你的外表还是你的知识，都只是帮助你起步的基础：它告诉你的客户，你有足够的才智和他们站在一起，而一旦你进入了他们的阵营，你就要想办法向他们展示你的能力。

在你向客户展示自己的时候，有一种要素本身是极其重要的。我们前面已经讲到过关于专业形象的问题，这种专业形象展示的本身，就是面对面销售的一个非常重要的过程。对于销售人员而言，准时到会、发言周密、细心倾听潜在客户的意见，都是一种职业素养的展示，而不是单纯的礼节。通过这样的举止，你在告诉对方，你很在意对方的感受，你要尽量把销售做好；当举止变成了自然流露出的一种内在气质时，这就不仅是表面现象了，而是能成为一种发展客户信任度的无价之宝。

你的交往人群。哈利斯夫人也许并没有从亚当那里知道你，但是，如果她知道你的公司，她从你的另一位客户那里知道你，或者她从她信任的朋友那里了解到你，那么你甚至会比亚当更能在第一次见面时就赢得她的信任。

这样你就会顺利获得最初的信用，当然我们并不是说你应该依靠“关系”去建立信用。凭借关系销售的时代——那种靠熟人和老朋友的关系做生意的时代已经逐渐消失了。那种销售本身，也并不容易实现双赢的结果。但是，你的各种关系，能够为你起到很好的引荐作用。在一些情况下，如果你没有这样的关系，你就会根本无法获得暂时的信任。

我们在这里，强调了一个词“暂时”，尽管有时获得客户的信任非常困难，但是如果你无法每次都获得这样的信任，那么你就会很容易失去这些信任。因为这样的原因，信用度是一个需要时时检查的项目，以便确信其不会逐渐消退。

我们这里指的是去检查每个销售拜访。那些你想当然认为会获得信用的销售拜访可能会让你失去订单。所以，我们敦促你采取一种持续的方式去审视和你打交道的每个客户的情况，而第一步就是要能够判断你是什么时候获得或失去客户的信任的。

权衡信任度的证据

你正在和一个重要的客户面对面地坐在一起，你也已经断定能够帮助他解决困难。但是，你从来没有和这个人做过生意，所以你们之间没有相互信任的历史。或者，从你们上次见面后，大约已经过去了半年，你不能确认他是否还信任你。你现在需要的，就是获知这个人对你的信任程度，你需要对应的证据。

对你有信任度的证据，应包括如下的客户反应和行为举止：

- 客户准备谈论你的产品或服务和其自身需求的关系。
- 客户们问的是“如何”而不是“为什么”，这表明他已经把注意力放在你的解决方案上了。
- 客户直接告诉你，他信任你。
- 客户告诉你一些高度个人化的数据。
- 客户在和你交谈时非常专注。

当你遇到这样的客户信号时，你可能已经打下了非常坚实的基础。这时，你可能还没有拿下这笔生意，甚至还没有获得十拿九稳的会谈机会，但是，至少客户愿意和你交谈，他此时是在暗示你：他相信你在说的内容。

信用要素

- 你提供的有结果的履历记录
- 你的成果记录
- 你在客户的行业内的经验
- 你的技术专长
- 你的教育背景
- 你的语言和表达
- 你的外表、着装和打扮
- 你的个性，举止
- 你的专业性——准时、组织能力、礼貌
- 你的社交圈子——伙伴、联系人、其他客户

而那些证明你没有获得信任的证据是：

- 客户让你跳入其设好的圈套，然后查问你的信用问题。
- 客户不让你按照你认为合理的会谈进程去发展。
- 客户保持沉默，或者警惕性很高，只说只言片语。
- 客户对你的思路有疑问。
- 客户有明显的敌对性或防卫性。

当你遇到这样的信号时，无论你准备得多么好，都可以肯定你失去了一部分非常关键的先机。在销售拜访中，当客户相信你，认为可以信任你时，他就会比那种把你看作威胁或未知数时所表现的更加主动。当你有了信用度时，客户就会成为你在销售拜访中的伙伴，在你要做些什么的问题上，他会问得很具体，并且提供一些自愿的引导，以帮助你把销售向前推进，并且，他会聚精会神地倾听你的意见，因为他认为他也是这项业务的一部分。

当你缺少信用度时，相反的情况就会发生。当一个目标客户认为你不值得信赖的时候，他就会拒绝张嘴，并且表现得带有几分敌意。他会提出各种问题，对你的信用问题轮番轰炸，而不关心你的解决方案对他到底有什么帮助。在这样的情况下，他已经不是买卖关系中的合作伙伴，而是一个在使尽浑身解数要证明你的解决方案不对他路子的人。

正因为信用问题在面对面进行互动时有着这样决定性的作用，所以，你更要从销售拜访的一开始，就认真对待。你越早发现信用问题，就越能根据需要及时进行调整，以便培养你需要的信用。

但是，你如何做到这一点呢？如果你没有信用，你如何去获得它呢？

“获得”信用

在某种程度上，这是一个技巧问题。信用同其价值一样，都是非常脆弱的，从来没有人能够一次获得它并终身享用。所以，更确切的说法是，只有按照概念销售法则进行操作的人，才会在一个渐进的过程中赢得信用。除非你在每次销售拜访中，都不停地对信用问题加以注意，否则你就会很容易地发现，你是在想当然地期待着一个实际上不切实际的信用。

有三个基本方法可以获得信用：通过口碑，或通过其他人的介绍和担保，或通过你自己的表现去争取。

开始

三个获得信用的方法

主要办法：

- 通过口碑建立信用
- 通过同事或熟人介绍（信用传递）
- 通过自己努力获得信用

通过口碑建立信用。因为口碑能够获得信用，这也是通过关系获得信用的一种途径。如果你公司或者你的产品和目标客户已经有了一些良好的记录，那么你就有可能获得暂时的信用。因为公司的良好业绩，约翰·笛耶或金博利·克拉克那样的销售人员，在新客户那里有一种与生俱来的信用——这种信用是那些新手根本无法达到的。但是，请再次注意“暂时”一词。市场上的领袖级公司的销售代表，只拥有某种特定的信用优势。如果这些销售人员不能很好地根据客户的需要而进行改变，那么他们会很快就丧失掉信用。

信用传递。有时，把信用想象成银行的信用额度也是很有用的。有时通过担保人在贷款合同上与你联合签字，你就可以获得相当数额的贷款。这种方式，就是你可以暂时借助某人的力量，借助其推荐，暂时赢得客户的信任。这种推荐的形式并不重要，无论是一封推荐信、一个介绍，还是一个电话都可以。你在初次接触客户时，介绍人可以是一位受人尊重的同事、一个商业协会、一位过去的老客户，或是某个客户信任的人，那么他们的信用就可以传递到你的头上。这样的信用，永远无法像你自己建立的信用那样高，但它仍然是一种你可以利用的信用，这是通过关系获得信用的情形。

通过自己努力获得信用。到目前为止，获得信用的最好方法，还是靠自己的力量，从每个客户和目标客户那里去获取。正如我们上面提到的那样，提供结果是销售前提的一个重要内容。如果你能够给威廉姆斯提供一个可靠的“双赢”结果，他就会知道你就像关心自己的利益一样关心他的利益，他也就会和你再次做生意。当你向客户供货一次后，你的表现提供给客户的信用，就会像存在银行里的钱一样，他会根据自己的满意程度进行提取，如果他对你的表现满意，就不会跑到你的竞争对手那里去提取其他的信用。

无论你以哪种方式去获取信用，所有的信用最终都是要去争取的。通过关系获得信用，就像从银行获得了贷款一样，都只是权宜之计，一个新人必须建立自己的信用。客户会因为你的介绍人而在第一次给你信用，但除非你能够证实自己可以提供可靠的结果，否则，第二次你无论如何也不会获得他们的认可。

这样的信用，有时候是必须来自产品销售后之后的，但是有些信用是可以在销售的进程中获得的，就是你每次和客户面对面沟通时，你必须在你推进销售进程的同时，在和客户面对面的机会中，不断地争取信用。以下是几条获得信用的指导性建议。

获得信用的指南

精确提问。你的问题问得越具体、越专注，就越能告诉客户，你已经很好地完成了家庭作业。我们在第 3 部分里，将会讨论提问题的技巧。含混不清而又不着边际的讨论，常常会影响销售人员的可信度。由于客户的时间是宝贵的，所以在你们面谈前，为了避免出现缺少重心的讨论，一定要起草一些精确的问题。这样有备而来，不仅可以给你的客户留下你在认真准备的印象，也可以使你每次都更容易获得一些准确的信息，以便把销售进程向前推进。

认真倾听。向客户表现出你在认真而积极地倾听，并且适当地通过肢体和语言做出积极的回应。这样做的目的有两个：第一，认真倾听帮助你更好地认识到客户的概念——这也是你在概念销售里做所有事情的基础；第二，可以显示出你在关心他的需求，关心他的想法和感觉。对一个目标客户表现出你对他说的事情真的感兴趣，是使客户也认真听你讲话的最简单的办法。

做你自己。这话听起来有些陈词滥调，但这是一个好的忠告。如果你是想建立起信用，那么最不该干的事情就是去扮演某个角色。那些想尽办法进行表演的销售人员——要么口若悬河，要么充满同情心，都只是一些很快就会露馅的把戏，并会导致愚蠢的印象。对今天的客户而言，这样的表演已经司空见惯了。而且，如果你有好的产品和服务，你也正在顺利地向着满足客户需求的方向前进，你就不需要这些把戏来帮忙。赢得潜在客户的信任，首先需要展现的是你要对自己信任。

不要做万事通。不要给你的目标客户那种固定不变的答案，不要在任何情况下，都显得你比客户懂得更多。也许你确实比他懂得多，但是，这根本不相干。每年都有数以百万元计的生意，因为销售人员炫耀自己的出色而丢失。这样的问题，在高科技领域里是最常见的。一些销售人员在每天的销售工作中，喋喋不休地炫耀自己的技术知识，使得客户无所适从。用顾客听不懂的语言谈话，是肯定会失去信用的方式。

当然，这并不是说你要故意掩盖你的知识和才华。如果你产品知识扎实和广博，如果你真的具有解决客户现有问题的能力，你当然应该让客户了解这一点。但是，你在做这件事情时的方法非常关键。你无法通过突然的成功而赢得客户的信任。你只有根据客户的步调和理解的水平来与他沟通，才能赢得客户的信任。

坚持双赢。向目标客户展示你并没有忽视你自己，但是你确实关心他在这次业务里会得到的东西。在遇到客户有些抵触甚至反感时，这一点就更显得重要了。当一个客户找到理由要否定你时，过分迁就或反击都是一些本能的倾向，一定要抵御这些倾向。真正的信用，只能建立在双赢的基础上。向客户明确地表现是没有错的，如果他这时显得“难办”或“抵触”，就告诉他：“乔，我希望我们两个能够双赢，我感觉到你好像有所顾虑。我们要怎么做，才能使你也赢呢？”

当你面对一个对抗性很强的客户时，我们也建议你采用下面的方法：

- 问具体的内容。通过关注事情的内容、时间、地点和程度等来化解对抗。
- 提精确的问题。彻底弄清楚到底发生了什么而不是简单地反驳反对意见。
- 倾听客户。不要打断或反驳，让客户倾诉他的感觉，直到怒气也随之排出。

有时，怒气并不会发泄完。在这样的情况下，获得双赢的结果显然不可能，而你此时最好的应对，大概就是走为上策。但是，这样的情况并不多见。更多的时候，等待对抗性的消失是赢得信任的一个必要过程，而你也不必为此成为一位殉难者。如果你能通过声明和举例的方式，告诉客户你希望自己和他实现双赢，你赢得信用的可能性依旧很高。

永远记住，你必须要有所交付。你只有尽力争取，才能获得信用。要从一位客户那里获得长期的信任，你就必须提供他所需要的结果——可以产生双赢的结果。

培训课件 6 信用

为了看清楚信用是如何在你的销售过程中起作用的，我们请你在记事本上写上这样一个题目：信用。然后，再选两个最近刚刚进行过的销售拜访，一个是你已经赢得客户信用的（那种明确表示出来的），一个是还没有的。现在，花 15 分钟时间，回顾一下这两个销售拜访的具体情况。针对其中一个销售拜访：

第 1 步：列举出获得信用的证据。写下客户的名称，和你见的那位具体的客户名字。然后，列举出你注意到的客户对你表示信任的信号。你可以参考我们在前面谈到的例子，然后简短地写下你的发现，如“我在那里时，他不处理任何电话”或“他询问我们解决方案的一些具体问题”。这样练习的目的是，使你能注意到一些我们会常常想当然地认为的一些事情。一些可以清楚确认的信号表明客户认为你是能够被信任的。

第 2 步：你是如何获得这样的信用的？讲明你是如何被这位客户所信任的。记住，信用可能来自你公司的声望，可能来自你的朋友关系，或者是靠你自己努力赢得的。如果你是靠自己努力赢得了客户的信任，简单记录下你的方法，你过去是怎么做的从而赢得了客户对你的信任？如果信用是因为某人的帮助而传递给你的，写下那个人的名字。如果你是因为公司的声誉而赢得了信用，写下你们公司在这方面的记录，它的特别之处或历史表现，那些使客户会去信任你的原因。

第 3 步：你是如何建立信用的？现在，列举出你在这个销售拜访中所做的建立和维系信用的工作。这里，你可以参考本章中“获得信用的指南”部分的内容，用简短的话记录下你是如何获得客户信任的。比如，“问他一些关于质量控制的精确问题”，或者“让他知道，无论他当初是否反对，我们都希望他能够赢”。你这里要做的事情是，复盘一下销售拜访是如何取得进展的，以及你是如何去维系你的信用基础的。

对于没有获得信用的销售拜访，你要做的是：

第 1 步：列举出你没有获得信用的证据。同样，写下客户的名称和你遇到的那个人的名字。然后，列举出你认为他不信任你的信号。用我们的证据清单作为指南，把你的评价具体化。比如“他在半个多小时里说的话不超过 20 个字”，或者“他不停地攻击我的背景，并表示我可能无法做得像我说的那样好”。

第 2 步：你怎么做才能获得信用呢？现在对同一销售拜访，列举出你能够采取的一些可以使客户对你回心转意的行动清单。你可以参考“获得信用的指南”部分的内容。重点关注最后部分——在遇到敌意的情况下，如何通过坚持双赢的立场来赢得信用。也许“问更具体的问题”是一把钥匙，或者“面对反对意见，采取更加冷静和降低防范的行动”。无论你写下的是什么，检查一下，它们是不是可以表明你对实现双赢的渴望。想赢得一个人对你的信任，有一点是很重要的，那就是你要表现出不希望自己输，也不希望对方输。

在对这两个销售拜访的回顾中，你应该建立起一种明确的感受。这也是此次练习的目的——一种有信用，一种缺信用。我们敦促你用这样的清晰感受去管理未来的每个销售拜访。

但是，在确实要开始这些销售拜访时，你还要注意，一个重要的因素，信用得失与之有着直接的关系。对每位销售人员而言，在遵循信用的基本原则时，还要注意一种无形的资产：时间。

信用和时间安排

每个销售人员都会有一个最爱讲的故事，那就是一个关于时机的故事——只是因为时间安排错了，一个原本非常有把握的销售没有能够完成。销售和很多事情一样，在正确的时间出现在正确的场合，常常是成功的一个组成部分，而如果场合没有错，时机却错了，那么很容易就导致灾难。事实上，关于时间安排的重要性，我们都没有异议。和大多数销售分析专家所不同的是，我们认为销售人员对时机的掌控能力，其实比一般人想象的要强得多。

很多人都认为时机只是一种"恰好"发生的事情——似乎人们对其根本无法控制，只有被动地服从。这是一种逃避的思想。在概念销售里，发现时机是否适宜是你的工作，而且你要在每次见客户时，都去做这样的判断。如果你不是每次都这样，那么你可能会面临一连串的无功而返。你会"恰好"在一个糟糕的日子里去拜访一个客户。不是因为运气，而是因为糟糕的筹划。

避免成为不良时机的受害者，把控好时机是达成生意的关键，就是从销售拜访的一开始就对客户的状态非常敏感。我们下面将举两个例子，一个是正面的，一个是负面的。首先，我们来看负面的。

阿里克斯是一个勤劳而顽强的销售人员。几年前，他设法约了一家大型的卡车公司的总裁，他花了几个月的时间来安排这次高层会谈，做了精心的准备。但是，他走进这位总裁先生的办公室时，犯了一个错误，他没有注意到这位先生的状态有些不安和漫不经心。这种状态表明，虽然他同意了这次会面，但是他的注意力显然在别的什么地方。如果阿里克斯当时敏感地发现了这一点，那么他会询问是否最好更换一个时间——这样，他就可以给自己一个更好的机会，以便总裁可以用更好的注意力来听取他的重要陈述。然而，阿里克斯并没有这样做，而是按照原计划进行了销售拜访，但毫无结果。很长时间之后他才知道，总裁先生那时已经约了一个大手术，就在他们会面后的第三天。毫无疑问，他根本没心思听阿里克斯在讲些什么，而阿里克斯也根本就忽视了他当时的状态。

现在看来，如果阿里克斯当时能要求总裁先生改换个时间，此事的结果也未必就能好到哪里去。但是，阿里克斯如果那样做，他至少可以有一个争取的机会。而事实上，由于忽视了时机错误的信号，阿里克斯无可避免地做了一次糟糕的拜访。就如他自己说的那样："我从他那里回来后就意识到，我说的话，他根本就没有听进去一个字。" 这就是一个典型的时机错误的销售拜访。

下面是一个正面的案例。凯特是一家大型办公室设计事务所的区域代表。她最近遇到了和阿里克斯的经历相似的一件事，但是她的处理方法完全不同，当她发现客户坐立不安，心神不定，说起话来完全不在状态时，她冷静地停止了谈话："豪斯金丝先生，你现在好像在想一些别的事情，如果我们现在谈话的时机不对，也许你更愿意我们另外约个时间。"

事后，凯特告诉我们："豪斯金丝当时就如释重负地表示感谢，并对我有了好印象。他告诉我，他非常感谢我能注意到他的走神儿和分心。他那时确实是在分心，因为他们下午有一个会议是关于他们最近刚刚采购的一套软件的，而他一直还没能搞懂那个软件的使用手册。幸运的是，我恰好知道那个软件，于是在我们约定的那半小时，我给他讲解了那个软件，而对于办公室设计，那天几乎没说什么。但是，后来我们见了四次面，他的公司也成了我最忠实的客户。我们知道，吸引他的原因，根本不是我们公司的产品，而是我注意到了他的状态，注意到了时机。”

测试“水温”

凯特对豪斯金丝先生所做的一切，已经超越了“敏感”的范畴。它反映的是每次销售拜访的一种价值，那就是在跳进“水”中之前，要先试试“水温”。凯特在那天获得的信用，就是她测试的直接结果。在一头扎进这次拜访前，她用一个很好的提问，先试探了一下自己的处境。在判断你的时机是否正确时，这个做法是永远值得推崇的。

在销售拜访中，你越早进行测试越好。其实，在大多数销售拜访里，先问一下时间是否合适都是适宜的。我们一开始就应该先确认会谈的时间是否合适：“我们现在谈这个问题，时间上可以吗？”或者“我现在打扰您了吗？”或者“我现在可以和您谈 10 分钟吗？”或者“我换个时间再打电话，好吗？”

正如你将在第 10 章里看到的那样，这些例子，我们都称为确认性问题。在会谈一开始时，你就问这些问题，会给你两个即时的优势：

1. 你展示了你的礼貌——你关心客户的需求和轻重缓急。这可以告诉客户，你在试图实现双赢，这也会立刻提升你的信用度。

2. 你给了客户一个机会，以推迟或修改你们的会面时间，因为这次会面中，你们两个中有一个可能会身在曹营心在汉，这可能会导致你们两个都输。而你的这个问题，不仅拯救了你自己，也拯救了你的客户，使大家都不至于浪费时间，

礼貌的陷阱

这里有两个陷阱需要注意。

第一个，可以叫作礼貌的陷阱。它是指当一个忙碌的客户，为了避免冒犯你或不破坏原来的约定，而不得已按照事先的计划和你进行会谈，但

事实上，这个时间对他而言非常糟糕。

不要把这样的礼貌误解成适宜的时机，如果一个客户主要是出于礼貌而接受了一个会面，你很可能会面临一种根本没人在认真听的境地。因此，即使豪斯金丝先生说“没问题，我想这个时间和其他的时间一样合适”，你也一定要再给他一个选择，特别是在你怀疑他是出于礼貌才这样说的时候。这时，你可以直截了当地说：“我很感谢您现在就愿意进行会谈，但我想，如果我们能找到一个更适合您的时机，我们也许可以完成更多的工作。您确定不需要改换个时间吗？”

第二个陷阱和第一个正好相反，那就是，把客户对会谈时间的异议，错误地理解成拒绝你的行为。如果你的建议导致的是客户的不安、敌意或者沉默，也不足以说明他憎恨你的公司或你本人，也许只是因为你是在一个错误日子里来找的他。为了搞明白他的反应是因为你提的建议还是仅仅是时间选错了，你可以按照我们处理礼貌陷阱的方式来问一些必要的确认性问题。

什么时候进行再确认

我们已经讲到，在整个销售进程中，检查时机是否合适应该是一个持续的工作，这里涉及三个要点：

1. 你什么时候约定和确认会面。除非是非常没有头绪的人，没有人会在自己忙得一塌糊涂时答应和你见面，但难免人们会同意在一个不够理想的时间里进行会谈。当你打电话希望约定一个会面时，你要争取和客户的理想时间去吻合，当然也要尽量避免对自己的时间表进行大的变动。如果他同意在周五和你见面，但是又似乎有些不妥，那么你就应该直截了当地表示：“如果对你而言，有比周五更合适的时间，请尽管告诉我。”

特意在你们会面的前一两天打电话给客户确认拜访时间，这个电话就是你再一次确认时机是否合适的机会。如果不做这样的工作，你肯定会碰到如下所述的情况：你们原本的时间计划非常合理，但是在执行的时候，情况全都变了，因此你的销售拜访计划泡汤了。

2．在销售拜访开始的时候。我们前面已经强调过这一点，你在拜访之初确认时机恰当与否时，确认一下会面的时间长度，也是非常有帮助的。"现在这个时间，给我半小时，是否依然合适呢？" 如果你不做这样的工作，你可能会发现，正在你准备沿着思路侃侃而谈时，豪斯金丝先生却在中途打断了。如果你和他约定的时间是从下午 3 点到 4 点，那么，你一定要在一开始就确认一下这个时间，以免在 3 点半就被打断了。

3．销售拜访的收尾工作。在你结束对客户的拜访前，你应该询问一个被我们称作承诺类问题的问题——就是经过精心准备的、用来获得客户的一个承诺的问题，这个承诺可以把销售向前推进。你可以把这类问题和询问他的时间安排结合在一起。"您在 21 日前能否向委员会介绍产品特点呢？" 或者 "我们可以在 3 月开始安装。请问这个时间和您的时间表吻合吗？" 通过询问这样的问题，可以合理安排未来的时间，帮助推动销售的进展。

简而言之，在销售过程中，通过不断地检查时间的安排，你可以始终和客户不断变换着的轻重缓急与需求保持互动和联络，这就使你得以清楚地判断出你在做销售拜访时所处的位置。通过持续不断地提醒客户，你在考虑他的时间安排的同时，还提高了实现双赢结果的可能性，从而更进一步地为你自己确立了商业信用。

到目前为止，我们已经向你介绍了在销售拜访前必须问问自己的四个问题。在下一部分的内容里，我们将探讨一些你必须向客户提出的问题。这些问题是帮助你建立有效的客户沟通的第一步。

第 3 部分

销售拜访：获取信息

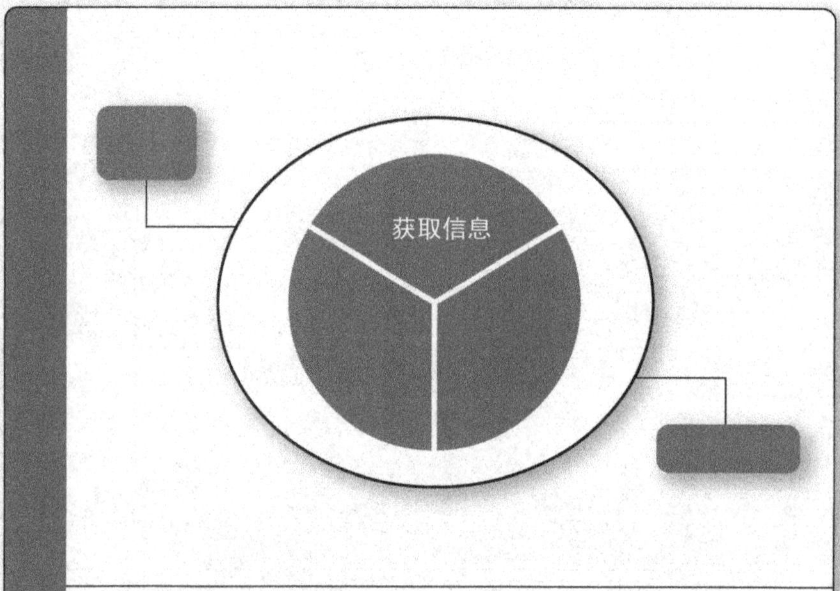
获取信息

第 9 章

学习倾听

有效销售是一门建立对话的艺术。正因为如此，最伟大的销售人员几乎都不是讲话很快的那一类人。在大多数的销售案例中，成功的销售大多始于好的提问，而后便开始真正地倾听来自客户的答案。在销售拜访中，提问有诸多好处。这里只列举那些最重要的：

- 好提问让你在销售过程中，对你面对的个人，也包括其代表的公司，做出清楚的辨别和及时的判断。它可以为你提供一个判断工具，使你能够知道这家公司是不是合适的客户。
- 它可以帮助你了解客户当下的情况。好的提问能够揭示现实，比如，面前的这位客户，虽然从一般意义上讲是个大客户，但是对于你当下的单一销售目标，他也许并不是一个适合你的目标客户。
- 在销售过程的进展中，好的提问可以帮助你和客户建立起一种流畅的沟通关系，可以帮助你们之间建立起一种舒适的沟通水平。
- 好的提问使你认识客户的决策过程，使你认识到了解了什么，还有什么不了解。它帮助你避免犯哪种常见的错误——对错误的人、在错误的地点、在错误的时间——进行精彩的销售呈现，从而节省了你和客户的时间。

- 它使你明确地判断出你和竞争对手的不同。好的提问能够帮助你揭示竞争对手的弱点，并强调自己的优势。
- 好的提问能加强客户对你的信用度，因为你可以通过提问来表示你对他的需求的关心和意见，而不是只知道卖产品给他。
- 最后，最无可争议的重点，好的提问能够激励和延续客户的兴趣，激发他的思考，并改变他的态度——他的概念——他对你和产品或服务的看法。换句话说，它可以产生一个流畅的沟通过程，使你和客户能够把你们的需求信息放在明处，从而使你们能够实现双赢。

有这么多显而易见的优点，你一定会认为大多数专业的销售人员肯定会在销售拜访前，把大量的时间用在策划他们的好问题上，研习如何把问题问得更巧妙，并且把注意力集中在获取信息上。不，不是这样的，事实恰好相反。

80%综合征

想象一下，你随机抽取 100 个销售拜访做样本。一个样本，可能是 30 美元一双的鞋子；另一个样本，也可能是 300 万美元一套的计算机系统。有的拜访，可能是和一个目标客户的第一次接触；而另一个，可能是还差两分钟销售人员就能赢得订单了。无论是什么情况，我们打赌，如果注意观察一下，你会发现在 80%的时间里，正在说话的是销售人员而不是客户。这就是我们所说的 80%综合征。

这是销售拜访中一个非常典型的模式：买卖双方在一起的五分钟里，有四分钟是销售人员在说话，猜猜在 80%时间里，他在说什么呢？他是在关注他的客户，询问客户一些问题，以便揭示他的概念吗？很少是这样的。

事实上，销售人员在 80%的时间里，都在告诉客户一些内容——换向话说，他是在做陈述，而不是在提问。

更糟糕的还有。在我们对 80%综合征的进一步分析中发现，致命的一点是，销售人员的陈述中，80%的时间和客户的兴趣与需求都没有直接的关系，而是和产品或服务特性有关系。在更多的情况下，销售人员在利用这些宝贵的时间，使用各种方法进行着产品介绍，而根本不考虑客户是否想听想看。

在这里，我们讲平均销售拜访的意义是什么？假设你用一小时做客户拜访，你又处于 80%综合征，那么在这一小时里，你的时间分布是这样的（如图）：

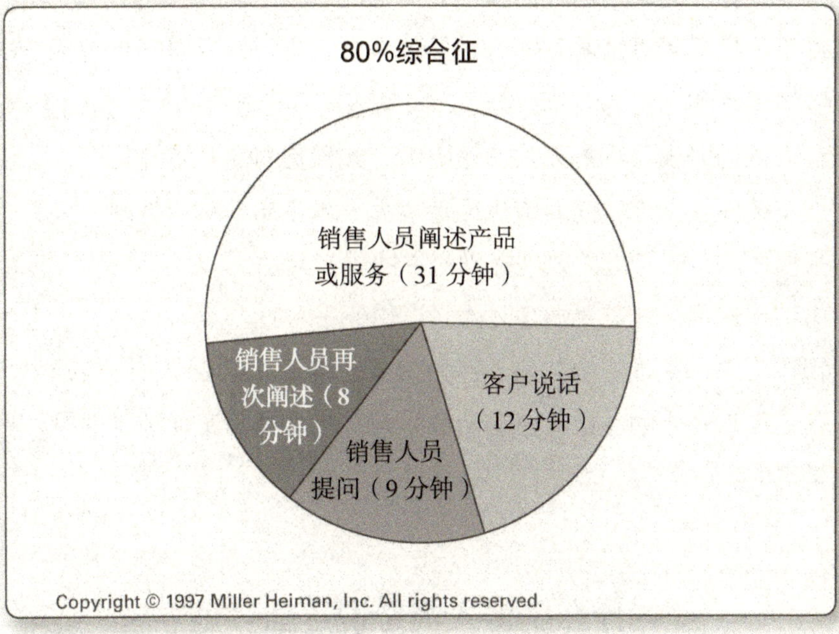

- 你大约要花费 31 分钟向客户介绍你的产品或服务。
- 另外，你要再花费 8 分钟告诉他其他的东西——这是另一种阐述的时间。

- 你会花 9 分钟时间来问一些问题。
- 剩下的 12 分钟是用来倾听客户的。

上图揭示了我们假设的这个销售情景中，60 分钟的时间分布情况。它显示了根据 80%综合征的特征，一位销售人员在销售中的平均耗时状态。

在不到一小时的销售拜访中，这个情况会更严重些。事实上，就平均而言，如果销售人员和目标客户在一起的时间越短，他就会越多地占用时间主动讲话。比如，如果你只有 20 分钟讲你的故事，而你脑子里又有一大堆数字想讲，那么你自然就想不停地说。但是，这样做的后果会是灾难性的，如果在每五分钟里，只允许客户说一分钟，那你所获得的客户信息自然不如你少讲话，而更多地去倾听客户的效果。

为什么呢？因为根据人们的心理特点，人是不能一边说话一边倾听的。你或许可以模模糊糊地听到一些背景的杂音，你可以让自己相信你能够捕捉到肢体语言和无言的暗示，但是，如果你对自己诚实的话，你就会承认，当你在演讲的时候，你是无法去倾听的。如果你对这一点有疑问，让你的一位朋友给你读杂志，同时你也给他读另一本杂志。你会发现，只有在你停下来换气的时候，你才能捕捉到对方的只言片语。

这种现象是无法避免的。因此，当你处于 80%综合征，你就会丢失很多对销售工作非常重要的信息。好的销售，不是从展示和告知开始的，而是从获取信息开始的，换言之，始于学习。当你喋喋不休地说话时，你是无法学习的。

为什么销售人员总说这么多话

为什么职业销售人员常常沉溺于这种往往适得其反的习惯？当我们在概念销售的培训课程里对这个问题进行调查时，我们得到了如下一些答案：

“我觉得能控制局面时比较舒服。”很多销售人员都容易掉进陷阱。他们认为当他们说话时，他们就是在控制局面。而事实上，说话和控制之间完全是一种想当然的关联。当然，无论如何，它是一个舒适的，因此，也是一个非常普遍的现象。

“向客户介绍我的产品，是我的工作。”换句话说，专注于产品演示，是我的工作——无论目标客户是谁，无论他对我要卖的东西的真正需求是什么。这里面致命的假设是，每个人都对你的产品有需求，而持续不断的产品描述，就可以使这种需求变明显。

“客户通常希望你多讲讲。”这种说法在解释为什么没有发现客户的想法时，是一个经常能遇到的借口。我们应该承认，有一种让销售人员进行宣讲的传统，而这时客户们则要为鼓励 80%综合征而负责。客户们也应该受到教育，就如同销售人员一样，应该避免这样的问题。但是，无论客户怎么说，无论客户看起来有多么同情你在那里唠唠叨叨，你要知道没有一位客户是真正想让销售人员垄断整个谈话的。如果安静的客户没有任何再要和你说的了，那说明你已经获得了他的订单。

“说话不用多做计划。”这的确是个不幸的事实，尽管当听到我们的学员做这个解释时，我们总是感到很欣慰，因为这意味着他已经开始事先设计要采取的销售策略了。而这时，他发现温习产品特性往往比设计好的提问过程要省时省力，很多销售人员就是因为这样的理由而回避提问。在每次销售拜访中，沿着古老的产品线方式一直顺下来，比针对每位客户设计一套有针对性的问题要容易得多。

“有时，你害怕听到回答。”这个诚实的回答，回到了销售人员舒适度和控制意识的话题。的确，当你问一个问题时，你可能遇到一个你不想听到的答案。但是回避这种令人不确定的方式，决不应该是回避提问。你应该建立一套提问方法，以使你能够利用各种答案来实现对当下情况的认知。

提问的过程

我们这里提到的是提问的过程而不是提问的技巧。这个区别是非常关键的。很多销售培训课程，都是在教一种被讲师称为“提问技巧”的训练，但是，它实际上根本不是“提问”。大多数提问技巧课程教授的，其实是一系列的人为操纵的小把戏，这些设计出来的技巧，是用来把那些产品宣言处理成提问的话题。

你应该知道我们这里所说的“问题”指的是什么。比如，一些修辞技巧的提问：“琼斯先生，你不认为我们这个交易是一笔好交易吗？”其唯一能够接受的答案虽然只有“是”。而选择题式的问题，如“你愿意在今天还是周五签这个合同？”其实就是在要订单——是在用手段进行操控。这些手段，在传统的销售建议里，被总结为“永远不要问不知道答案的问题”。

这种似乎很聪明的观点不仅仅是完全错的，而且还可能导致适得其反的效果。在这种错误后面掩盖的，是两种恐惧的心态：一种是唯恐忽视了什么要点，另一种是担心对话被引向你没有思想准备的地方。当你学习倾听的时候，这样的恐惧就会立刻消失了。你会很高兴地发现你在某方面有所忽视，因为你已经接受了要获取信息的概念。而你也很自如地接受对话脱轨，因为你知道这种改变可以帮助你清晰地分辨局势。所以，概念销售的建议和传统的忠告正好相反。永远不要问一个已经知道答案的问题。

传统的提问课程，教人们如何“强迫客户”去获得答案。这也是我们最不愿意做的。提出好问题的好处，就在于这种方式从来不是要去改变客户的抵触情绪，或是对一个会谈刻意引导，或是直接就使客户进入一个他只能说“是”的位置上去。相反，好的提问，是为了使你发现原本还不知道的东西。

那些通过封闭式提问“索取订单”的销售人员，往往会发现，获得客户的肯定回答，就好像一路在爬山，越向上走越艰难。而当你使用一个有效提问的方法时，不用去使用技巧，那些订单会在你提问的过程中，通过和客户的对话，以客户回应你问题的形式，自动地产生出来。正如我们的一位学员，健康产品销售代表玛格丽特·谢娃说的耶样："当你和客户建立了真正的对话关系后，一个成熟而有益的解决方案会像气泡一样，自己就冒了出来。"

一个好的提问过程，使你能够最大化地按照客户所想的去认知他的情况，这样的认知是对概念理解的第一步。带着对客户的认识和理解去工作，使用我们描述的提问方法，你会避免那种"索取订单"方式，你可以营造出一个流畅的沟通过程，使你和客户总是能够充分交换信息而得到那些所需要的内容，并实现双赢。

培训课件7 分辨缺失的信息

我们的提问过程，是从分辨你在销售当中还缺失哪些信息开始的。对于销售人员而言，有些领域十分缺乏资讯，而我们在这里要做的工作，就是向你列出缺失信息的清单，就如洗衣店为你所提供的服务项目一样。在我们的培训过程中，揭示信息差距的练习，可以帮助那些不了解我们提问方式的人很快开始掌握方法。所以，现在用10~15分钟，来问问自己下面的问题。在思考这些问题时，始终要记住你的单一销售目标。建议你在记事本上写下"缺失的信息"几个字作为题目，并在下面列出你的意见。

第1步：我需要相关的客户信息吗？在我们的策略销售课程里，我们使用的是"采购影响因素"一词来泛指那些会对你的销售产生积极或消极影响的人。这是指无论其地位、公司，或是其在销售中的角色，在进行销售拜访时，你应该把遇到的每位客户都认定为"采购影响因素"，而由于形形色色的采购影响因素所扮演的角色在不停地变化和产生差异，你就应该开始通过进行资讯分析，来判明你是否在即将进行的销售拜访中，了解所有的采购影响因素。为了完成这个工作，你需要问自己几个问题：

- 对于我正在追求的单一销售目标而言，谁有最后的决策权？
- 哪一个人或哪些人会是我正在销售的这个产品或服务的实际使用者（或管理者）？
- 哪些人会评审我的建议？
- 在这个销售中，我有教练吗？教练是指那些可以提供可靠信息的知情人。
- 对于我即将要拜访的那个人，他对这项交易的影响力如何？

第2步：我需要了解有关“客户概念”方面的信息吗？在一个销售中，每个不同的个人，对你所建议的解决方案，都会有其自己的理解。因此，对这种你下次就要去拜访的客户，你要问：

- 对我而言，也是对客户自己而言，其概念清晰吗？
- 这个人到底试图完成、修整或避免什么呢？
- 通过和我合作，他到底要获得什么样的、具体的、可衡量的结果呢？
- 在我们的潜在关系里，这个人对风险的担心程度如何？

第3步：我需要客户采购程序方面的信息吗？鉴于在公司与公司之间，其采购程序和采购结构都存在着巨大的差异，而且每家公司的内部也都可能在时时变化，你需要了解客户现在的采购决策是如何做出的。问你自己：我需要找到些什么呢？

- 用来采购的款项。
- 对客户或其公司而言，我的建议的急迫性如何——也就是我的时机选得是否正确。
- 客户机构中的政治因素，如一些人事斗争，可能会影响决策的过程和方向。
- 还有哪些因素，是有可能在我的控制之外的。

第 4 步：我需要那些可能会出现的新参与者的信息吗？ 在策略销售里，我们明确地区分出那些会对销售产生影响的典型的红旗，即危险。在这些危险里，有一种是很重要的：是否出现了新的参与者或是现有参与者的角色顺序发生了变化。为了定位这些潜在的问题，你要问：

- 在这个销售中，那个原本排好顺序的主要决策者团队，是否发生了变化？有新面孔出现吗？如果有，我知道他可能的倾向性吗？
- 最近客户的内部是否进行了机构或人事调整？无论这样的调整看起来是否和我的建议有关。
- 我能明确地判断出，这项业务的最终决策者有没有发生变化吗？

第 5 步：我需要知道竞争对手的信息吗？ 由于你不是在真空世界里进行销售的，由于你的客户概念会被竞争对手不停地影响着，你要问：

- 在这个销售中，客户把哪家公司当作我们的最主要竞争对手？
- 这些竞争对手的主要实力和弱点是什么？
- 他们的解决方案和我的比较，价格上有差异吗？就价格而言，客户是否很在意呢？
- 容易得到主要竞争对手的产品吗？
- 他们把客户放在什么位置？这些新的参与者，是和我偶然遭遇，还是死缠烂打地始终在竞争？

第 6 步：我需要了解自己的不确定因素或焦虑吗？ 在所有的销售误区中，一个最致命的缺陷，就是徒劳地认为，如果有意忽视那些灰色区域，那其中的问题就可能会因为被忽略而不成为问题。这就是典型的掩耳盗铃。在这样的区域里，你一定要非常注意那些暴露出来的信息差距。如果你对即将要进行的销售拜访感到非常不确定或者担心，你要问：

- 在获得了更多的信息后，我在哪些方面可以获益？或者，从消极的角度考虑，哪些信息的缺失，导致了我的不确定性？
- 这里还有没被揭开盖子的地方吗？也就是说，还有我没有发现的决策者或采购影响因素吗？还有我觉得不安或我无法获得的信息吗？

- 在整个销售图景中，有没有一个强烈的反对者呢？这里所说的反对者，指的是那种认为一旦我实现了目标，就会伤害其利益的人。
- 在这个要购买的机构里的那些关键人物，他们对我的信用是如何看待的呢？特别是那些我即将见到的人。
- 我的客户需求和我要销售的产品或服务之间，真正的契合点是什么？如果没有一个真正的契合点，我在这里做什么呢？

我们这里罗列出检查清单，并要求在每次销售拜访前都完成这些工作，就是要让你搞清楚，你在哪里还缺失信息，这些信息是你管理好销售拜访所需要的。对每次销售拜访而言，其第一项工作就是要寻找信息。其实，不经意间，你正在完成着这样的工作。

拓展提问空间的三个建议

尽管提问，但并不是说问任何问题都行。我们建议你，在即将到来的销售拜访中，遵循三个标准来拓展你的问题。在每次销售拜访前花五分钟时间来考虑一下这三个标准，你就能100%提高你的拜访质量。所以，你必须注意以下三点：

1. 引导出你需要的信息。我们这里提到的，是那些非常急迫和重要的事实。也许，琼斯女士根本没有时间或专业知识来按照你所列清单上的问题进行回答——至少在一次单一销售目标的拜访中，这样做是不可行的。当你专注于需要找到的东西时，把这样的问题自觉地控制在五个左右。这时，你要进行挑选，针对那些你认为缺失的信息和那些你认为在销售中会很快就要用到的重要信息来提问。

2．以有效的方式进行描述。你可以很准确地判断出需要找到什么，但是，如果你问的方式很糟糕，你可能还是无法获得需要的信息。在拓展问题时，一定要记住把问题的措辞调整好，不要显得负担沉重、自我为中心，或目的性太强。

3．问题的顺序要得当。如果在销售拜访中，你问客户的第一个问题是："让我们来签了这个合同怎么样？"你觉得会发生什么呢？或者，如果最后一个问题是："你怎么样？"也就是说如果你提问的顺序错了，那么，无论你问的是多么好的问题、多么合适的问题，你依旧无法获得需要的信息。

我们在本章中所呈现给大家的是一个问题检验清单。用以帮助你把注意力首先聚焦在重要的领域，也就是你缺失的信息。在后面的内容里，我们会更细致地讨论这些领域，并告诉大家如何实践第 2、第 3 个建议。我们会向你展示：

（1）如何为一个特定的销售拜访选择最合适的问题。

（2）如何有效地表述这些问题。

（3）如何把这些问题的顺序安排好，以便在你和客户之间，营造出一个积极的对话。

第 10 章

五个提问类型

鉴于好的销售就是在你的产品或服务和客户的概念之间寻找契合点，所以你在销售拜访中的态度，就应该是像一位面试主考官那样提问。在概念销售中，我们总结了五个提问类型，它们是在每个销售拜访中都应该被提及的五个问题。每个提问类型，都有其鲜明的自身目的性，也就是每个提问类型，都是用来提炼一个独特和具体信息的。每个提问类型都有一种具体的行为方式，都使用一些与众不同的关键词。同时，在使用这五个提问类型时，你还需要注意它们的先后顺序。

在我们开始进入这五个提问类型的目的、形式和次序等细节内容前，这里有一些基本的定义描述。

1. 确认类问题可以帮助你验证数据或者揭示那些你原本以为正确而实际上不准确的提问。

2. 新信息类问题可以迫使你去倾听和接受实时数据。它们帮助你判断客户的概念和期望。

3. 态度类问题可以帮助你分辨客户的个人需求、价值趋向和态度。

4. 承诺类问题帮助你判断客户希望采取的行动和其对进展的推动情

况，帮助你判断在销售中所处的位置。

5. 基本事项类问题是具体化了的承诺类问题，它帮助你判断客户所关注的哪些因素可能会导致销售失败。

我们将在第 5 部分讨论承诺类问题和基本事项类问题。本章的内容将集中探讨前三个问题类型。我们这里的讨论，将从确认类问题开始，这是一个几乎在销售一开始就要问的问题类型，尽管很多销售人员并不这样去做。

确认类问题

正如我们在上面的基本定义里提到的，确认类问题有双重目的。首先，它们帮助你判断你已经获得的信息或者你认为已经获得了——它们帮助你对这些信息进行排查和筛选。你在进行销售拜访时，通过确认类问题获得的答案，对于你认为已经获得的那些信息而言，可以验证其有效性，也可以验证其无效性。而无论是哪种情况，这些问题都可以为你提供所需要的最新信息。而这种实时的最新状态的资讯，又是非常重要的，因为它涉及的是：

- 客户的概念。
- 自上次会议后新出现的问题。
- 任何可能在客户内部出现的组织结构变化。

但上述这些，只是具有共性的三个方面。你应该使用确认类问题，来证实你所获得的信息和数据的准确性。

大家可以回忆一下我们在第 1 章里讲到的那家餐饮公司销售人员的故事。在那个故事里，这位天才的销售，通过采用多问少说的方式，赢得了一个重要的订单。在进行第一次拜访时，他就已经知道这位目标客户和现有的餐饮服务公司产生了矛盾，并希望进行调整。为了求证这个基本的信息，他通过提问的方式开始了销售。他问的是："我听说你们对现在的餐饮服务公司感到不满意，我的理解正确吗？"

正如所发生的那样，他获得了答案，确认了他已经知道的消息，而在另一个情景下，客户的回答也许会是："不，我们现在没有任何投诉——我们只是想找到价格更优惠的。"而如果出现这样的答案，虽然证明他以前所获得的信息不准确，但他同时也获知了客户所确认的信息，使他立刻知道正在面对什么样的需求和客户。所以，无论你通过确认类问题获得什么样的信息，它们总会给出最新的信息。这也是为什么，回避问确认类问题是愚蠢的。而且，在通常情况下，在销售拜访一开始时，问这样的问题是比较适宜的。

确认类问题的表达

一个好的确认类问题的焦点，永远是针对现时状况的，通过提出一个确认类问题，你其实是在发现现在正在发生什么——也就意味着去发现现在的情况，和一个星期或一个月前的情况有什么不同。

有三个表达技巧能够帮助你完成确认类提问。第一，总是使用现在时态来表述。第二，使用关键词，来向客户表示你正在问的信息是关于现在的。比如，"现在库存仍然是个问题吗？""你还在使用 X4000 型吗？"其他对表达确认类问题有效的关键词诸如持续、像通常那样、现在、正在进行、就在现在这个时候，等等。第三，在表达确认类问题时，要设法使答案简单，对方只需回答"是"或"不是"。这是因为，在你问确认类问题的时候，你的脑子里实际上已经有了一个想法了，所以无论你获得的答案证明这想法是对还是错，答案总会是"是"或"不是"的。

获取信息

确认类问题

目的

- 确认现有关于下列信息的准确性：
  —影响采购的概念
  —经济/政治因素
  —预算/时间框架等因素
  —商务因素
- 审视现有信息的变化情况

何时使用这类问题

- 拜访开始时
- 在介绍产品、服务或解决方案前
- 在对话题进行总结和确认意见以便把讨论向前推进时

获取信息

关键词

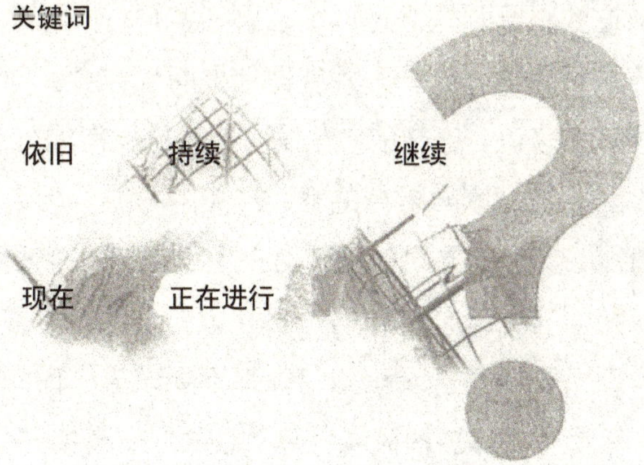

在很多时候，当你无法恰当地表达一个确认类问题时，你可以使用陈述和提问相结合的办法，把你的观点先表达出来，然后，再加上提问："现在的情况还是这样吗？" 比如，如果约翰逊先生在库存控制方面有问题，你在做销售拜访时，就可以在一开始就提一个问题："上次我来这里时，你正好遇到了一个关于库存管理系统数据库的麻烦，这些麻烦现在还有吗？"这个提问，实际上就是再一次对你的问题进行验证，你要发现的是在上一次拜访时所了解到的客户情况，和现在的有何不同。

什么时候使用确认类提问

为了强调确认类提问的价值，我们建议你在销售活动开始的早期就使用确认类提问。你可以在销售活动开始时，就开门见山地用确认类问题。有一个好方法，那就是可以把你理解的这次会面的目的，先进行确认。你可以这样来处理确认类问题："萨拉，按照我的理解，我们今天计划要做的事情，就是要来探讨财务委员会对我上次讲解的反应。你觉得是这样的吗？"这样做的好处，一方面确认了内容，另一方面也确认了日程。

我们知道，对于那些经过训练、要和客户在开始时寒暄几句以便活跃气氛的销售人员来说，在一开始就让他提问也许会让他感到有些困惑。尽管从某种意义上来讲，这样的做法确实有些"反常规"，但是我们也并不是让你放弃客套，如"家里挺好的吧"这类的寒暄。因为如果客套可以让你们都觉得舒服，为什么要放弃呢？但是，你要记住的是，客套和寒暄都不是销售的开始。它并不是销售的一部分。一旦你要准备谈业务了，你就需要快速地判断各种信息。无论如何你都不要奢望，你和约翰先生建立了亲密的关系，你就可以忽略掉确认信息的过程，而直接进入产品的演示阶段。

有时候，销售人员容易犯一个错误，他们会错误地认为，客户从他们那里买东西，是因为友谊。你有时候会听到他们说："我赢得了订单，是因为他们喜欢我。"错了。没有人会仅仅因为这个销售人员"讨人喜欢"而去买他的东西。所以，在开始一个销售拜访时，如果愿意，你可以说一些令双方都轻松的话题。但是，请记住这样的寒暄一定要简短，因为你和客户的时间都很宝贵。而一旦你进入了一个销售拜访的实质性阶段，一旦你开始从社会话题过渡到业务上来，请记住，永远要从确认类问题开始。

在开始向客户演示你的新产品或服务之前，你应该立刻使用确认类问题。这样做，可以确保你要介绍的产品或服务和客户的需求之间，确实存在着可能的契合。一个演示前的确认类提问，将帮助你明晰客户的概念。如果你没有做，你可能会陷入强卖的窘境。

建立一个坚实的基础以便把销售向前推进，确认类提问是很有价值的。你越来越接近赢得客户订单的时刻，会有两件事情发生：一个是你的自信心开始加强，另一个是因为你越来越自信，你的弱点开始出现。这是因为一个复杂的销售过程是在不断发展着的，而当订单看起来确定时，很多销售人员对客户的需求会产生错误的假设：客户的需求，从一开始去拜访到现在，没有根本的变化。而事实上，客户的需求一直在不断地变化。所以，在整个销售过程中，从头到尾不停地提问确认，就变得非常重要了。

新信息类问题

在每次销售拜访中都需要问的第二类提问，就是新信息类问题。通常情况下，这类问题是跟着确认类问题，并且是建立在进一步澄清的确认类问题的基础上的。

新信息类问题的目的有三个：

（1）明确你对客户试图要完成或避免的事物的理解。

（2）更新你的信息。

（3）通过填补信息鸿沟来解决资讯差异的问题。

在前面的芝加哥餐饮公司的案例中，吉尼就是在问完确认类问题后，加问了新信息类问题："对现在日常操作中的这些事情，你们希望有什么是没有发生过的？"和"你们能描述一下，一个理想的餐饮供应商是什么样的吗？"其他类型的问题可以包括如下内容：

- 你准备如何解决问题？
- 你觉得什么时候能做这个决定？
- 这个项目可能被放在哪里？

获取信息

新信息类问题

目的

- 了解采购者想要什么：
  —完成
  —搞定或解决
  —避免
- 扩充现有信息
- 确认缺失的信息

什么时候使用

- 鼓励采购者去拓展概念
- 对"确认类问题"的否定答案进行跟进
- 获取缺失的信息或确认信息

新信息类问题的表达

正如这些例子所显示的那样，在我们建议的对新信息类问题的提问中，类似于记述事物的 5W 法则，它们是：

Who（谁）;

What（什么）;

When（何时）;

Where（哪里）;

Why（为什么）。

在对一个新信息类问题进行表达时，我们建议你使用同样的关键词——除了一个重要的区别：我们建议你，不要使用“Why（为什么）”，而是使用“How（如何）”或者“多少”来表达。“为什么”一词，对进一步的探索是有帮助的，尽管对“为什么”的回答，不一定会是一个充分的答案。但是，对于一个带有启发目的的问题而言，有时会显得有些冒昧，而且也无法得到充分的答案。我们在下一章中，会更多地探讨“为什么”一词的用法。以 Who（谁），What（什么），When（何时），Where（哪里），How（如何、多少）几个关键词开始的新信息类问题，构成了一种直截了当的提问，它们问客户“新工厂将建在哪里？”“每个月做多少个？”而其实，还有另一类问题，我们称之为“解释型问题”。

解释型问题邀请客户对问题进行更多的解释，而这样的解释根据的是他自己对细节理解的水平，这也是你所需要的那些信息。它们会涉及一些关键词，诸如告诉、解释、展示，或者演示。和直截了当型的问题一样，它们也是为了寻求更多的信息，只是它们是以更加开放和广泛的形式进行的。为了理解其中的区别，现在来看看吉尼问餐饮服务评选委员会的那两个问题。一个直截了当的提问是用到了 5W 中的关键词“What（什么）”，另一个解释型的问题，是用到了“描述”一词。

因为人们有时对于被要求“做给我看”有一种抵触情绪，我们建议你用一些技巧来处理一下你的新信息类提问，以使之变得不那么唐突。你可以在问题的前面加上一些修饰或者迂回的表达方式，使用一些委婉的结构，如“我很想知道……”“如果你能帮我把……”或者“你能否……”等问题形式。吉尼的第二个问题就是一个例子，对于一个对态度敏感的客户而言，直接告诉他去做什么，显然不如委婉的引导方式更有效果。

什么时候使用新信息类提问

在销售过程中，当你发现缺失了某种特定的信息时，你要随时使用这样的新信息类问题。很显然在销售拜访的过程中，可能随时会有这样的发现。我们前面已经强调过，新信息类的提问，作为确认类问题的跟进是很重要的。尤其是询问确认类问题，而又毫无准备地遭到否定时，新信息类提问就更加重要了。如果你问客户，他是不是还在每个星期消耗 1 400 个单位的产品时，你发现他告诉你的是 2 000 个，这时，你就要使用新信息类提问了，你需要跟进的问题也许是这样的："从我上次见到你以后，又发生了什么事情？"或者"你能告诉我是什么原因导致了这些数量的增加吗？"所以，只要发现你所掌握的原本认为准确的信息已经不准确了，这就是你要问新信息类问题的时候了。

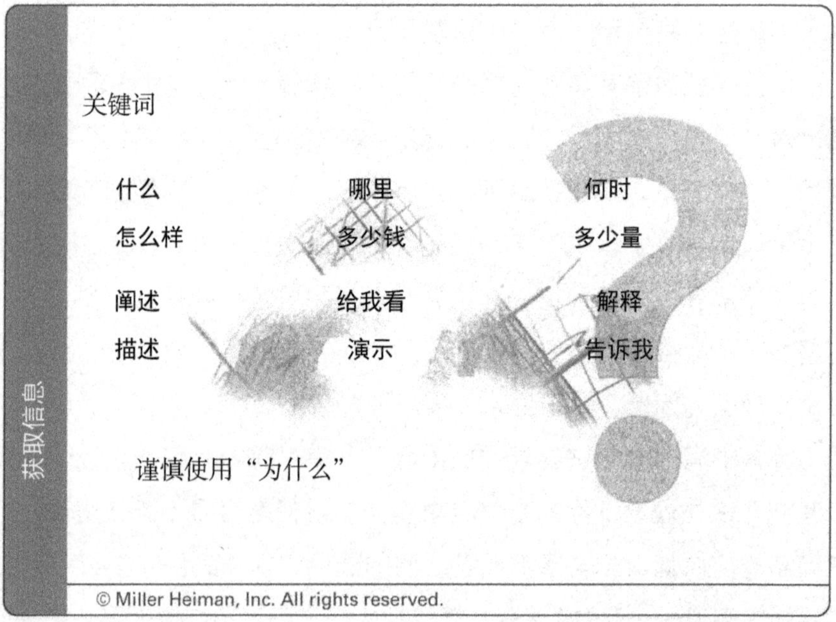

新信息类问题还有一个很重要的作用，就是鼓励客户用他自己的语言自由地描述他的情况。正如我们前面强调过的那样，和人们通常想象的不

同，只要你给他们机会，客户一般情况下都愿意谈论和延伸他们的想法。正因为如此，新信息类提问常常可以在帮助你填补缺失的信息之外，给你带来额外的好处：它们更趋向于使人们放松。而一个和你在一起感觉到放松的人，更容易使你获得更多的信息。

简而言之，只要你觉得所获得的信息前后有差距，你就随时可以问新信息类问题。你的客户也许就要签订合同了，但是如果他这时说了一些你还没有搞清楚的话题，你就要赶紧问新信息类问题，否则，你可能随后就遇到麻烦。

这里有一个贴切的例子。我们的一个朋友，最近从一位个客户那里，理论上讲，几乎已经得到了一单数百万美元的大合同。这位客户是一个区域开发经理，他把签字笔放在一边，不经意地说："现在，只需要交到事业部去盖章了，我们就这么定下了。"这时，我们的朋友应该加问一句："等等，菲尔。你说的事业部是指谁？关于这个盖章的机制，你能告诉我更多的内容吗？"但是，他没有这么做。他让菲尔签署这个合同，然后交给了他的事业部。从那以后，他再也没有收到回信。由于没能在一个他所缺失的关键信息上问一个新信息类问题，我们的这位朋友这次只能看着这单生意丢掉了。

态度类问题

新信息类问题关注的主要是客户所期望的结果；态度类问题所关注的是客户个人对那些结果的感觉。态度类问题的目的，是要揭示客户的个人信息——这样的信息，是关于他个人在这笔交易中的得失。这样的问题，是要发现客户个体的价值取向和态度，这些信息对于判断客户的概念非常重要，因为这类问题是关心价值和态度的。所以，它们也能不断地揭示出一些还没有被披露的个人所关心的问题，而这些问题，是新信息类提问所无法揭示的。

获取信息

态度类问题

目的

- 揭示并理解态度、价值观、情感、利益和需求
- 发现未被确认的问题

当使用时

- 理解购买者的情感
- 理解购买者对于别人情感的观点
- 明白真正存在的问题

因为各种各样的原因，很多销售人员拒绝针对客户的态度提问。他们也许认为，个人感觉和工作情况无关，或者，客户如何感受与他们的业务无关。他们也许会说，问这类问题不是他们的风格，或者，他们可能会因为问态度类问题而感到尴尬或不舒服。

丝黛芬尼·库哈纳尔是我们的一位客户，她是在 SAS 研究院里负责管理概念销售执行情况的负责人，她对这种回应非常熟悉。她介绍说："对一些销售人员来说，询问一个态度类问题，是和他们的个人销售模式完全冲突的。在实践中，他们很多人反对'温柔而暧昧'的接触方式，或者，他们会强调：问态度类问题会显得很不专业，而且这种反对意见还非常普遍。通常，即使当他们揭示出了客户对一些问题的态度，他们的第一反应也不是去知会这样的感觉，而是立刻跳到解决问题的阶段：'对这个问题，你需

要我做什么呢？’他们非常关注结果，你会听到他们所举出的很多理由，告诉你为什么除了这个以外，别的都不要问。”

这里可能有天性使然的成分。正如丝黛芬尼所说的那样：“在我们的社会里，在感情交流方面，女性更有实践机会，所以当女性从事销售时，比起她们的男同事，可能从某种程度上会更容易去挖掘态度方面的因素。”黛勃拉·谭宁曾经做过最佳销售的研究，她在研究报告中对男女销售人员的谈话风格进行了这样的描述：你就是无法理解，很多男性销售人员就像受到重力牵引那样，自然地趋向解决问题型的方式，而女性销售人员却可能会更快地去理解客户的感受，并且意识到，在很多情况下，客户的感觉也是问题的一部分。

无论天性的作用如何，忽视了客户的态度就是个错误。在销售的过程里，没有任何一个要素比客户的感觉更重要，而且这是说的那种客户个人的感觉，是他对你要卖给他的那样东西的感觉。个人感受是客户概念的核心，如果你无法理解这种概念，你甚至会无法得到一个公正的待遇。

这就是态度类问题为什么如此重要的一个主要原因：它们揭示出了获得驱动销售进行下去的那些缺失的信息，也就是在客户的脑海里，存在着你给他个人所带来的构想，这里有第二个相关联的原因。一个与关于客户感觉的传统认知相悖的现象。也就是说，通常情况下，大多数客户是希望谈谈他们的感受的。他们希望有机会对一位销售建议做出个人化的反应，因此一旦哪个销售人员给了客户这样的机会，就会获得立竿见影的效果和优势，并超越其他的竞争对手。

我们这里不是说，人们希望你成为他们的治疗师。我们也清楚地知道，有些人不愿意告诉你除了事实以外的任何东西。但是，我们之所以要建议你去问态度类的问题，并不是那种高深的心理学，也不是像那些习惯操纵局面的销售人员那样：“嘿，伙计，我是你的哥们儿，你可以向我倾诉。”我们只是希望你能把客户对你的产品或服务的感觉，当作销售过程中的一个关键要素，你不应该去忽视它，就像你不能忽视你的产品特性或服务能力一样。

在你意识到新信息类问题没有能解释清楚一些不舒服或不情愿的感受时，你尤其要牢牢地记住这一点。在我们前面讲到的吉尼的餐饮服务销售时，就有很好的例子。

在公司里的典型做法是，工作餐一般会有补助。这种补助一般是按照人头计算的一种预算，是员工福利的一部分。吉尼说："当我们开始谈论补助的时候，委员会成员们的表情开始异样了。我意识到，现在是问态度类问题的时候了。我问他们对工作餐进行补助的感觉如何，得到的回答令人惊喜。他们用了大约 15 分钟，表达了他们对现在工作餐补助结构的不满，也同时告诉了我很多没有问到的其他情况。比如，他们的诉苦使很多问题浮出了水面，有关于价格规划的，关于内部监控安排的，关于劳资关系的——很显然，我触动了一根神经，它演化成了一个信息的井喷。"

吉尼在这里告诉给大家一个事实，那就是态度类问题不仅常常会针对客户的感觉，使其打开话匣子，而且它们经常会带给销售人员大量的原本不好问和毫无指定方向的信息，而且这些信息是态度类问题本没有问到的。所以，同时使用新信息类问题和态度类问题，你能够在短时间里获取大量的信息。

态度类问题的表达

既然态度类问题是要引出个人价值观和态度类的信息，那么这类问题的典型用词就是：什么，哪个，为什么，如何。它们和一些鼓励做出判断的措辞连在一起使用，比如，"你对某某事务的意见是什么？""财务部的凯特对这个决定如何看？"更常用的还有"你觉得如何？"你可以看到，新信息类问题和态度类问题，用的都是 5W 开场词。但是，态度类问题是在用这些关键词去探询一种价值判断。正如我们所说，在新信息类问题里，使用“为什么”是不合适的，但在态度类问题里就比较合适了。这里有一点需要注意，当你使用“为什么”一词来形成态度类问题时，请记住你是在寻求一个人的判断，而不是在质问或挑战一个人的判断。在这个问题上，任何三岁孩子的父母都会告诉你，这个小小的“为什么”，如果被滥用或者以一种调笑和挖苦的口吻表示，是很容易让人感到挑衅的味道的，因为每个好的销售都始于客户的概念，你最应该避免的就是从一开始，就给客户一个印象：你认为他的概念是无效的，或者他的意见根本就是没有依据的。因此，你在使用“为什么”时，措辞一定要谨慎，表达时的口吻也要注意，要表示出你是要试图了解情况，而不是要批评什么。

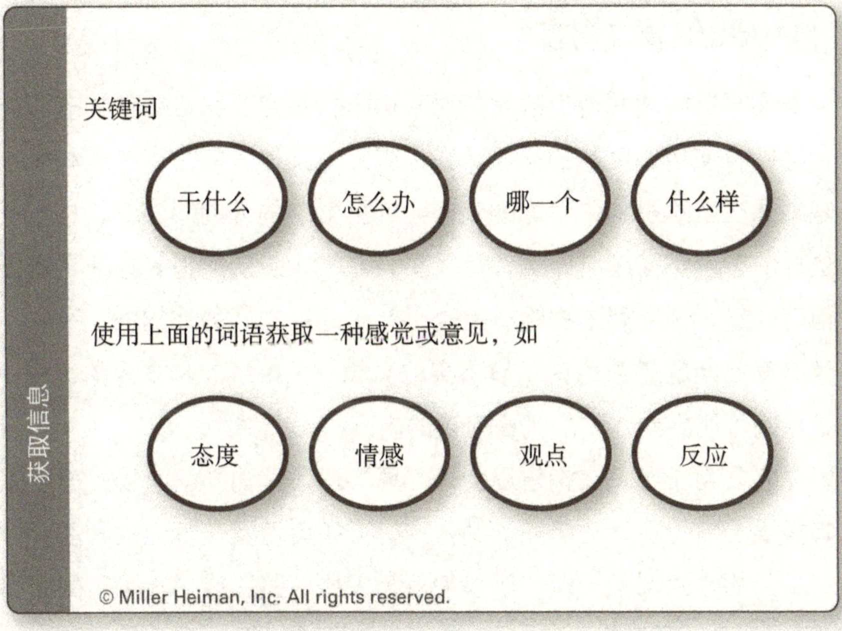

另一个忠告，对于大多数客户而言，虽然这些关于态度类问题表达的关键词被证明是有用的，但你仍然应该尽量使用一些可以使客户感觉舒服的措辞。其实，态度类问题的表达是一件非常个人化的事情。我们的一位讲师，丽姿·查高罗德尼，就曾经给我们讲过一个故事。这是她在不久前发生在达拉斯培训课堂上的经历。那次，她班上的学员对询问客户感觉类的问题，总是感到有些不舒服。

在培训中，丽姿问他们："这样吧，假设你们承诺给客户提供设备，但是交货期被推迟了，你们怎么办呢？你们如何判断客户生气了没有？"

学员们想了一会儿，有些不知所措，直到有一个人最后站了起来，讲了一个态度类的问题："我刚才在想，你是不是想开枪把我的狗打死？"这样的表达方式，在波士顿也许没什么效果，但若在达拉斯往西的地区，却恰到好处。这里的关键是，你要使用恰当的手段，来获知你的客户在想什么。

何时使用态度类问题

只要你想更好地知道你的客户对来这里和对你要销售给他的东西如何看待，你就要使用态度类的问题。在你想知道其他人的个人态度和概念，特别是那些在采购机构中对你的销售会产生影响的人的想法时，你也可以使用这样的态度类问题。而且，尽管要获知某人想法的最好办法是直接发问，但有时候，你所能走的唯一途径，就是间接去问另外的人。最后，你可以用态度类问题来帮助你了解事实的真相——组织的和个人的都有——只要是那些可能会卷入你的销售建议的内容。

当你需要判断客户在销售后会是"赢"还是"输"的时候，态度类提问尤其重要。因为在针对组织的销售中，可能会涉及很多人的利益，但每个人"赢"的方式都不一样，所以把每个人的"买"或"不买"的原因都排在前面，就是一项重要的工作了。态度类问题能够帮助你完成这项工作。

态度类问题还可以帮助你判断在结果的背后特定客户的个人想法。由于不同的客户对于同一个结果的需求是出于不同的原因，这也就意味着，对于你所提供的结果，每个人的概念都会是不同的。因此，当你知道吉尔就是想要 1205 型的产品，但是不知道他这样要求的原因时，你就要使用态度类问题。如果你卖给他 1205 型，而不知道他要这个型号的原因，你的销售就还是建立在不适当的信息基础之上的，这种缺失可能导致你和他的关系出现问题。这种问题，即使这次销售中没有暴露，也可能会在未来的某个销售中出现。

态度类问题相比其他种类的问题的优势在于，它能够帮助你在每个销售和贯穿在每个销售中的所有环节上，都把注意力专注在幕后的那个人身上。所以你总能够在需要的时候，知道用什么能打动他的心。

我们前面已经说过，我们会在第 5 部分“销售拜访：获得承诺”中，探讨第四类和第五类问题，也就是承诺类问题和基本问题。现在，是你们自己在销售情景中应用确认类提问、新信息类提问和态度类提问的时候了。

培训课件 8　提问

在培训课件 7 中，我们教给大家一个检查常见问题的清单——这些常见问题是销售人员容易缺失的信息。我们当时要求根据自己的销售情况来判断在哪些方面缺少信息。你们现在可以做的工作是，在这个基础上更进一步，根据缺失的信息来设计问题，以便在即将进行的下一次销售拜访中，使用这些问题来获得所需要的信息。下面的练习，包括四个步骤，大约需要 15 分钟时间。

问题列表

有力的商务理由：______

	确认 关键词： 仍然、保持、继续、现在、目前	**新信息** 关键词： 什么、哪些、何时、怎么样、多少钱、多少量、给我看、解释、阐述、告诉我、说明、描述	**态度** 关键词： 干什么、哪一个、怎么办、什么样 结合：观点、情感、反应、态度
采购影响因素			
每个采购影响者的概念			
评估购买进程			
新进入者/重组者			
竞争者			
其他未知因素			

第 1 步：选出对你至关重要的领域。首先，仔细审阅你在上一个检查清单中所列举的缺失信息的领域，选择范围不要超过六个领域，它们应该是：(1) 现在最需要的信息；(2) 在下一次拜访中，你最可能获得的信息，换句话说，挑选一些你可以控制的问题，这对于下次销售拜访而言，既紧急又可行。

我们这里说的“紧急”，指的是你现在就需要知道的——也就是在下一次拜访前就需要知道的内容，没有这些信息，你就无法在下次拜访时获得把销售向前推进的承诺。如果你正在准备第一次拜访查德先生，你也知道向这样的公司进行销售大约需要半年的时间，现在就知道合同最后的审阅程序就有些早了，这就不是紧急的。但如果你还有两个星期就要签合同了，而你还不知道那些细节，这就是一个紧急的缺失信息领域了。

我们这里说的“可行”，指的是你要去拜访的那个人确实有影响力，并且愿意给你提供信息。对于一个总管运营的副总裁而言，你是无法询问他上周第 32 号生产线的出产数量的，你也无从去向一名车间主任打听公司损益方面的细节。你应该知道你的客户是谁，知道他们各自专长的领域和责任。当你把问题聚焦在五六个领域内，并且决定在下次拜访时获得这些信息时，你一定要确信你找到的人和这些领域有关联，或者，至少他们能告诉你谁是负责人。

一旦你挑选出最重要的五六个领域后，在记事本上记下它们。你不用进入细节，也不用现在就表达这些问题。你只要记下你在哪些领域还缺失信息就行了。这个清单可能会包括如下一些内容：需要更多地了解路易斯威尔工厂的购买决定程序，或是需要了解竞争对手的新产品线。当你完成这样的工作后，你就会获得一个简短而又非常聚焦的问题清单了。

第 2 步：构造你的问题坐标图。现在，你已经把所需要信息的范围，缩小到了约六个最重要的领域，你下一步的工作就是构造一个策划案，它可以帮助你对问题进行最有效的组织，以便你在即将进行的销售拜访中正确提问。我们把这样的策划案，称作“问题坐标图”。

首先，根据你在培训课件 7 里的作业，在一页的左侧，竖排写下那些你认为有问题的领域，并进行简单的描述（请参照上一个图表的例子），然后，把该页竖分成三栏，在各栏的抬头处，写下三个问题的类型：确认类问题，新信息类问题，态度类问题。

第 3 步：对你的问题领域进行分类。现在，回到检查清单，把你汇总出的那五六个领域，分别归类到左手边的适当竖格中。我们在下一页图表中做了几个例子，可以参考。

第 4 步：表达恰当的问题。现在，针对你所列出的几个重要的信息缺失领域，使用适当的关键词设计问题的表达方式，以便你可以用这些问题获得你所需要的信息。把它们写在“问题坐标”栏里，如下页图表例子所示。

这个练习的目的不是要设计 20 个问题，所以你不用试图填满所有的格子。我们的目的，不是数量，而是质量。对每个问题类型而言，你可能都会有问题，也可能会没有；你也可能会对有些问题类型提不出问题，而在另外的类型里又有不止一个问题。这都没有关系。只要你所表达出的问题能够帮助你获得所需要的信息，这个练习就达到其最佳效果了。

为了检验这些问题的效果，我们建议你问自己以下几个问题：

- 对每个确认类提问，这个问题的表达对分辨已获得信息是有效的还是无效的？
- 对每个新信息类提问，这个问题的设计是否帮助我更新了信息，填补了信息缺陷，解决了信息差异，或者使我获知了客户所期望的结果？
- 对每个态度类提问，这个问题能够帮助我获得关于客户的个人价值取向、态度、需求和建议的意见吗？

当然，我们不是简单的让你只是填格子，因为我们确实希望你能在每个类型的问题里，都至少有一个充分表达出来的问题。如果我们不做要求，而是让销售人员按照传统的方式去做这个练习，很多人就会只在新信息类问题里兜圈子。这些新信息类问题确实是基础，但你是无法只依靠这些问题来有效管理销售拜访并获得回报的。

有了“问题坐标图”上的问题，你应该已经站在了一个有利的位置上，并且能够在即将到来的销售拜访中，获得所需要的信息。正如我们所说，在你真的要问这些问题前，你需要思考后续的东西。

关于后续事项的指南

你应该在销售拜访开始前，就着手考虑其后续的结果，以避免在拜访中出现错误，把你的客户引到一些并不相关的环节中去，使销售遇到障碍。为了把你的问题进行最有效的排序，要记住下列要素：

- 在销售拜访开始时，一开始就以一个确认类问题做开场，永远是安全的选择。这类问题，也同时能够在进行新产品介绍和获得订单的过程中使用。
- 紧随确认类问题之后的最好是新信息类问题，特别是当对于确认类问题的回答出现意想不到的情况时。在你发现信息缺失或是想进行开场白时，使用这样的问题也是适宜的。
- 当你想判断个人需求、利益时，需要使用态度类问题这类问题。这是你在需要了解某人回答背后更多的内容时需要使用的。

这里的一个关键点就是顺序。我们在排序过程中，对问题进行了 1—2—3 的排列，是因为作为通用的准则，这样的顺序是适宜的。但是，在实践中，这样的排序并不理想，这也显然不能被当作“最佳”的行动计划。比如，在一次销售拜访中，你可能要问好几个同一类型的问题才能进入下一个类型。或者，也许某个问题的答案使你相信，你对一些东西的基本情况产生了误解，于是你必须回过头来，再问一个确认类问题以验证你的理解。再者，你的客户或目标客户，他们还会有他们自己的问题，他们也会向你提问。所有这些可能性，都会导致你无法完全遵循一个僵硬的模式。

我们已经批评过的硬销售，就属于这种生搬硬套的方式。我们还需要强调，顽固的恪守任何已经准备好的清单并一成不变地步步落实，肯定会使你无法获得所需要的信息。好的销售拜访的管理，就像面对面谈话一样，反馈形成互动的过程 ——这种互动，是时时刻刻发生着的。所以，请一定要记住，当你问一个问题时，一定要专心致志地注意客户告诉你的东西。要知道，除非提问者能够不遗余力地把全部能量都投入倾听中去，否则，即使问题和顺序都设计得非常好，它们仍然可能变成毫无成果的独角戏。

现在，我们就要好好地再谈谈倾听的问题了。

问题列表

有力的商务理由：______________________________

	确认 关键词： 仍然、保持、继续、现在、目前	**新信息** 关键词： 什么、哪些、何时、怎么样、多少钱、多少量、给我看、解释、阐述、告诉我、说明、描述	**态度** 关键词： 干什么、哪一个、怎么办、什么样 结合：观点、情感、反应、态度
采购影响因素			
每个采购影响者的概念			
评估购买进程 *路易斯威尔工厂的购买			
新进入者/重组者			
竞争者 *他们的新生产线			
其他未知因素			

问题列表

有力的商务理由：______

	确认 关键词： 仍然、保持、继续、现在、目前	**新信息** 关键词： 什么、哪些、何时、怎么样、多少钱、多少量、给我看、解释、阐述、告诉我、说明、描述	**态度** 关键词： 干什么、哪一个、怎么办、什么样、结合：观点、情感、反应、态度
采购影响因素			
每个采购影响者的概念			
评估购买进程 *路易斯威尔工厂的购买	“查理现在还负责这类采购吗？”	“他现在是什么角色？”	
新进入者/重组者			
竞争者 *他们的新生产线	“我是否可以认为您现在有了其他供应商？”		“质检人员对这条生产线的感觉如何？”
其他未知因素			

第11章

建立沟通

如果你不去认真地倾听，世界上最好的问题也于你无益。我们在第 9 章已经讲到了倾听。在本章我们会做得更具体，会给大家提供一些经过验证的方法，以提高你在倾听方面的能力。在这里，我们把销售引申为一种教育形式，我们也鼓励大家去遵循世界上优秀教师的做法——因为准确地讲，这些老师，都是专业的倾听者。

多年以前，从事教育工作的研究人员发现，最有效的教学方法都使用了以下两个特点的引导风格：

1. 老师和学生共同参与相互对话，而不是一方“给予”，一方“接收”。

2. 越是效果好的教学风格，问题与答案之间发生间断的情况就会越多、越长。

因为从信息流的角度来看，教学的过程和销售的过程都是获取信息的过程，二者有着相似的地方，所以我们很早就把这样的发现融入了专业销售活动中，并且把它们当作概念销售的一个基础环节。

我们这样尝试后的结果是令人鼓舞的，通过使用最佳教学的对话风格，我们的学员都能够提高与其客户之间的信息流质量，并且持续不断地和客户建立起沟通。在本章中，我们将会更充分地描述沟通方式，并且告诉你如何在拜访时实现顺畅沟通。

问题干扰

对话式教学风格与其他的教学风格相比，是在问题和答案之间，融入了更长时间的间隔。这个发现是带有普遍性的，在问题和回答之间延长时间的做法，也不是一个仅仅在谈话或教学中使用的技巧，它也是一个用之四海而皆准的，可以营造顺畅沟通的可靠技巧。但遗憾的是，它在销售人员当中却不是很流行。

很多销售人员在提问的时候根本就不在意客户的反应，更多的是想要根据准备好的问题清单，尽快完成提问。这就好像沿街售卖的推销员通常使用自问自答的方式一样："我说得对吗？你知道我是对的。"很多传统的推销员都在使用这种方式，他们先是问："今天，我能卖给你些什么东西呢？"然后立刻回答："一瓶山姆·斯里克牌的 31 号精炼蛇油膏如何？"其实，这种风格更受政治性新闻发布会的记者们欢迎。他们会这样说："总统先生，我有一个问题可以问吗？然后还有一个进一步的问题，可以问吗？"

这种提问的风格——把所有的问题都一股脑地甩给对方——在一个 30 分钟的新闻发布会上是无法避免，因为每个提问的人，都是在和其他 20 多个提问者抢夺发问的机会，但这样的提问是很难构造出顺畅沟通的。事实上，机关枪式的发问方式，通常导致相反的结果，它会导致被问的人拒不开口、搪塞了事、不知如何开始。

在新闻发布会上，你就会经常见到这样的情景。有时，这种情形的出现，是因为被提问的人遭遇了"问题干扰"。"问题干扰"是由山姆·多纳德森归纳出来的。山姆把 14 个探索性问题组织在一个句子里，然后要求政治家一次性地给出所有答案。山姆在做这个工作前，进行了认真的排练，以便他自己不会在提问时被搞糊涂。但是，被测试的政治家就没有这样的条件了，他既不能记下这些问题，也不能演练 14 个答案，所以他被搞糊涂了。这个测试证明，无论你多么聪明，多么富有自我思考能力，如果某人一口气丢给你一大堆问题，让你提供比正常数量要多的答案时，你就会经历迷惑。这种迷惑就是我们所说的“问题干扰”。

销售和政治上的问题干扰情况是相似的。如果你把准备好的接二连三的问题结结实实地砸向客户，你就会使客户遭遇问题干扰。你就是在沟通的信息流中，塞上了一个塞子。

我们把教育研究成果应用到销售工作中后，发现了令人吃惊的统计结果。我们用秒表测量了在销售谈话中间断的情况。

我们发现了以下一些特别之处：

- 在很多销售谈话中，销售人员每分钟能够向客户抛出五个，甚至更多的问题。
- 在提问后，销售人员经常只等待一秒钟，或者更短的时间，就开始要么重复一遍自己的问题，要么问另外一个问题，或者自己回答问题，还有的就是开始表达一些其他的观点和评论。
- 在得到了一个问题的答案后，很多销售人员大多是只等上不到一秒钟的时间，就开始对答案进行评价，并开始向下一个要点转移。

这些发现告诉我们，在大多数销售情景下，由于销售人员急于把销售进程向前推进而阻碍了信息流的积极发展。如果你只给客户一两秒钟的时间就期望他能回答你，你如何能确保客户能对你的问题进行充分的思考呢？如果你只用不到一秒钟的时间来分析客户的回答，然后就开始向下一个目标前进，你又能对答案进行多少思考呢？显然，快速发问与顺畅沟通毫不相干。

我们在这里给出统计情况和结论，并没有什么奇怪。因为传统销售方法教育销售人员，沉默就意味着销售拜访的死亡。我们总是在说，要保持主动，不要给客户太多的时间去思考，只要你的嘴在动，你就在控制着销售的主动权。如果谈话趋于迟缓，你就失去了控制力。

这是完全错误的。它们实际上又提起了让人产生迷恋的“控制”，比拼“支配”的话题。在销售拜访中，滔滔不绝的发言者也许可以支配拜访的过程，但往往聆听者才是拥有最终控制权的人。所以，真正进行“控制”的钥匙和构造顺畅沟通的钥匙一样的，那就是问一个问题，然后耐心地等待答案。

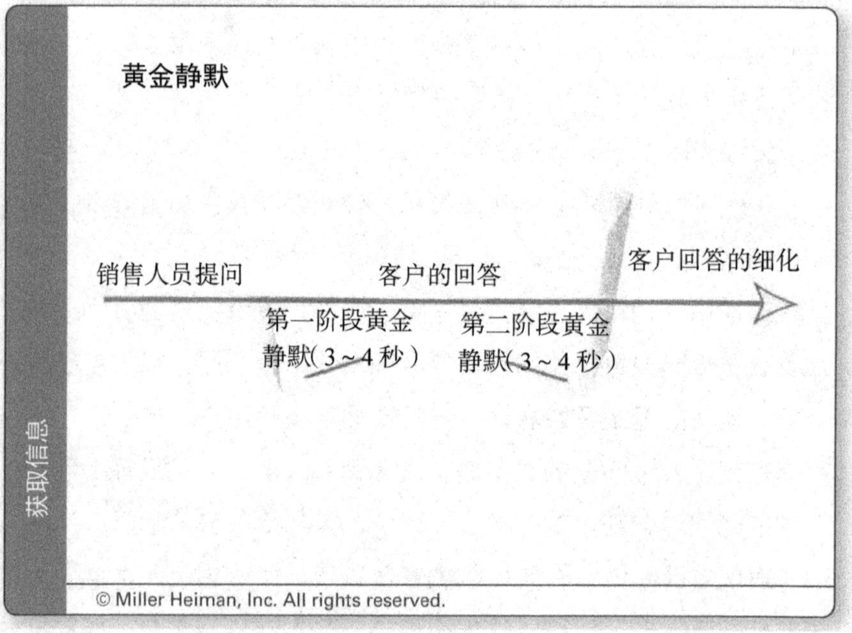

黄金静默

等待答案时可以和我们提倡的“黄金静默”的技巧共同使用。黄金静默，是我们所知的，治疗问题干扰的唯一可靠的手段。你可以通过上面的示意图了解，这是一个简单的过程。

在使用黄金静默方法时，销售人员在提问的过程中，在两个不同的节点上，暂停三四秒钟的时间就可以。这两点，一个是在你问一个问题后，另一个是在客户回答了问题后，第一个停顿点，我们称作第一阶段黄金静默；第二个停顿点，我们称作第二阶段黄金静默。我们保证，在你进行销售拜访时，使用这两个停顿，你会收到立竿见影的效果，提升获得信息的质量和数量。

原因非常简单。当你使用第一阶段黄金静默时，你给了客户时间，让他去思考你的问题。他给你的信息，就会更坚实可靠。当你在听到他的信息后，使用第二阶段黄金静默，你就有更多的时间去理解他提供的信息，这比你只花费一半的时间所能想到的要可靠得多。而且在第二个停顿点，客户往往会有更进一步的反应。所以，同时使用第一和第二黄金静默技巧，会使你获得更从容、更深思熟虑和更富有成果的信息。

我们阐述静默的技巧，并不是要求你在每次销售拜访时，都要带着秒表进行计算。你应该能够更灵活地使用这个技巧，把时间控制到最好。事实上，每次销售拜访，都有自身的节奏。每次和客户坐在一起时，你需要进行相应的调整。作为一种模式，黄金静默的效能是无价的。当你在销售实践中使用时，你会逐渐学会如何根据形式调整好自己的节奏，有时需要加快，有时则需要放慢——当然，在更多的情况下，你往往会是放慢而不是加快。在这里要强调的就是，在任何销售中，静默技巧的根本作用就是让你知道：一定要保有一定量的静默。缺少静默，就无法实现顺畅的沟通。

黄金静默的技巧在刚开始使用时，也许会让你觉得不舒服。销售人员更习惯于通过自己讲话的方式来冲破障碍，所以等待一个答案再说话似乎有些不太自然：它很容易导致“静默烦躁”。但这个问题，通过实践会很快消失，尤其是你开始认识到“黄金静默”与不求答案、自问自答的方式的区别时。

当我们建议你“提问，然后保持安静”时，我们不是说你应该双眼发直地盯着前方只管提问，就好像你要挑战客户，让他开口那样。我们不是在谈论那种所谓的操纵术所讲的“谁先眨眼，谁就输了”，一名优秀的销售人员，永远不会战胜或者在心理上制服客户。当我们使用黄金静默时，你应该仍然使用那些优秀销售人员在一对一的交流中所常用到的肢体语言和非语言的表达方式，这些都是很重要的。如果你对“仅仅坐在那里”感到不舒服，你可以点头，向前倾斜身体，注视对方的眼睛进行目光交流，或其他的动作，就像你平时倾听他人的动作一样。

更进一步，当你使用黄金静默的方法时，你还应该对客户的一些蛛丝马迹非常敏感，看看他哪里没听懂，哪里需要用静默来等待他做出反应时，他却报以令人窒息的沉默。如果提问后四五秒钟过去了，你仍然得不到答案，那就说明他很可能没有听懂你的话。在这种时候，你确实需要复述一遍问题，或者问另一个问题了。处理这种问题的一个很有效的方法就是表示“我问这个问题的目的是……”然后，再复述一遍你所需要发现的内容。这样做可以拓宽原始问题的关注面，并且明确地表示你是在寻求对话，而不是在照本宣科。

黄金静默技巧的宗旨在于扩展而不是限制顺畅沟通。当你将它与你的判断和灵活性一起运用时，它所能产生出的积极的信息流，会比任何一种沟通方式都多得多。但这种技巧并不是百试不爽的魔法，它有时也会被用得过于生硬。避免这种情况的方法，就是你要对客户所讲的话非常敏感。请记住，这也包括没有通过语言表达出来的东西。其实，静默本身并不是金，它之所以成“金”，是因为它所能带给你的信息。如果它没有能带给你信息，那么你需要调整的时刻就到了。

认真仔细地使用黄金静默的手法来应对客户的反应，可以大幅度地提高你打造双赢交易的可能性。尤其是在你进行呈现时，面对的是一个委员会，或是一组人而不是一个人的情况下，你赢的机会就会加大。参加过我们培训计划的很多学员都表示，在没有参加培训前，他们普遍害怕面对一个委员会进行呈现。而学习了黄金静默的方法后，这个方法使他们可以和整个委员会建立起充满活力的沟通，而且，到最后往往是委员会的成员自己就把所有要做的工作做完了。用一位经常面对政府项目复议委员会进行呈现的销售人员的话说："你问委员会一个问题，然后给他们五秒钟的时间回答，我保证至少需要五分钟，你才能再次张嘴提问。"

黄金静默的好处

我们说，黄金静默治愈了问题干扰的困扰。其实，使用黄金静默方法，还有很多其他的好处，最常见的就是：

客户反应次数增加。当你使用黄金静默时，你给客户的感觉不会有冰冷感，不会有快语速的推销方式施加给人的压力，也不会让人觉得你是在刻意迎合而言之无物。在你问完客户问题时，礼貌地给他们一点时间将会增加客户的心理舒适度，以使他们更容易做出回应。这一点，尤其对那些习惯慢慢推进的客户，是非常重要的。有些人并不比别人慢，但他们确实需要比别人更多的时间进行思考。黄金静默给了他们这样的时间。

客户应答的内容在增加。因为黄金静默给你的客户更多思考的时间，也就给了他厘清思路、组织应答的时间。黄金静默允许他对这次销售根据他的个人感受进行展开，他会告诉你他的需要和概念。

你获得的信息的可靠性增加了。客户被给予更充足的时间进行情况分析，他的应答会更加深思熟虑，而不是敷衍了事。在黄金静默模式下，答案更趋于丰满和目的明确，出现相关而未经提示内容的数量会增加。当人们有更多的时间思考问题时，他们往往会主动讲出一些你原本还没有特别问到的问题，而且这些问题对于你了解情况来说可能非常关键。

客户主动提供的相关信息增多。当一个人被给予充分的反应时间，他更容易为你提供一些你没有具体问到但对你理解目前状况十分有用的关键信息。

客户提问量增加。就获得了更多的思考时间而言，这是又一个合乎逻辑的结果。被给予更多时间的客户，一般会趋向于就你的产品和服务提出更多的问题，而这些问题往往会有助于把你的销售进程向前推进。

开放式和探索式的思维会增加。客户会趋向于为你的产品或服务与他的需求之间的契合，拓展更多的选择方案、更多的可能性。这种努力，显然会为实现双方都满意的销售创造机会。

对话的焦点出现转移。黄金静默更趋向于把谈话的焦点向客户的真正需求和想法上转移，这与销售人员最初的销售“想法”和“需求”恰好相逆。这样的方法再一次增加了探索的可能性，帮助你更好地理解客户的概念，创造了更多的实现双赢的机会。

给了你更多的思考时间。最后，黄金静默给了销售人员额外的思考时间，去认真地思考还有什么缺失的信息，组织附加的问题，并把这些问题安排得更加符合具体的情况和具体的客户。可以肯定的是，黄金静默提高了销售人员的提问质量——作为回报，它也提高了获取到的信息的质量。

危险的语言信号

我们在上一章说过，问题的表达方式有正确和错误之分。我们也刚刚诠释了黄金静默，使用这个方法使你能够以一种更有成效的方式来表达问题。但是，也有一些“技巧”是你应该设法避免的，因为他们干扰了黄金静默法，阻碍了信息的积极流动，严重危及了顺畅沟通的实现。我们特别提示你，要小心下面五种信号。

“考虑一下！” 这个非常流行的“预结束”提示语，有两个最基本的问题。首先，它非常模糊。“考虑一下”——无论这个说法是在销售拜访的过程中使用，还是被用作一个表示分手的姿态——都会使客户感到无所适从。任何一个被要求去考虑一下你的建议或产品的人，都会有充分的理由去考虑而不采取进一步行动；在下一次做跟进的拜访时，他会有充分的理由告诉你“按照你的要求，我已经考虑过了，但是我还没有做任何决定”。

“考虑一下！”这句话的第二个缺点是，它其实是一种模棱两可的态度。当你让某个人去考虑一个话题的时候，你是在暗示他到目前为止，他还没有怎么想——或者说，他虽然想了，但仍然很不全面，他最好还是更“严肃”地想一想这件事情。我们这样提示人们去思考的时候，我们的话本身是没有办法帮助他思考的。你唯一能够使客户在你们下次会面前，能够按照你所希望的方式去思考的方法，就是向他们提供具体的信息或资料，以使他们能够围绕这些内容进行他们的思考。我们在下一章会就这个问题进行一些广泛的探讨。

模仿。 在一些销售培训课程里有这样一种倾向，一些专家很推崇一种模仿的方式，就是照本宣科地把客户说过的话再复述一遍，来向客户表示自己听懂了对方的意思。哈德薇克夫人通过谈论她对应收账款情况的观察，对这种做法进行了令人痛心的描述，在表示“所以，这样做的结果是我们的应收账款问题持续不断”时，听的人却回答道：“你有应收账款的问题，是吗？”

这种表达方式也许能表示出同情的态度，但也有被人理解为愚钝或是居高临下的危险。这也是为什么我们要告诉学员，永远不要用鹦鹉学舌的方式去回答问题，除非有必要去确认一个确实的信息或是为了判明一些非常复杂的想法。在其他情况下，如果你想向客户表示你已经听懂了她的意思，点点头，示意一下就很好了。当然，如果能再有一个新信息类提问进行诠释就更好了。在上例中，对于哈德薇克夫人的问题的适当而有成果的回答，也许应该是这样的："从什么时候开始，账款回收的情况开始恶化？"或者"你能再多介绍一些你们收款的程序吗？"

"是的……但是"。如果一个谈话里包含了太多的"是的……但是"或其他形式的转折，那么这样的谈话很可能是陷入僵局了。当销售拜访没有出路时，这种表达经常被客户和销售人员双方用来终止谈话。这句话经常被用来作为对一个刚刚提出的建议或一系列想法的拒绝。也就是因为这种原因，这句话更容易使一个原本富有成果的谈话脱离轨道。同时在客户的反对意见与销售人员的意见之间，形成了一个阻断效果。因此，在这种时刻，真实的信息无法得到交换。

虽然你不能控制客户说"是的……但是"，但你能够控制自己。正是因为好的销售依赖于信息流，所有寻找到的销售契合点，都是从开拓型的谈话开始的，也正是因为对于所有开拓型谈话的可能性而言，它们总是伴随着"是的……但是"之类的拒绝，所以，要避免这句话，就要用一种选择性的措辞，同时要注意不要给人一种左手打右手的感觉。好的措辞方法如"如果是这样的话，我们这样……如何？"或者"关于这个问题，你现在有什么样的数据呢？"另外，还有一种你可以始终使用的方法就是，通过向客户提出拓展性的问题，把一个原本已经和客户出现了潜在冲突的话题，推向一种双赢的结局。在放弃说"是的……但是"的同时，改说"我还没有充分听明白你的意思，你能就产量下降的问题展开描述吗？"或者干脆说"乔易斯，我好像没有搞明白你要说什么，你能再多说说吗？"

反问。反问，意味着你根本没期待答案，或者，你认为答案本身很明显。典型的例子如"确实很热，是不是？""这个新的税收提案是不是很气人？"通常，这些被称作反问的提问，都是有一些前缀或后缀的，如"你不认为……""不是吗？""对吗？"等都是很常见的。

在使用具有劝导性的词语背后，有一个清晰的目的——让聆听者认同提问者已经决定了的观点。注意，反问“你不认为你会由于一种更高密度的合金而受益吗？”和问题“你会因为一个更高密度的合金而受益吗？”相比，它们的意思是不一样的。前者的意思是“我有一种更高密度的合金卖给你，我希望你能在这里签字”。它的目的是让客户不再犹豫，而痛快地作出选择。这种修辞方式，也就算是个小把戏而已，搞不好，它会诱发客户的不满情绪，尤其是对那些不希望被别人牵着走，喜欢自己拿主意的人。

“对吗？”和“不是吗？”这样的反问，经常在电话销售中被使用。一位朋友就介绍过他应付这种情况的方法，尽管这个办法有些粗鲁，但却很适用：“当一个电话推销员给我打电话，告诉我他们有了某种新的东西，可以帮助我解决所有的问题时，我会静静地听着，直到他们做出了第一个“承诺式暂停”时，我让他们继续说那句话——“现在，这个交易听起来是很不错的，不是吗？”这时，我会说：‘不，不是的。’然后我就挂断了电话。”今天，越来越多的客户是在用这样的方式来回应电话销售了。这样的表达方式没有导致契合的出现，反而导致了客户们的放弃。

“为什么？”我们已经解释过“为什么”这个词会立刻使客户变得很有防范意识，因此要尽量降低这个词的使用率。这个词和顺畅沟通的发展有着非常特殊的关系，因为没有任何其他东西，可以使客户如此迅速和灾难性地感觉到他自己是处在防守的位置，而这种感觉恰恰会影响到信息流的畅通。

如果你不明白客户这样做或这样说的原因，我们建议你不要用“为什么”或“你为什么”这样的措辞方式来表述你的问题。取而代之的应该是一些同等的，但是不那么富有挑战性的措辞，如“怎样”“如何”等用词，虽然变化不大，但对于沟通效果的研究表明，使用“如何”等这类递进式的措辞进行询问，可以比直接使用“为什么”这样具有挑战性的措辞多获得几乎双倍的有用信息。“你为什么决定改变月计划？”这样的话听起来像在质问。“你是如何决定改变月计划的呢？”这样说，给人的感觉就是希望他来描述一下这个行动。

措辞用得好，就不会给人威胁的感觉，自然获得的信息也就多了。如果是要求某个人解释“为什么”，可能就会招致不满、逃避甚至防御。对被提问者而言，这两种表达方式，一种会被认为是谈话，另一种会被认为是质询。当然，谈话和我们所反对的质询不同，总是要有双向沟通的存在。

到目前为止，我们还是专注在销售拜访的一方——销售人员，我们探讨了销售人员如何获得其所需信息的提问。现在，我们要进入第二个阶段，这同样也是销售拜访的一个基本组成部分——销售拜访中谈话的另一方——客户如何获取他所需的信息。

第 4 部分

销售拜访：提供信息

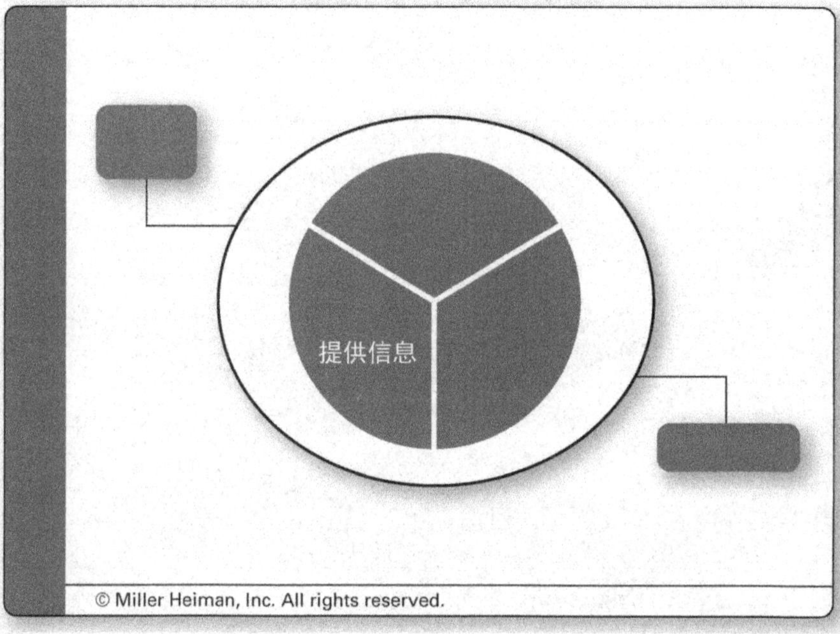
提供信息
© Miller Heiman, Inc. All rights reserved.

第 12 章

差异的重要性

一般认为，销售人员最善于做的就是提供信息。就像人们通常认为销售就是劝诱一样——告诉他们为什么应该购买——因此，向人们展示产品信息，常常被理解成销售拜访中最重要的部分。任何销售呈现，都变成了一个构造复杂而丰富的关于产品特性与利益的阐述。

但是，这样的观点存在着问题。的确，在很多销售拜访中，你需要很好地了解你的产品，也的确要用令人信服的方式来告诉客户你的产品功效。这里的问题在于你认为重要的信息，对于潜在客户所要做出的采购决定，可能是重要的，也可能不是。这就是为什么，在提供信息这一阶段，你需要有选择，以便它能更好地理解客户的情况，并使你们向着恰当的解决方案共同努力。

为了保证效率，你向客户提供信息时，必须做两件相关的事情：

1. 它必须能帮助你找到契合点——在产品或服务与你的客户概念之间的契合点。

2. 必须清楚地表现出来，对于他的问题，你的解决方案明显地和你的竞争对手给他提供的有所不同。你所提供的信息，必须能够证明你是这笔生意的候选者，它还必须能显示出你提供了最好的解决方案。

第二点是提供信息的关键点，它的存在使概念销售的方法明显地超越了单一追求特性与利益的销售规则。我们要说的就是，在你准备推荐产品或服务时，只证明你能胜任工作是永远不够的，你还要向客户提供信息，告诉他你们公司与其他公司之间的差异。这就意味着你必须是一个非常专业和专注的专家。

“差异”为什么重要

采购，正如我们在第 2 章里讲到的，是一次决策的过程。有些采购决策是出于冲动，而有些采购则是经过了长时间的深思熟虑。但归根结底，所有符合逻辑的采购决策，都是思维选择过程后的结果，通过这个过程，购买者确立出“最佳”选择方案。购买者做这个选择过程，有两种方式可以选择。他们可以无秩序地随机选择——靠扔硬币、抽签、或者干脆就是瞎猜；另一种方式是，他们能通过差异性进行挑选——通过一种选择与其他选择之间的明确差异，进行选择。

因为排查和选择的能力是使我们理性化的一部分要素，所以，在这两种决策中进行差异性区分，是目前为止更自然的一种办法。除非一个人根本看不到已知的各种选择方案，否则，他是不会进行随机性的无规律的决策的，特别是对要完成一个本身就存在着潜在风险问题的采购而言。事实上，只要有可能，人们就可以根据差异性进行选择。

现在，想想你最近一次完成的购买决定的情景——你的汽车，一项保险，一个留言通知系统。想想你是如何做出决定，从这个特定的销售人员那里，在一个特定的时间，购买这部汽车、这份保险或者邮件系统的。在做出这样的购买决定前，你不可能只根据黄页信息随机挑选。像大多数信息充分的购买者那样，你肯定首先要作比较。你会先和几家汽车供应商交流，你会和朋友或商业伙伴讨论它们与同类公司的比较，你会向若干家电信公司询问他们的留言系统的情况——所有这些工作，都是因为你要寻找性能或效果上的差异，以便你能做出一个明智的选择。这就是典型的智能化采购。这种方式，也是你要帮助你的客户完成购买决策而提供的信息，其基本目的就是要帮助你的客户发现差别。

向客户提供帮助，是因为他们会自己建立对差别的认识——而这种差别可能对你不利。就这一点，应该多做些说明。

现在，我们假设你是在做地毯生意，你获得了竞标一座新写字楼的分包合同的机会。你是三家候选供应商之一——你并不是三家中最大或最有声望的一个，但你也算是主要的竞争者之一。现在，再让我们假设，你已经进行了必要的基本调查工作，对客户的概念进行了判定，你很自信你的公司能够胜任这项工作；你们公司安装的地毯，能够达到设计要求。现在，你要向客户提供你的产品和服务信息，以便把特定产品和客户的概念连接在一起，并使他获得做出决策必需的所有信息。你可以通过三种方式来完成这个工作。

第一种，你可以把产品特性和服务能力全部展示出来，并希望他们能够自动地发挥作用，使你的客户能够主动地找上门来。换句话说，你可以完全忽视竞争的存在，并充分地自我表达，然后让客户自己做选择。这就是我们所说的，让客户自己做选择，或者叫“购买者寻求差异”方法。这是一种常见但致命的方法。

第二种，你可以全面锁定你的竞争对手，进而设法让客户相信，你的竞争对手能干的，你都能干——你们公司的地毯可以和行业内的任何一家公司一样好。这是我们所说的“我也能”，或者叫“我们和微软公司一样好”的方法。和上面那种忽视了竞争的存在的方法一样，这种方法，其实也是在让客户自己做挑选。在这种情况下，面对着三家没有什么特色、表现一样的公司来说，客户会选哪一家呢？除非他愿意花钱，否则，他一定是找那家最便宜的。要在这样的竞争中得手，你唯一的办法就是把价格做到最低。

第三种，你可以帮助客户进行选择，你的方法是，强调你的与众不同——而且，是和你的客户概念直接相关的那些地方。你用的方法，不是说什么“和他们一样好”之类的话，而是强调你的公司和你个人的能力在哪些方面很独特。比如，也许你的公司能提供每季度的清洁服务计划，而其他的公司不能，或者最近研究出的一个防污的新配方，或者更多的色彩选择等。无论这些东西是什么，这种能使你明显地表现出不同的东西，被我们称为可能的“独一无二的能力”。之所以这么说，是因为一种差异性，只有在客户认为其重要时，才会被认为是差异化的能力——我们在稍后就会谈到这个问题。现在，我们只是在讲，通过向客户提供信息，你在强调你所建议的解决方案的独一无二的能力。这种独特性，能使你区分于竞争者而受益。

严格地说，独一无二并不是绝对的概念，其实它也仅意味着“其中一种”。在销售中，经常会有“独一无二”的情况发生，一些公司提供的产品和服务，与其他的公司所能提供的产品或服务相比，有着明显的差异性。

独一无二的能力

我们关于独一无二的能力的定义，和那种与产品的特性与利益相关联的传统定义，存在着相当的区别。这两种产品信息提供方法的最基本差别是，特性与利益法是从产品出发的，而独一无二能力法，是从客户的概念出发的，它能够使客户自己去把产品和概念相连接。

这是一种微妙但非常关键的区别。特性与利益销售法能很容易就归纳出来每种产品特性代表的对客户的利益，因此，你只要把这种特性充分地宣讲出来，对客户的利益就会顺理成章地在客户面前呈现出来。但是，这种做法，只有在目标对象已经认识到并且接受了这种利益的价值时才会有效——也就是说，只有在其已经成为客户的概念的一部分时，才会有效。比如，T 形牛排口感很嫩的特性，对于一个素食者而言，根本就不算什么“利益”。这也就是为什么除非你已经判定，客户概念的某个方面已经和产品的某种特性产生了关联，否则向客户强行推销任何一款产品的某种无关特性，都是一种必然失败的方法。

独一无二能力法的价值就在于，它是从询问“什么是客户关于解决方案的构想”开始的，然后它还会向下一个逻辑步骤推进。我如何能够独特地针对这种构想沟通呢？特性与利益销售法是从产品开始的（这种方法常常一开始就结束了），而独一无二能力法使你能够寻找到契合点。

还有一个原因，那就是在给予产品信息方面，独一无二能力法比特性与利益销售法更可靠。与竞争对手相比，如果很多特性与利益是相同的，这时你就无法提供真正的差异。你们公司地毯的抗污特性，也许对你的客户有吸引力，但是，如果行业中每家公司都能提供这样的特性，那它就不是独一无二的能力了。

仅仅依靠产品本身，是永远不够的。你必须能够提供产品能力的信息，并且通过这个举动，使你从竞争对手中脱颖而出。在任何一种竞争环境里，你都必须想办法远离那种用陈规老套的方法介绍产品特性的习惯，如“（他能）我也能”之类的方法，因为这些做法会迫使你的客户自己去做选择工作——其结果通常就会是单纯的价格比较，或者片面的问题比较。

事实上，强调独一无二的能力有众多好处，其中之一是，它可以消灭价格竞争，它可以在你的公司不是最低竞价者时，调整游戏规则。

现在，让我们来考虑一个我们客户所遇到的情景吧。金·施耐博克是 TTC 公司的一位资深客户经理。最近，在为一个重要客户的库存问题提供一套软件解决方案时，TTC 公司遭遇了来自客户内部的竞争对手。这位客户的经理层正在考虑取消外包的计划，而改由自己的技术人员在内部自行解决问题。金说："他们对预算问题非常在意，所以，我们必须设法向他们展示，我们可以提供比降低成本更有价值的东西。"

"最后，我们发现这种价值就在于他们正在经历的问题，我们已经非常全面地探讨过了。我们在 TTC 公司的相关业务部，为解决这类存货管理问题已经工作了 14 年。对于客户内部的技术人员而言，如果他们想要达到和我们的程度，需要花上几年而不是几个月的时间。最终，他们要想达到我们的那种高水平，成本肯定会高于我们，而不是比我们低。所以，这一点就成了我们独一无二的能力。我们具备准确执行、快速操作、解决问题的能力，而且我们在和竞争对手同等条件的情况下，具备 14 年的经验。这也是我们能够给客户看到的优势，其他任何人都无法和我们相比。"

有一点需要明确，金所指出的能力本身并不能称为独一无二的能力。但是，它在此时和客户的概念产生了契合，于是就成了具有实际意义的能力。如果客户对每个解决方案构想是不同的——比如，客户完全坚信他们自己的技术人员在有限的时间内能够复制 TTC 公司的能力——那么，那些令人羡慕的工作记录，也就不过是一种好的特性而已了。只有当客户把它看作一种有利于 TTC 公司的差别优势时，它才能成为一项独一无二的能力。

一种可追溯 14 年的行业记录，对 TTC 公司和其他一些增值服务供应公司而言，确实是相当独特的。但是，尽管如此，它也许不是你的独一无二的能力。你能够在很多领域都拥有（和发展）独一无二的能力。我们在上面的图表中，标明了其中最重要的几部分。

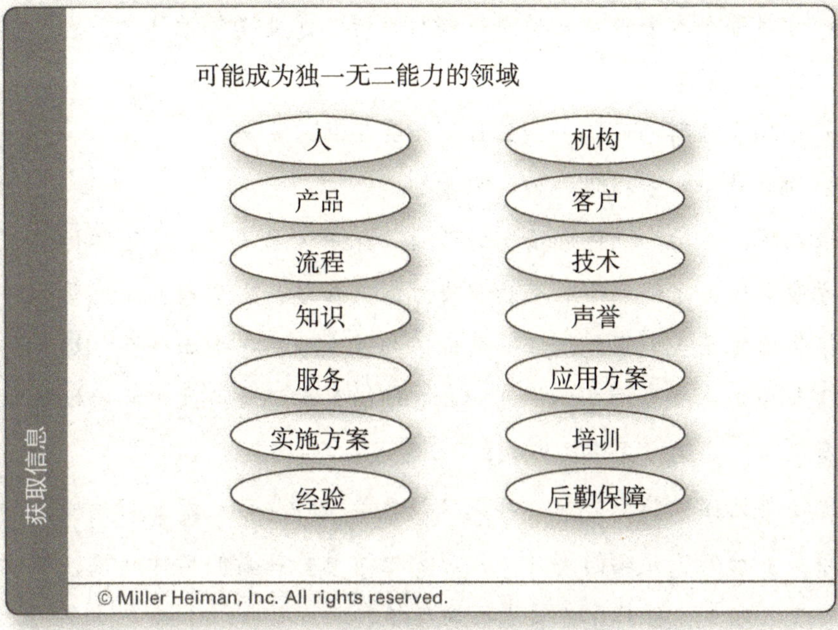

所有这些，都又回到了客户概念的话题上。在销售拜访的给予客户信息阶段，你总是需要从客户期望你的产品或服务所能达到的地方入手。在销售拜访中，在选择你的可能的独特优势并加以强调时，你总是应该从自我提问开始，“这个独特优势是如何应对客户个人需求的呢？”“它如何和他的解决方案构想挂上钩呢？”

为了把这一点聚焦在立竿见影的操作上，我们将在下面提供个人培训练习，对差异和独一无二的能力的定义，进行训练。

培训课件 9 独一无二的能力

首先，在记事本的顶端，写下题目：独一无二的能力。然后，在这个题目下，记录如下信息：

- 你即将要去拜访的客户的姓名。

- 你对那个人和他公司的单一销售目标：想要卖给他什么，卖多少，什么时候卖。
- 你现在理解的和单一销售目标相关联的客户概念。
- 你的竞争对手提供的解决方案。

很显然，最后一点包含猜测的因素。你永远也不可能像了解你自己的解决方案那样去了解竞争对手的解决方案，但是，当你对其一无所知时，你的销售出发点就会很脆弱。如果你不知道竞争对手会卖什么，那你一定要把这部分列为缺失信息的重点，并且通过外部调查或在下一次销售拜访中以新信息提问的方式来予以应对。

你还要记住，其他公司的存在只代表着一种竞争。就如同我们在《新策略销售》一书中介绍的那样，你应该把所有存在着的选择方案，都当作竞争对手。比如，你的竞争对手可能包括：

- 你的客户公司采取内部的解决方案。
- 他们决定把原本用于你的解决方案上的所有预算都挪作他用。
- 他们决定按兵不动。

每当你想卖给某人东西时，你都会告诉他："我能帮助你得到比现在更好的结果。"要得到更好的结果，客户就必须接受你所提供的解决方案所带来的变化——而很多人，都不愿意改变。所以，你永远都要考虑客户的多重选择性——包括他们的现状——这些也都有可能成为你的竞争因素。

一旦你在记事本上记下这些基础信息，利用 15 分钟来集中思考你独一无二的能力。

第 1 步：画出你独一无二能力的结构图表。在你刚刚写出来的题目和相关信息下面，把这个页面分成四栏。在每一栏的第一行写上一个题目，参考我们在下一页的做法。在最左面的一栏中，列上我们在下一页提到过的存在差异的各种可能，在最底下再添上一行"其他"，来概括那些相关但还没有被提及的方面。当你完成这个工作后，你所做的表就会像第 196 页的那个表。

第 2 步：判断你独一无二的能力。现在，以左栏中的内容为向导，在第 2 栏中写下你所拥有的各种独一无二的能力，并且是针对这个客户概念而言的独一无二的能力。在这个过程中，除非你已经获得了这个订单，否则你是无法写满这些科目的每一项的。现在，你所需要做的，就是试图选出几个领域，在这些领域里，你正在为客户提供解决方案，它们与你的竞争对手的方案相比具有明显的差异性，而且在这一点上，你的客户和你达成了共识。

完成这一步，有两个要点：

（1）要避免列出与你的竞争对手的能力没有区别的部分。我们已经讲过“我也能”的销售方式的弊端，不要陷入诸如“和微软公司的一样好”之类的陷阱中去。避免列出诸如“我们优秀的服务能力”或“我们的价格是最便宜的”之类的描述，除非你确实拥有无可挑剔的服务记录或销售价格确实已经比所有人都低了。

（2）始终牢记我们独特的概念要求。你不必把自己拘泥于那些有可能具有差异性的领域，并且非要在这些领域里具有完全的差异性。事实上，“独特”只是一种理想状态。在你为此次销售列出自己的独特能力时，要专注于努力达到这种理想的状态，这种努力会使你远离“我也能”的供应商定位。请记住，要把注意力集中在能够使你超越所有竞争对手的解决方案的“独一无二”的能力上去。

领域	判断你独一无二的能力	“如此这般，那又怎么样？”	证实它
人			
产品			
流程			
服务			
实施方案			
经验机构			
客户			
技术			
声誉			
应用方案			
培训			
后勤保障			
其他			

第 3 步：“如此这般，那又怎么样？” 现在，对于每种你列举出的独一无二的能力，你要换位思考，把自己摆在客户的位置，问自己：“如此这般，那又怎么样？”这个练习，是设计用来作为对你的信息可靠性的第一级测

试工具，而且在我们学员真的去使用它时，它往往能够揭示出信息和现实情况之间存在着的惊人的差距。其实，这就使你通过对客户概念的关注，检验信息的有效性。需要注意的是，尽管你可以罗列出一系列最能打动人的独一无二的能力，但如果这些内容和客户想要的解决方案构想之间没有关联的话，那么这些能力就比毫无用处还糟糕，因为这些东西会吸引你和客户的注意力，使你们无法找到适当的契合。

本次练习，是一个关于每个独一无二的能力和客户的概念之间匹配的练习，所以需要你针对客户提出“如此这般，那又怎么样”的问题时，做出答案并且在本图表的第三栏填入该答案。在这里，你要清晰准确地描述你会如何对客户解释独一无二的能力和其需求之间的关系。

比如，你正在试图向一家大型工业制造商提供一套生产线维护计划。因此你列举了诸如“大幅度降低设备停机时间”“我们对操作员的独特培训计划”之类的能力。你所面对的工厂厂长，确实为设备停机的问题而苦恼，但同时，他也热衷于由自己公司来培训员工。把你自己放在他的位置上，然后针对我们提到的这两个问题，问自己“如此这般，那又怎么样？”你会发现，第一个独一无二的能力——大幅度降低设备停机时间，正好切中他的需求。但是，另一个能力——你培训他的员工——在他眼里，就根本不是什么优势了。如果在他看来这不是什么能力，那么你就不应该向客户提供这类信息了。因此，你可以从纸上划去这个独一无二的能力。

在填写第三栏时，测试栏里留下的独一无二的能力会比前面栏目的内容（或是你曾经想象的数量）要少，但是剩下的一些将更真实有效。它们会更直接地聚焦于把你的产品或服务和个体客户的概念连接在一起的部分，从而使你的销售拜访更加富有成果，

第 4 步：证实它。最后，第 2 步也是很关键的一个测试，就是进一步加强你的清单聚焦程度。在图表的第四栏里，针对每个独一无二的能力，写上一句简短的话，用以证实它对这次销售的价值。一个参加培训的学员

用两句话概括了这项工作，我们现在要求读者也要这样做。在列举出的每个独一无二的能力后，给这两句话写上一个结尾：

- 我们是唯一的……
- 我们之所以不同，是因为……

在这里，回答没有对错之分，你的“证据”也没有必要是煞费苦心的。事实上，它们也不应该是绞尽脑汁的结果。你应该能够非常简短地说出为什么针对这个销售而言它是唯一的，为什么你会与众不同。如果做不到这一点，那你就要好好地考虑一下你真正的独一无二的能力是什么了。

当然，在证实你的解决方案对于你的现实客户的有效性的时候，你并没有必要像我们建议的那样，真的去做这么一张表。你可以通过客户的满意程度来证实你所提供的信息的有效性，其他能达到这种效果的方法还有提供一份书面担保，找专家证言提供关于能力的佐证，或者通过呈现、例证或以前的成功案例等作为证明。如果这些类型的证明都是你平常就向客户提供的，这本身没有问题，你只要把这些证据也都写在第四栏里就行了。比如，你可能说：“我们是唯一一家可以向你提供六个月书面担保的公司。”或者“我们之所以不同，是因为我们过去的成功，我们能向您提供 10 家满意客户的情况，从他们那里证实我们的效果。”

一旦你确信每个潜在的独一无二的能力都和客户的概念相关联，而且一旦你进一步证实了每种独一无二能力的价值时，你可能会把你总结出的独一无二的能力的数量缩减了三四个。这看起来好像说你在下次客户拜访时，只用提供很少数量的信息，但实际上不是。当你把独一无二的能力都判断清楚，并且计划好要着重强调哪些内容时，你已经超越了那些满脑子都装着充实的数据而不知道如何把它们与客户的需求联系在一起的推销员了。向你的客户提供三四个有用的信息，使产品和服务与客户的概念有效地连接在一起后，你的胜算会远远高于靠盲目地罗列一大堆产品特征来吸引客户的推销员。

当然，当你见到客户时，你还会进一步进行询问这些问题，这无疑会进一步暴露出你所获得的信息和实际情况之间的差距，但是也会再次反过来验证你独一无二的能力。这里我们要再次强调这种体系的核心，即理论状态下的销售拜访的三个阶段，通常并不能完全按照 1—2—3 的顺序规则地排列下来。它们显现出的就是一个框架结构，你能够在里面通过提问、倾听和告知来自由和有效地移动。

当你主动而持续地这样进行时，其实你是在用一种被我们称作“合作经营”的方式在进行销售操作。我们在第 2 章谈到客户的自然决策过程时，曾经简短地提到过“合作经营”。现在，是进行更充分探讨的时候了。

第 13 章

使用合作经营法

在第 2 章中，我们讲过在做出购买决策时，人们遵循的是一个自然的思维过程。这个过程是从认识型思维，即了解开始的；然后再到发散型思维，即选择性考虑；最后，以聚敛型思维，即最佳方案的选择过程而结束。在传统销售中，我们认为销售人员经常会违背或忽视购买决策思维的自然进程。在我们建议的销售方法中，合作经营法是一种由销售人员去构造决策思维进程的方法，这种方法可以使客户的决策过程变得非常容易。

以下的图表是一个比较表，它总结了两种方法之间的不同。在这一章里，我们会更多地探讨合作经营法的细节，以揭示它是如何使销售拜访中的获取信息和提供信息连接在一起的，并将其运用于具体销售情景中。我们这里将从明确合作经营的优势开始。

轻装上阵

合作经营法最明显的优势，就是它可以使销售拜访变得更容易。 因为这是一种自然、流畅的方法，使用这种方法的销售人员都说，他们的销售拜访因为合作经营法而变得更加放松，并且具有可预见性。同时也实现了一种精神上的提升，就像吉尼对芝加哥会议的评价一样，他根本不用向那些人做销售，他所要做的，只是使购买过程在客户的组织中变得合乎逻辑而已。

提供信息

比较

合作经营法　　　　传统销售法

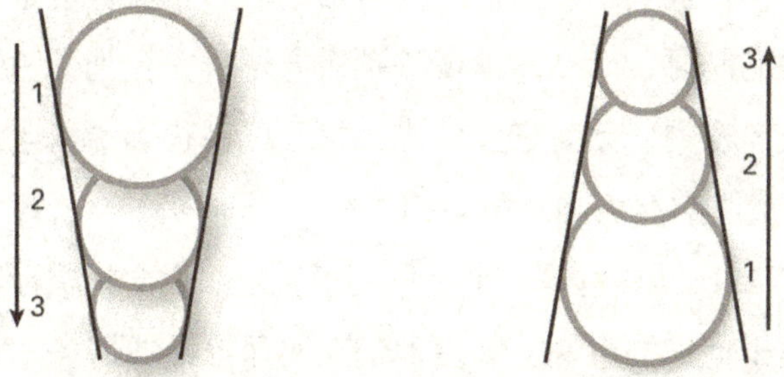

- 询问，学习，探索
- 寻找合适者
- 目标顾客

- 展示，告知，解释
- 假设有需求
- 定位的产品或服务

吉尼的例子是一个典型案例，因为合作经营法是在寻找一种契合——不仅仅是令人兴奋和具有挑战性，而且，它显然会比一味推销产品的方式显得更轻松。很多参加培训的学员也告诉过我们，合作经营法从思想上给人以解放。它把销售人员从传统的推销模式的束缚中释放出来。在去除了负担后，你才得以进行真正的销售，向你的客户提供解决方案。

我们并不是要说，提供解决方案容易是件容易的事，也不是说通过使用合作经营法，你的订单就能从天上掉下来。使用合作经营法的销售人员，和其他所有的人一样，都要努力地工作，但是，他们的工作更有效率。他们投入销售拜访中的能量没有被用错地方，不是用蛮力。他们的能量，都以合乎逻辑和自然的规律在释放着。正如我们的另一位同事所说的："对很多人而言，进行一次销售，就好比踩着刹车开上 100 公里那样难。合作经营法则是把这种刹车装置去掉了。"

客户参与、所有权和承诺

与传统的销售模式相比，合作经营法的另一个优势就是，它促使客户参与解决方案的制订，而产品呈现的销售方法，完全把客户的参与隔绝在外了，这是很糟糕的，因为它会使你自始至终都在唱独角戏，最终悲惨收场。正如一位精明的高级经理所说的那样："人们是不会去抵触自己的想法的。"这句名言的反面，也是一个不争的事实：人们会积极而不遗余力地去抵触那些不属于他们的想法，即便他们购买了产品或服务，从表面上看好像接受了它们。

你在做销售时，如果没有去培养客户的所有权意识，一旦他发现他是被强行销售的，你就会变得很被动。而当你积极地鼓动客户去为决策过程献计献策时，你其实就是允许他参与解决方案构想创造的过程。当一个客户通过这种方式拥有了一个解决方案时，他会为维护它而奋斗的。

这样做的好处也不仅限于此。当你和客户用合作经营的方式共同走过了所有的必要过程后，你就为一种长期的承诺打下了基础，这种关系会远比那些一次性的承诺关系要深厚得多。这里举一个例子。

我们的一个朋友，戴维，在几年前有一项非常复杂的细木工活要做，而他当时聘用的木匠是一个新手。戴维对木匠的工作质量不是很有信心，但后来证明，这个年轻的木匠干得很出色。他知道如何使用锤子和锯子，他还积极主动地把戴维和他妻子都带进了设计和建设工作中去。他反复地和他们商量蓝图设计，邀请他们不断检查工作，并且在每个决策步骤上都要确信他的加工方式和他们脑海里想象的东西一样。当他把最后的东西呈现出来时，那东西就是我们脑海里想象的样子。尽管他做了打磨和修缮，但成品是“我们”的。

这就是所有权。但这只是故事的一半。大约两年以后，这位木匠已经站稳脚跟并在当地小有名气，戴维再次聘用了他。这次的活就不是那么好做了。这时，木匠已经请了三个帮手，其中一个很不靠谱。在第一个项目刚刚过半时，戴维就开始觉察到了工艺上有些明显的缺陷。但是，因为这个木匠和戴维已经通过上次的项目建立了良好的关系，所以他的反应就完全有别于同其他人合作的样子。

戴维对我们说：“如果是别人把那样的东西放在我的房子里，我会立刻就取消合同的。而和吉姆，我和他有过非常好的合作经历，所以我会尽量挽回，以便能继续用他。我直接去找他，给他指出了我的担心，并给了他的公司一个星期的时间来解决问题，这个时间已经比我给任何其他人的都长了。我们共同处理好了这个项目。所以，一些曾经看起来像要完蛋的项目，也可能变成优秀的项目。”

这里的教训是清晰的。把你的客户变成解决方案的一分子，你就为未来做了一笔投资。在概念销售中，客户的参与可以带来客户对解决方案的所有权，而所有权则会带来长期的商业承诺。

合作经营矩阵

合作经营和传统推销之间的区别就在于，前者是在挖掘解决方案，而后者是在强行推销产品。但是，在推崇合作经营法的同时，我们并不是告诉你永远不要去讲产品或服务。为了能把它们和客户的概念联系在一起，在某种程度上，你一定要谈论产品和服务。我们请你注意不要拘泥于讲述的形式。使用合作经营可以使你对销售拜访中出现的情况变得警觉，以便你可以决定什么时候最适合谈论产品特性，什么时候更适合倾听客户的诉说——换句话说，什么时候应该从提供信息转为获取信息。

每次去做销售拜访时，你都有两个基本的任务要完成：首先，你必须要弄懂客户的概念。然后，在适当的时候，必须把产品或服务和客户的概念结合起来。为了完成好这两个任务，你要使用两个基本的谈话模式去获得信息和提供信息。在销售拜访前，如果每次都能花点时间，想想如何搭配这些任务和方法，你就一定能得到最优的结果。我们在下面的合作经营矩阵图中列出了四种可能的组合。

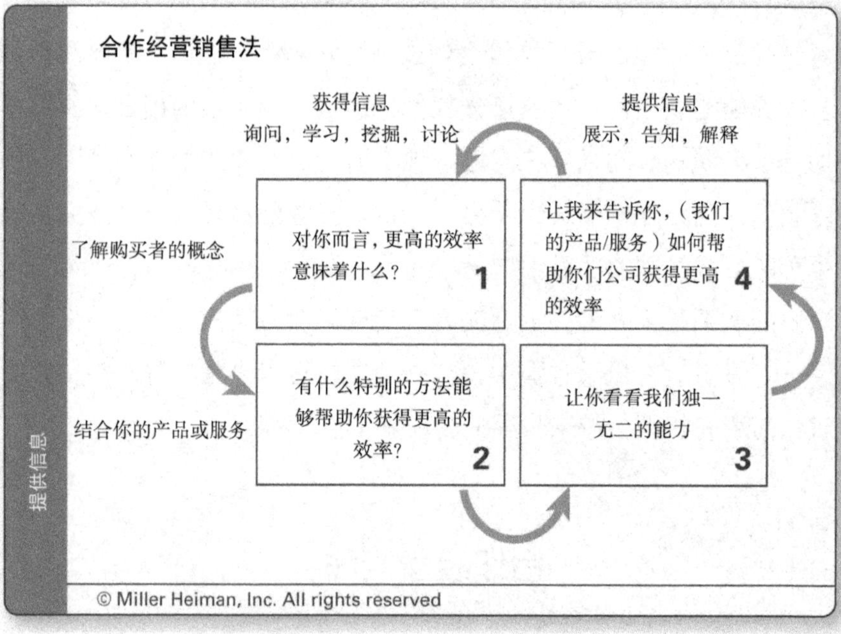

你也许会注意到，从表面看，这个矩阵和前面第 3 章里讲到的双赢矩阵有些相似的地方。这种相似性，只是表面上的。在双赢矩阵中，有一个双赢四分体结构，这是一个你在每次销售中都想达到的地方。而在这里，则没有这样的模块，虽然我们一直在强调要了解客户的概念，要多听少说，但是这不意味着你总能在这个矩阵的左上方模块中。

事实上，你可能从合作经营矩阵中的任何一个地方开始行动，这取决于你处在销售拜访过程的哪个阶段，也取决于你需要获得什么样的信息。由于单一销售目标的时间限定，在情况变化导致信息要求变化时，你可能会进入多个矩阵。我们现在会通过探讨这里面的每个模块来更充分地解释这一点。

第 1 个矩阵模块：概念/获取信息

在销售拜访中的一个特定的点上，当你和客户选择在概念 / 获取信息的矩阵模块位置进行对话时，这其中的要点是强调认知性思维。在这个地方，你用大部分时间来进行提问——客户可能也是这样——因此，你们双方可以就目前的问题、机会和情况都进行充分的沟通和了解。这时，你也是在和客户共同进行探求以发掘客户的需求，并判断你如何提供帮助。在这种情况下，焦点是客户的概念而不是你的产品或服务，但你的问题应该能引发出客户的概念。典型的概念/获取信息的问题提供的不是细节而是一种宏观的图景：如果你会魔法，“萨拉，这个机构未来看起来会是什么样子呢？” 或者“对你而言，更好的效率意味着什么呢？”

首先，了解客户的概念是基础，倾听客户的声音是有效获得客户概念的方法，所以，要确认你对客户的概念的理解程度，而了解客户概念的矩阵模块，通常就是一个合适的出发点。在你不了解客户的时候，这一点非常关键——比如，在一个初次拜访，或者当你不知道客户感兴趣和关心的东西时。在进行客户拜访时，如果出现了信息差距，向概念/获取信息的方向努力，也是恰当的措施。因为概念销售中的所有事情都是始于概念，终于概念。只有通过探索，才能了解客户的概念，所以建议你在每个销售拜访中，都在这个矩阵上花时间。当然，你不能停滞不前。

第 2 个矩阵模块：产品/获取信息

当你为了把产品或服务与客户的概念结合在一起而获取信息时，你就把注意力转移到了要销售的东西上了，但你还是离不开客户的大量参与。这时的问题将会聚焦在产品本身，但它依旧会寻求如何才能使产品与客户的需求结合在一起："你觉得我们的扫描功能能够满足并解决你们的质量控制问题吗？"或者"什么样的功能才能帮助你们获得更高的效率呢？"在这个矩阵中，你也是在挖掘客户对其正在使用的产品或服务的满意度。所以，你虽然已经进入了细节阶段，但是你仍然在不断地检查——询问，发掘，学习——以确认所讨论的每个细节都能满足客户的真正需求。

请注意，此时是以已经了解客户的概念作为前提的，这永远是最首要的。即使你已经走到了旷日持久的销售拜访周期的最后阶段，你也不应该一上来就进行产品展示。理想的方式依旧应该是先进行概念/获取信息的步骤，然后再进入产品/获取信息的阶段，这样你就能针对客户的问题进行更多的细节讨论。

第 3 个矩阵模块：概念 / 提供信息

在此模块时，注意力是集中在客户对产品或服务效果的考虑上，但大量的信息是由你提供的。我们的话听起来有些自相矛盾的感觉，因为我们一直在强调多听的重要性，反而贬低说话的价值。但是，正如我们刚刚指出的，对销售人员而言，说话要恰到好处。只要你不是在完全垄断着销售拜访的整个谈话过程，只要你随时注意着客户的回应，有些时候，你告诉他关于概念的话题，也会是非常适当的方式。

由于客户的概念在定义上就是客户的想法，而不是你的想法，所以我们没有说你应该跟客户聊他自己的概念。你可以利用一种有效的方法——给客户描述和他有着相似概念的客户是如何从你们公司的解决方案中受益的。比如说，你的客户关心流水线的效率。如果你能在这时介绍你曾经做过的一位客户是如何成功地解决流水线的效率问题，那你显然就是在给客户直接讲述一件恰当的事情了："我们在湾城的一位客户两个月前也有你这样的问题，他也想解决的问题是……" 或者 "让我来告诉你，如何做才能获得更高的效率吧！"

这时存在着一种被弄糊涂的可能性。一方面，你在告诉客户，你能做什么。从这一点看，这是一种产品销售方式，因为你注意的是自己公司的解决方案。另一方面，你在把这些解决方案和客户的需要联系在一起；你确实又是在关注客户的概念。请记住你正在试图完成什么比分辨本身更重要。在概念/提供信息的矩阵里，你是在说话，但你需要不停地通过提问来进行检验，你是在用对话来把客户的个体概念和你的产品联系在一起。如果你已经清晰地判断出了客户的概念，你进行呈现和告知的工作就没有任何错误。从某种角度上说，在很多销售拜访里，这也许恰恰就是客户需要听到的内容。

这里存在的一个危险是，人们容易从带有技巧性的第 3 个矩阵模块滑入第 4 个矩阵模块。

第 4 个矩阵模块：产品 / 提供信息

这个矩阵模块，是传统销售的大本营。当你处在这个模块时，你就会被吸引着倒退回传统的销售技巧上去，即把你所知道的关于产品或服务的知识都一股脑抛向客户，把他砸晕后，让他购买。当你进入产品/提供信息阶段时，你会使出看家本领，利用所有杠杆和按钮，能力和马力，安全措施和保障措施，再加上服务优势等来达到销售的目的。无论你是销售飞机零件，还是银行服务，或是查询设备，你所传达的底线信息是一致的。"我来给你装上这个宝贝吧，让我告诉你它运行时有多伟大吧！"

我们前面已经对这种危险的产品推销的销售哲学进行了充分的论述，

而事实上，整个概念销售的教程都是在反对这种做法的。在第 4 章里，在我们着重强调这种方法时，产品推销的方法只有在一种情况下是有效的，那就是你已经认定了客户的真正需求与你要描述的产品功能或利益之间，确实存在着一种契合。很多销售人员都不做这种事前的判断，所以他们其实是在用上面的方法推销。

很显然，我们并不是说用产品/提供信息销售方法就永远是不恰当的。向你的客户介绍产品功能，在对于客户产生发散型思维或是从聚敛型思维过程中挑选最佳方案时，都会是有帮助的。这种方法，肯定会帮助你强调独一无二的能力。还有，如果一个潜在的客户要求你做演示或全盘描述时——他通常会说："让我看看你的呈现吧！"——你就该考虑这样做了。但是，采用这样的销售方法确实会有危险。我们下面就用一个我们自己的故事来进行说明。

第 4 个矩阵模块的陷阱

多年前，在我们刚刚开始我们的培训业务时，一个大型药品公司要求我们做一次产品演示。这项业务的潜力很大，所以我们破天荒地很早就到了会场。当我们走进会议室时，我们发现有八位高级行政人员在等待我们的到来，而其中只有一半是我们见过的。邀请我们来做介绍的是他们公司主管销售的副总裁，他向大家介绍完我们后，就立刻说："好了，你们干吗不来说说你们在做什么呢？"

收到客户的"热情"邀请，我们做好了产品展示的准备。25 分钟里，他们静静地坐在那里，我们尽可能把产品描述详细，解释每项功能是如何匹配他们的业务的，给他们一个堪比好莱坞式的演示方式。这样的"世界级表演"并没有给我们带来生意，我们甚至都没有被邀请进行第二轮沟通。造成这般后果有两个主要原因。

第一，我们没有弄清楚我们汇报的对象是谁。第一个我们应该说的事情是："我们只会见过丹、简、瑞贝卡、安妮。其他同事愿意简要介绍一下您以及您关心的想法吗？"然后我们应该坐回去，应用大量的黄金静默，直到我们知道了他们八位为什么会参加会议，同样，要了解我们为什么参加会议。在了解我们的听众前，我们就一头扎进了产品展示中，这样注定会失败。我们进行了一场"马戏表演"，而对于听众感兴趣的点，我们忽视了，对此我们什么都没有做。

第二，我们完全忽视了客户的概念，而是聚焦在产品展示上。我们提到过，在那时是一个可以接受的方式，因为毕竟是客户要求的。但是，那是一个看似合理的要求，却伴随着巨大的失误。这么做让我们直接进入产品/提供信息的象限中。让我们的整个销售拜访都陷入产品/提供信息的困境，而无法自拔。

结果对于我方而言是巨大的灾难。对方获得了大量我方的运营知识，但是我们对他们却一无所知——他们现有的需求、他们的问题以及与我们会面的原因。当你即将进行整个呈现，却还不知道客户的新情况，那么你得到的将是：什么都没有。

我们从那次经历中学到了一些很有价值的东西：

- 决不要面对一组你不认识的人做关于产品的呈现。如果在你的听众中有对产品感兴趣者，一定要在你开始演示前就找到他，并且要知道他为什么会想看你的演示。
- 即使你只对一个人说，你也不要一上来就讲产品。在每个销售拜访的初期，应该发现情况，了解客户的概念，并且只有在客户清楚地表示已经做好倾听关于产品信息的准备时，才能进入讲解产品的阶段。
- 即使你确信客户已经做好了听取产品信息的准备，也要不断地用各种问题来检验每个阶段的变化情况。"这是我们现在应该讨论的内容吗？"或者"对于你所关心的问题，我说到点子上了吗？"

- 最后，当你发现自己已经陷入了产品/提供信息的窘境时，要立刻停下来获得客户的反馈。即使是你被邀请去做产品讲解时，你也要设法引导客户参与，并使讲解的过程和客户的概念保持关联。

我们讲这些，并不是说这些都是会自然实现的。对大多数销售人员而言，更舒服的是他们自己说话而不是去倾听。另外，传统的销售追求的就是坚持不懈，在很多面对面的场合下，即使客户的概念和产品之间的契合还没有被搞清楚，但似乎都是客户想让你不停地描绘所有产品的亮点。在这种情况下，你必须全力以赴，不断地把谈话重新引导到你想要的方向。

现在，并没有一个确切的办法，准确地针对特定销售拜访的特定时刻，告诉你在哪里才是恰到好处，或者说，你什么时候会陷入第 4 个矩阵模块的险境。但总体的方针是，即使做产品介绍，也最多不要超过五分钟，然后你就要从提供信息阶段进入获取信息阶段，也就是说，这时你一定要开始询问客户，征求他对会谈方向的建议。如果你用了六七分钟的时间讲产品而不去征求反馈，那你已经不知不觉地进入了陷阱。

征求客户的反馈，就是一个经过严谨措辞的提问。它要求你在一个特定的领域进行展开，或者，它也许只是复述一次你已经说过了的内容。无论这种反馈是什么，你需要的都是得到一种客户已经参与会谈的示意——也就是客户已经把会谈看作他自己的会谈了。双赢的模式告诉你和客户，推进业务的进程需要双方分担责任。这也就意味着，你不是仅仅在听从别人的要求“下周五，给我做一个半小时的演示”，你应该争取把整个演示的过程变成一个合作经营的过程。

通过在事前进行思考，推敲如果在销售拜访的过程中出现各种情况时，你应该处在合作经营矩阵中哪个模块位置，你就能决定你的销售过程如何推进，你就能自如地从一个位置移到下一个位置。我们下面就给你这样的机会，让你感受一下它的过程。

培训课件 10　合作经营法

在本培训课件里，你将把合作经营法与你自己的销售活动联系起来。在你正在进行的工作里挑选一个范例，要明确的是，你的销售拜访要有一个明确的单一销售目标。在选好这个目标和这个特定的销售拜访后，在记事本上写下题目“合作经营法”，然后记下你要拜访的那位客户的姓名。你可能需要整整两页纸和大约半个小时来完成这个练习。

第 1 部分：合作经营状态的评估

第 1 步：认识。把自己放在客户的位置，然后用简单的描述，记录对客户情况的认识。你在这里要完成的，就是按照客户的思维方式来考虑问题。参加概念销售培训课程的学员经常会认为，如果他们能够用客户的思维方式来完成下面这些句式，那他们就能对客户的想法有一个更清楚的认识：

- 现在这个时机是对的，因为……
- 今天的情况是……
- 预算是……
- 我需要从……获得批准……
- 我的关键支持者/反对者是……
- 需要完成的一个重要的事情是……

在记事本上将这些句子填写完整。要记住，虽然你是在用客户的思维方式想问题，但是你所记录下来的答案一定还是和你的单一销售目标相关联的。事实上，我们已经把你正在试图使客户支持你的销售目标的事实涵盖了进去。

第 2 步：发散型思维。现在，还是要用客户的思维方式进行思考，设法按照其思路，针对目前的情况，产生出关于解决方案的发散性思考。为了帮助你完成这个步骤，请先完成下面的这些句式：

- 我已经考虑了……
- 另一种解决办法是……
- 我们已经排除了……

按照你认为客户可能会用的方法，来填完这样的句子，并在记事本上记录下完整的句子。

值得注意的是，当潜在的客户考虑选择方案时，他们不仅是看可能采购的范围和可能有的供应者，还会考虑更改现有的流程，即放弃现在的方式——这时，最好的可能性，就是他会依旧停留在现有的模式中。由于这一原因，模式本身就永远成了一种“竞争因素”。你也就必须考虑，在客户权衡各种行动的可能性时，其中有一种行动，就是什么都不做。

第 3 步：聚敛型思维。最后，还是以客户的想法为出发点，思考客户可能会进行的选择过程，并最终聚焦在最佳选择方案上。你可以通过完成下面几个句子来做完这个工作：

- 这个很重要，因为它……
- 这里最后的解决方案将会是……
- 我只有……才会满意。

你还是要在记事本上记录下这些内容。在这一步尤其要注意的是上述内容和你的单一销售目标的结合的程度。如果客户的聚敛性思维和你试图实现的目标在某种形式下没有获得很好的关联，那么很可能是你和客户在前面的思考过程中，有些地方没有想到。这一点，可能会有助于你再次回顾一下过程中的认知阶段，并看看在这一销售环节中，你是否清楚地理解了客户的概念，或者这一概念是否跟你的目标有很好的结合。

第2部分：合作经营矩阵

现在，你需要重新回顾一下你和客户的交往历史，并判断下一次销售拜访时，客户希望从哪里入手。

第4步：判断你处于哪一个合作经营矩阵模块。思考你上一次拜访客户的情况。你上次拜访后，到了什么地方了？或者，在四个矩阵模块中，你上次在哪个部分花的时间最多？在判断你最近一次销售拜访所在的矩阵位置时，可以使用下面的指引：

- 如果你用了大部分时间提问、讨论选择方案，以判断客户的概念，你就很可能是在概念/获取信息的模块里。
- 如果你花了大部分时间去展示你的产品或服务可以如何去解决客户的问题，你就是在产品/获取信息的模块里。
- 如果你用了大部分时间来阐明很多其他客户使用该方法来解决类似他所面临的问题，那你就是在概念/提供信息模块里。
- 如果你用了大部分时间谈论产品或服务是如何起作用的，你就是在产品/提供信息模块里。

在记事本上写下“上一次拜访”，然后在后面写下你用得最多的合作经营矩阵模块的名字。你现在做的这项工作，就是明确你最新的位置，以便更客观地计划你下一次想要达到的目标。

第5步：目前客户的位置在哪里？思考客户在上次你拜访后，他现在到了哪个位置了？问自己几个问题：

- 客户现在对问题的解决方案是如何构想的？
- 现在，客户是怎样理解我的产品或服务与解决方案之间的关系的？就我的产品或服务与其需要解决的问题之间的关系而言，他现在得到了什么样的信息？
- 为了能够做出一个明智的采购决定，他现在还需要什么样的信息？
- 根据上次拜访的积极结果，客户希望我们从合作经营矩阵的哪一个模块入手开始下一次销售拜访？

我们要求你判断客户在想什么，但并不会有所谓正确的答案。我们的目的是要让你考虑一下客户现在在哪个阶段，以便你能够把注意力集中在这些地方，并考虑一下就他的想法，你还有什么没想到的。记下所有你想要的，整理一下你所理解的情况。如果你对这些问题还没有答案，记下它们。

第 6 步：筹划下一次拜访。一旦确定了你和客户在上次会谈后所达到的地方，你就可以制定出下次拜访的合作经营矩阵了。请记住，你应该能够清醒地指出你处在这个矩阵之中的哪个位置。所以，如果在下一次拜访时，你能够在拜访结束前判断出你和客户处在哪个位置，那么比起现在的位置，你们就距离实现双赢的结果更近了。

在开始时，你要先记下上次结束会谈时客户的位置，以及他希望下次拜访开始的位置。这也是你想要开始的地方吗？如果是，写下一个确认类问题，这就是你在下次拜访开始时能够问的问题，其目的是确认你们两个是不是在步调上保持一致。如果不是，那么你就要起草一份提问清单，以便能找到为什么你们无法保持步调一致的原因。这时你要做的，就是针对矩阵里的每个模块，都提出两三个需要客户回答的问题。

无论你写下的问题是什么，你都要清楚地确认，这个问题可以使你在当前所处的位置得到最好的帮助，以便你能更好地理解客户的概念。你还要确认，无论你的问题是什么，它都应该能帮助你以双赢的方式管理这次销售拜访。

这就是使用合作经营法的方法。你应该管理销售拜访，而不是命令或主宰或强行推动它。好的销售，也叫管理，这就和所有种类的卓越管理一样，要去持续地精心呵护所有参与者的需求，以便产生出合作经营的效果。只有这样，你才能和客户一同走到销售的最后环节，并达到共识与共情，知悉你们双方是如何共同走来的。

这里又回到了“概念”。无论你准备在某个矩阵模块位置上花多少销售拜访的时间，也无论你为了从一个模块到另一个模块而起草了什么样的问题，最基本的一点请记住，在双赢的销售机制里，客户是被鼓励来按照他们自己的原因而购买的。

在要求你用合作经营矩阵的方式来进行下次销售拜访的演练时，我们实际上是在告诉你，不仅应该估计出你想达到哪里，而且你应该管理销售拜访，以便你的客户可以和你处在同一个地方，从而能够以最有效率的方式走过决策过程。要进行事前销售拜访准备的最根本的原因，就是当销售拜访结束时，无论你是在该矩阵的哪一个模块，你和客户都会是向着一个双赢的结局前进的。

当然，要想实现双赢，你们就需要相互承诺。这也就是为什么每个销售拜访的第三个阶段，都是获得承诺，这既是当下的成功，也是长久成功的基础。我们下一步就要探讨一下销售的第三个阶段：承诺。

第 5 部分

销售拜访：获得承诺

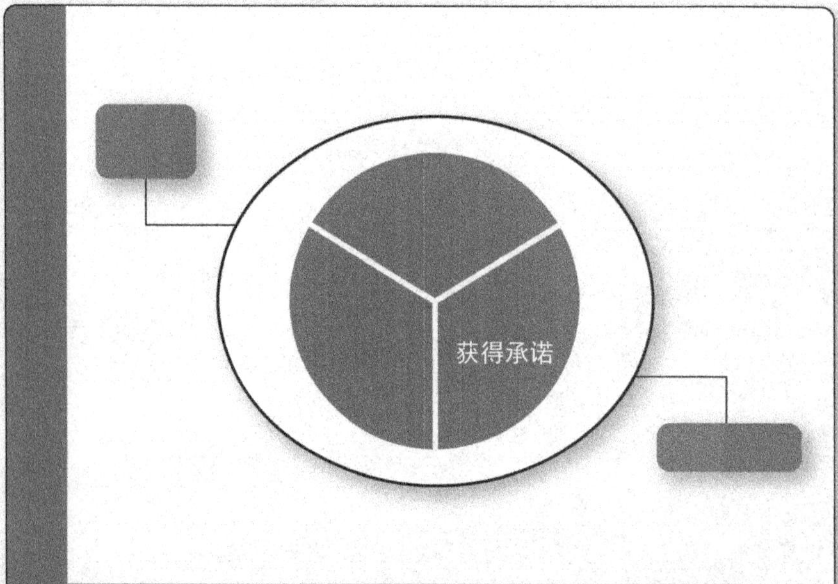
获得承诺

第 14 章

关系不等于承诺

今天，对于销售型组织而言，一次面对面的销售拜访的平均成本大约是 1 000 美元。成本包括了诸如交通和住宿等一些项目，它在过去的 10 年里已经大幅度地攀升了，这也是为什么众多销售组织开始转向了成本更低的销售方式，如电话销售和网络营销等。

但是，至今没有能完全替代面对面销售的方式，因为这种面对面的销售方式能够获得预期的销售额，所以它仍然是主流销售方式。但对于专业销售的人员而言，如何最充分地利用他们的时间和资源，从每次销售拜访中获得最好的回报呢?

对于价值 1 000 美元的销售拜访来说，那些有效控制成本的公司，显然都会增加对销售人员的重视和关注，注意他们如何使用那些宝贵的销售时间。今天，成功的销售拜访来就是要确保住你每次走出去，都能带回一些有价值的内容。这些内容，意味着你花掉的些时间和金钱。正如我们早些时候讲的那样，有些东西不见得必须是订单。由于业务本身的特性，有些销售人员确实可以在第一次拜访中就获得订单，但对于大多数人并不是。你每次必须拿到的是一种可以测量的行动承诺。

重访承诺：核心思想

正如我们在第 6 章里所说的，你去做一次销售拜访，就是在以承诺的方式，为了一个可能的买卖关系，付出了你自己和公司的时间和资源。在这种关系里，你不应该是唯一付出的一方。除非客户也做出承诺，否则你们就不会拥有一种双赢的关系。

在对新客户做第一次拜访时，你除了自己做承诺外，别无选择。如果你希望完成项目，你就必须先付出那 1 000 美元的代价，而且你必须愿意冒险，即你不能保证客户一定会做出某种承诺。但是，这应该是你第一次也是唯一一次单向风险的销售活动。这是启动性拜访，以后的拜访必须以客户同意做出推进销售向前的示意才能算结束。换句话说，客户必须知道，如果他们正在考虑和你做生意，那就没有免费的午餐。

有些含含糊糊的表达，诸如“考虑一下这个建议吧”或者“下个月我再找你”之类的话，并不是承诺的表达。在每次拜访结束之前，你想要的东西，是客户承诺在一个特定时间之前同意做某件事情，比如，“我会把你的建议在本周五之前提交给计划委员会”或者“在我有机会重新审阅这些数字前，我希望我能够和你在这个月底前再见一次，讨论一下我们预算上的要求”。具体的行动、具体的日期，不是一个泛泛的“某时”或“很快”。

这种承诺可以是一种高级的承诺，也就是我们所定义的最佳行动承诺，也可以是一种初步的承诺、最低行动承诺，或者也许是两者兼有。但是，无论客户同意做出哪种程度的承诺，毋庸置疑它都应该指示出他是愿意花费他公司的时间和资源的。如果事情不是这样，那就是你要自己去承担一切了。对你而言，或早或晚，都会是一个输的结果。

递进的承诺

你从每次销售拜访中获得承诺，只是开始。由于在整个销售过程里，你的时间和能量的消耗在增加，客户的承诺程度也必须是递进的。如果承诺不是相互的和递进的，你就是在自说自话。

在销售之初，客户的承诺可能会是比较谦恭的。如果你是第一次拜访斯泰安先生，而他给了你一些关于他们组织的需求信息，并同意和你以及其他一些关键人员再次见面，你可能会比较满意。如果是刚刚开始，得到这些比较低水平的承诺，没有什么错误。但当你再次去拜访斯泰安先生时，你是要解决他所关心的关于担保结构的问题，而你又花了一小时来设法聚焦在他的概念上，这时，他对你的第二次销售拜访的承诺就应该更进一步了。在这次拜访结束时，你可能又花了公司的 1 000 美元和一些时间，这次要从斯泰安先生那里获得些干货了。

如果你已经做了几个月的努力，你可能已经陷入了销售的停滞状态——那些你永远无法获得承诺的一个接一个的销售拜访，你不知道还要多久才能拿到生意，或者客户准备“给你生意”。你见这个人可能四五次了，你们似乎也处得不错。他也看了你的资料，也“考虑”了你的话，你也请他吃了几次午餐，你们的谈话也一直是愉快的，但是，整个事情却好像毫无进展。

每个发现自己陷入这种情况的销售人员，通常的办法都是让事情就这么发展下去——把这种愉快而没有任何投入的客户，放在炉子上保温，时不时地去看看，寄希望于能发生什么突破而拿到生意。

忘了这种方法吧。这种情况，就是被麦克·乔易斯称作“室友关系”的方法。麦克·乔易斯为米勒·黑曼公司做了几年的销售工作，他对这种情况的用词十分精准。无论你把“室友关系”看成社交活动还是一种抛出诱饵的过程，都是不对的。你可能和他们的关系很好，但你做销售拜访的目的是希望成为他的“室友”吗？在你用资源设法诱使他咬钩时，你就是在用传统的“输—赢”型销售方式，一种操纵客户的态度的方式。麦克的比喻，恰当地描述了这两种情况。在讲述所观察到的获得承诺的目标时，他的措辞也很好。你不能把这想成某种特殊的东西，获得承诺是整个销售拜访的关键，当你没有得到时，你就应该意识到，一定有什么地方出了问题。

唯一一个确保你不陷入室友情节的方法，就是要争取在每次出去做销售拜访时，都获得递进的承诺。如果一个潜在的客户在要一个建议，你尤其要记住这一点。

我们经常会发现，很多销售人员在承诺提交一份建议书后，常常没有要求一个特定的回应行动。当然，你知道你要花多长时间才能完成一份建议书。你是不可能一边解决第 19 个问题，一边用半个小时就完成这样的工作量的。所以，如果客户在销售拜访结束的时候告诉你：“听起来不错，你干吗不给我送份建议书呢？”你完全可以立刻回答说：“我非常愿意这样做，你收到这份建议书后，下一步准备做什么呢？”换句话的意思是：“你准备用这份建议书做什么呢？”如果不去索取这样的承诺，那就意味着你正在使自己走向失败。

这里的基础是时间。每位销售人员最有价值的资源就是时间，这不是泛指的时间，而是你实际花在和潜在客户及与客户面对面交流的时间。所有人的时间都不够用——当然时间也就不能被滥用。当你同意为一个客户投入你的时间而不要求回报时，你就是在告诉他：“我的时间不像你的时间那么有价值。如果你能给我这单生意，我会做所需要的所有事情。”如果你和客户之间建立的是这样的关系，即使你获得了业务，和这个人做生意，你也会输掉的。

承诺类问题

我们说过，承诺不是免费的，也不是自动的。如果你想在每个销售拜访中都得到承诺，你就必须去索取。索取的方式，可以用各种提问的方式来表达。

对于每位职业销售人员而言，索要承诺类问题，是世界上最自然的事情了。在传统销售培训中，主要的培训方法就是向销售人员展示最单纯的“索要订单”的方法。但是，当我们谈到承诺时，我们并不只是在说索要订单。

在一个好的销售过程里，你应该通过一系列递进的步骤，尽量把销售推向双赢的承诺。而获得订单，只是承诺的最后见证——如果你没有能在前面的每次销售拜访中，确保向客户提供持续的向前推进的证据，你就不可能得到最后的见证。这也是我们为什么要强调，承诺必须是递进的原因。

因为它是递进的，所以从一个销售拜访到另一个，承诺的程度可能存在着差异。而承诺类问题的目的，正如我们定义的那样，它能表明你自己在销售过程中的具体程度，同时，它也使你从这里向着下一个更高的水平前进。

一个好的承诺类问题所起到的作用，不仅仅是让你向签下订单前进，它还能告诉你距离完成订单还有多远，告诉你在什么时间做什么事，告诉你在哪些方面还要去挖掘客户的概念，以便确保你能获得必要的递进承诺。承诺类问题的作用很像罗盘，它为你指示现在的位置，指示行动的角度和方向。

承诺类问题

目的：

- 获得购买方的行动承诺
- 判断销售进程的阶段
- 推进销售进程

什么时候使用

- 在每个销售拜访结束时

获取承诺

何时使用承诺类问题

承诺类问题通常在销售拜访结束或即将结束时使用，这样能够起到良好的作用。比如，在我们前面讲到的那次芝加哥吉尼的销售拜访中，在吉尼确认了制造商的问题，并询问了新的信息和态度类问题后，他明确了他对这些问题的理解，他在拜访结束时说：“我们现在是不是达成了一致，同意下一个合乎逻辑的步骤就是由你们制定一个日期，然后我们能够调查一下你们现在的饮食服务现状，分析一下现在的运营情况呢？” 这个问题有承前启后的效果，它总结了他对会议的理解——吉尼的公司将作为对方考虑合作的首选公司——并且，它明确地表示出来，下一步做什么才能推动销售进程向前发展。

但是，要注意的是问承诺类问题的时间是在销售拜访结束时。在你需要确认一下你现在的位置时，提一个承诺类问题是很适当的。而且询问这类问题的好处是，你可以避免在到了合同阶段才发现出了问题，或财务部的某个人恨你的公司，或在他们对你的建议做出最后决定之前，还要再经过复议委员会的讨论。

我们在第 10 章里已经讲过，你不应该按照我们所列举的问题顺序 1—2—3—4—5 来进行问题编排，这种生硬的思维顺序是循规蹈矩式销售的谬误。每当你在个案中发现你不清楚现在所处的位置，或是你不确定需要做什么才能把销售进程向前推进时——你就应该向客户询问承诺类的问题了。

承诺类问题的表达

承诺类问题里一些最适当的措辞，就是那些和未来的努力相关联的用词——如决定、计划、排时间、建议等动词——它们构造出一种焦点，集中在还需要做什么样的工作，才能保持向双赢的推进。我们在下表中给出了一些例子。

像确认类问题一样，承诺类问题可以用描述加问题的组合方式有效地表达出来。比如，吉尼的承诺类问题，就可以这样表达："似乎下一个合乎逻辑的步骤，就是我们来调查一下现状，并且分析运营情况。我们现在是不是达成一致意见，您能为此订立一个日期吗？"

这里需要记住一个关键点：承诺类问题涉及未来的努力，是指客户的努力，而不仅仅是你自己的努力。一个好的承诺类问题，聚焦的是客户必须做的事情，或是涉及把销售过程向前推进的事情，如"计划批准它吗""你会定下一个日子吗"。

相互承诺

承诺是相互的。这也是为什么我们会强调要让客户做一些事情。显然，有很多事情是要销售人员做的，如果你需要这笔生意，你就要投入地去做这些事情。你所不知道的是，你的客户也要承诺为了推进销售进程而努力。如果你没有在销售拜访中获得任何行动承诺，你期待能管理好每个销售进程使之达到双赢的结局，那是不现实的。

如果你和哈克先生只谈了 20 分钟，他似乎也很喜欢你的总体呈现，但他只是说：“什么时候给我电话吧。”那么，你可以把这事先忘了。承诺意味着一个时间，一个具体的工作安排时间表。它意味着哈克先生对你的呈现有足够的兴趣，并希望在将来和你一起合作，向前推进这个销售。如果他不愿意做出承诺，你就应该考虑和销售经理探讨一下这种情况，以判断是否还值得再拜访他一次。

获取承诺

承诺类问题的关键词

决定	直接	时间表
断定	建议	提供
推荐	同意	导致

用“计划”一词时要谨慎
计划不是一种行动承诺
一个计划必须是一个具体的行动结果并且和时间进程相关联

在了解了这一点后，现在可以进入下一个培训课件。你可以为即将到来的销售拜访，起草一个承诺类问题清单。

培训课件 11　承诺类问题

在这个培训课件里，你将在第 6 章所做的计划里加上一部分内容，那个计划是关于行动承诺的。所以，把记事本翻到那一页。先花几分钟时间回顾一下在那里写了些什么，特别要注意这位客户在以前的销售拜访中向你展示出的承诺程度。然后，确保下一个销售拜访能获得递进承诺的方法，来开发几个适当的承诺类问题。

第 1 步：回顾你的行动承诺。在培训课件 4 里，你为这次销售拜访，制定了一个最佳行动承诺和一个最低行动承诺。现在，再看看这些行动。然后，针对即将到来的销售拜访，要确保以下几点：

- 每个承诺都是具体的。
- 它聚焦在客户要做什么，而不是你要怎样。
- 一旦实现，它可以用文字明确地予以记录。
- 按照现在你所理解的情景，从客户的角度出发，它是可实现的。

如果你的行动承诺，不能完全满足这四个指标，那么就要考虑如何修改它们了。

第 2 步：写下相应的承诺类问题。在行动承诺课件里，写下最佳行动承诺和最低行动承诺。现在，针对这两个可能的行动，起草并写下经过仔细措辞的承诺类问题来。记住，一个好的承诺类问题，不一定能判断客户是否愿意采取你所定义的那种具体的行动，但它至少能够判断，他是否愿意把销售进程向着双赢的方向推进。

第 3 步：检验问题。一个好的承诺类问题，应该是可以用“是”或“不是”来回答的。你起草的问题是这样吗？针对你起草的每个承诺类问题，问自己以下这些问题：

- 这个问题和行动承诺匹配吗？也就是说，如果客户回答“是”，那他是不是就承诺了要兑现我的最佳承诺或者我的最低行动承诺呢？
- 这个问题是不是在要求客户做一个合理的行动呢？也就是说，我是不是在要求客户承诺去做一件他能做、也会去做的事？
- 这个问题，是不是为这个行动承诺指定了一个具体的完成日期呢？

如果你无法用“是”来回答这三个问题，那这就不是真正的承诺类问题。如果需要，用我们给出的那些关键词，再修改一下。完成最后一步后，你应该有两个有效的提问可以在你的下一次销售拜访中使用，以帮助你判断在销售中的位置，并向前推进销售。

何时能获得承诺

如果你的客户除了说“考虑一下，然后再找您”外，就是不同意做任何其他实质性的动作，你怎么办呢？每个遇到销售进展好像陷入泥潭的人，都会觉得一筹莫展，觉得无论做什么、说什么也没有用了。销售人员也有上百万个理由告诉你为什么这种事情会发生：“我想可能是时机不对”“我们的价格一定是太高了”“他们的竞争力很强”“这个家伙非常固执，他就是不看原因”，还有一种我们喜欢的托词，“这是政治”。

这些借口都是销售人员的主观意识。有时，他们确实说到点子上了，但大多数时候，情况完全不是这样。他们不会说销售会放缓的真正原因。无论借口是什么样的，也无论情况特殊到什么程度，总会有一个原因才造成一个人不做出承诺。那就是因为，他认为在接受你的解决方案时，他会受到个人的损失，或者他看不到赢的希望。

你可以拥有世界上最好的产品，它可以满足一个人的真正需求；你也可以花上整个预算的一半来请他吃饭——但这些都可能是徒劳的，只要他不相信在和你进行的交易中，能有他个人的赢。在每个销售进程迟滞的案子中可以是因为固执、困难、对价格敏感的客户，而这些不情愿，都可以翻译成同一个观点："我在这个销售中，没有看到我自己的利益。"

由于客户的损失或者"输一赢"的观点可以被理解成是普遍的销售死结，所以能够意识到客户正在"输"的信号，在销售管理中是十分有价值的。作为一名销售人员，你能够越早地捕捉到并应对客户的这种"输"的感觉，你就能越早地把销售向前推进。在达到目的以前，你都要不断地为客户的各种反应寻求依据。

这也是为什么说，挖掘客户的挫折感是获得承诺的一个基本步骤。在概念销售中，我们把挖掘过程定义在了一个非常特殊的术语里。我们说，只要一个客户认为他是在输，就会涉及下一章我们即将探讨的基本问题。

第 15 章

这不是“反对意见”

对每位客户而言，一个基本问题是，任何个人化的感觉都可能导致他认为“我正在遭受损失（输掉）”。这一结论，请注意这里有一个词：“个人化”。个人化问题的含义是，它并不是有形的、可以量化的、有目标的，不是那种可以等在那里、不受销售人员左右的。它产生自深深埋藏于客户个人的亲身经历和价值观之中。所以，这类问题无法被规避。

事实上，客户的个人化问题和反对意见，虽然都会阻碍销售的进程，但它们是两个截然不同的问题。个人化问题，不过是个潜在的表现形式，或者更准确地说，客户的抵触情绪源自潜在的个人感受，而其反对行为，是一种可见的效果。当某人产生了问题时，他总是会给你一个信号：某种潜藏的东西正在困扰着他。这种东西就是个人化问题。

另一个个人化问题和反对意见之间的不同是，反对意见通常是某种关于产品、服务、实施方式等所产生出的一些可触及的内容，而个人化问题则只和客户的期待——概念——有关。他们的不满情绪，可能会涉及你本人、你的建议、你的公司，或者一些显然和销售没有什么关系的东西。但是，无论它们表面上如何专注在哪一点上，个人化问题和所有的思想一样，是有针对性的、无形的，是个人化的。

因此，克服一种反对意见与应付客户的个人化问题，是完全不同的两回事。这种差异性，一点也不比原因与结果的差异性小。那些能持续获得双赢结果的销售人员，从来都不是只想要结果的那一类人。他们知道，认真处理客户的各种问题，不仅是获得承诺的基础，而且是赢得长期生意关系的基础。

可能存在的个人化问题

- 失去权力
- 失去控制
- 减少轻松的时间
- 没有提供技能训练
- 降低个人的效率
- 没能被看作问题解决者
- 缺乏认同感
- 循规蹈矩
- 安全感缺失
- 被误解为反对者
- 在这里没有创意
- 被看作配角
- 丧失信用
- 丧失选择的自由
- 被认为抄袭
- 降低责任
- 丧失自尊
- 与家人相处的时间减少

在上面的清单中，我们列举出了一些你可能会在销售拜访中遇到的客户可能存在的个人化问题。当然，这些问题，只不过是一些例子，因为这类个人化问题本身是没有边界的。但是，这里的例子应该足以让你明白个人化问题的含义了。这个清单告诉我们个人化问题能起什么作用，这是我们要记住这些问题的基本目的，也是为什么这些问题的解决如此之难的原因。在这里，有两点值得进一步被强调。

第一，永远不要去评判个人化问题的对错。个人化问题是人们的某种感觉，深埋于心，是一种和你一起工作的感觉。我们有方法来分析、讨论这种感觉以及如何与之相处开展工作，但是，有一件事情是你永远不应该做的，那就是否定它们。在众多失败的案例中，我们知道有一种非常有效的失败方法，就是直白地告诉他："你不应该有这样的感觉。"

第二，永远不要假设你知道了客户的个人化问题是什么。由于"我正在遭受损失"的观点和无承诺行为总是联系在一起的，所以在你不能得到承诺时，假设有某种个人化问题与此相关是比较安全的选择。但是，如果这时你就认为自己知道是什么问题了，那就可能会产生灾难性的后果。比如，你认为富兰克林先生是在担心他自己会失去权力，而实际上他是在担心家庭，这时如果你是去应对他对权力的担心，那你就只是在浪费时间了。这个例子要讲的就是销售人员可能会混淆潜在的个人化问题与真实的个人化问题。这也是我们为什么要强调"无假设"原则，为什么说分辨具体的个人化问题对于获得承诺来说是非常重要的。

个人化问题的信号

在你能识别个人化问题之前，你需要能够预先知道个人化问题的存在——换句话说，要认识到客户什么时候感觉他正在"遭受损失"。你通过注意个人化问题的信号，可以识别这样的动态。请看下图。

获取承诺

个人化问题的信号

- 犹豫
- 疑问的态度
- 重复反对意见
- 不作承诺
- 争论
- 消极抵触

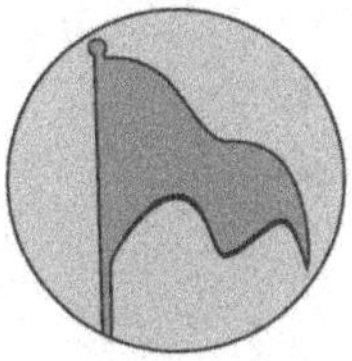

以上这些信号，不需要做什么解释，相信大家能够明白我们为什么会说一个犹豫或者与你争论的客户，是有个人化问题的客户。关于这份清单，有一点是无法自己看明白的，那就是，沿着清单的顺序向下走，严重性在不断地增加，获得订单的可能性也在下降。如果你是在面对一位还在犹豫的客户，在情况恶化之前，你可能还有时间来识别和解决他的个人化问题。而当你遇到争论型或消极抵触型的客户时，你就不太可能挽回了。总体上说，一旦客户回应的内容出现重复反对意见的阶段，情况往往会变得更加恶化。

你需要问一个特定类型的问题，以探询客户潜藏的、认为他自己会遭受损失的原因。我们把这第五类问题，称作个人化问题类提问。

个人化问题类提问

个人化问题类提问，就是一个特别处理了的承诺类问题。 正如我们的一位客户丝黛芬尼最近向我们指出的那样，个人化问题类提问寻求的是揭示负面感觉，所以它们也可以被看作一种态度类提问。如同对态度类提问一样，很多销售人员在进行这种个人化问题类提问时，也感到很不熟悉和很不舒服。他们甚至可能会因为不习惯这种做法而羞于提出这样的问题。

在第 14 章描述的承诺类问题里，我们讲过这类问题的目的，是显示出你现在处在销售阶段的哪个位置，你应该再做哪些工作把销售进程向前推进。个人化问题类提问，也是在做这样的工作，只不过它是在遭遇到客户的抵触时的提问。个人化问题类提问，有双重的目的。它们可以帮助你了解造成客户感觉上遭受损失的原因，同时它们也可以帮助你揭示出那些还需要做的工作，以便转败为胜。

个人化问题类提问的表达

无论你如何看待个人化问题类提问，它们都是被用来揭示导致客户的抵触原因的。这一点，应该在提问时，从你的措辞中得到体现。由于你是在试图从潜在区域提炼出一些信息，这时用一些关键字，诸如怀疑、疑惑和不清楚等就是比较适当的。请见下面的更多举例。

什么时候使用个人化问题类提问?

应该什么时候使用个人化问题类提问呢? 就是在你问一个承诺类问题，得到了一个出乎意料的答案“不”时，但这仅仅是其中的一种情况。事实上，在销售拜访中，在你感觉到客户处于“我正在遭受损失”的思维模式下时，你就应该问这类问题了。只要你发现个人化问题的信号，无论它还多么细小，你都应该立刻开始提问，寻求原因，以避免未来的麻烦。在销售拜访中，这么做越早越好。

当然，即使应对迟了，也比不做强。另一个比较常见的提出此类问题的时机，就是在销售拜访结束时，在你感觉到整个拜访里，哪个地方好像出了差错。每个销售拜访结束时，你都应该了解在下一次销售拜访之前，客户会做些什么样的承诺。在销售拜访结束时，使用个人化问题类提问可以很好地发现现有承诺的程度。这种方法使你在和客户进行有效沟通后，你要走出客户的大门时，你的客户不仅可以知道你要为他做什么，而且还知道他将要为你做什么。

获取信息

个人化问题类提问

目的：

- 发现未识别到的问题
- 发现销售进程停滞的原因

什么时候使用

- 购买者对一个承诺类问题“没有”回应
- 遭遇个人化问题的信号

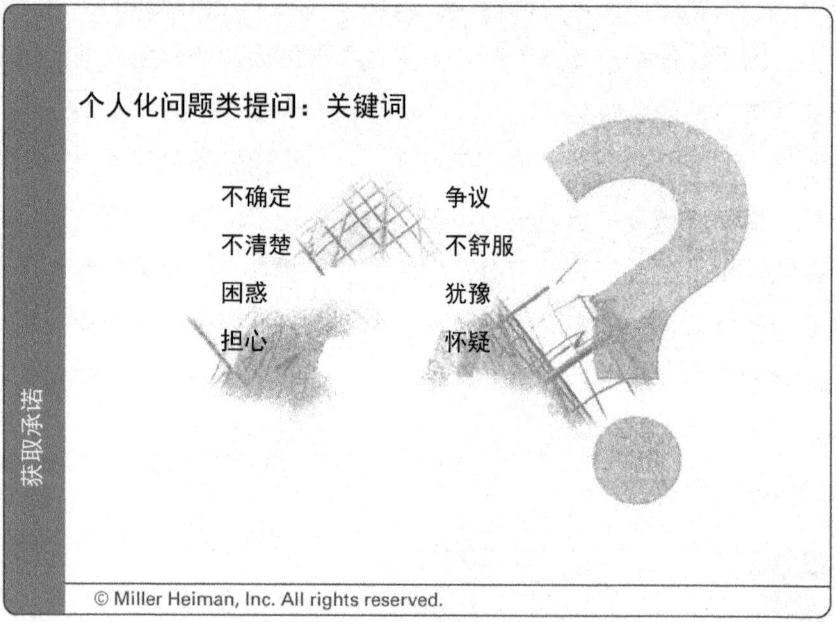

“失控的销售”

在你揭示出了一种个人化问题后，你要为客户做的显而易见要包括一种理解和试图解决的努力。我们会在个人化问题的培训课件里更多地谈到这个话题。最基本的一点是，当一个个人化问题浮现出来时，你唯一可以选择的方法，就是迎着客户的“遭受损失”的观点，设法解决它。

如果你不能做，或者没有权力做，或者不懂得如何做，那么最聪明的办法，就是告诉你的客户，你已经知道了他的问题，你也有责任找到对应的解决办法，但你没有能力立刻就提供出来。“让我来想办法解决它，莉萨，”你可以说，“一旦我找到这类问题的能够使你更舒服些的答案，我会立刻来找你的。”

传统方法教授出来的销售人员很少这么做。他们会忽视个人化问题的信号，寄希望于它们能自动消失，或者，他们会在一种错误的假设情况下，随机地应付着浮现出来的反对意见。这是一种自杀的战术，因为它会使你知道的比你应该知道的还要少，而这些信息，正是你控制千变万化的销售拜访的工具。个人利益类提问只是在探索缺失的信息，当你有了缺失信息时，你的位置其实比那些根本没有任何信息的销售人员还要糟糕。

你能够在不解决个人化问题的情况下，就做成一笔生意吗？当然，销售人员可以在忽视客户疑惑的情况下，或是在客户表示反对的情况下，完成订单。但不是所有的客户，都能明智地掌控他们自己的个人化问题。通常，一位客户只会模模糊糊地感觉到不确定或不满，可是不能分析出导致这种感觉的原因。一个拿到订单就走的销售人员，也能帮助客户去忽视这样的感觉。

但是，这种销售的长期结果就不一定会好。特别是再过两周或两个月，当客户发现该产品并不能解决他的问题时，或者由于他的这次采购，丧失了同事对他的信任，或者买了东西之后，他的工作更不好做了——简而言之，这次购买可能变成他的个人化损失。

即使客户没有向工厂退货或者使你的客户服务理经遭受噩梦般的投诉，他至少也可以做到再也不和你做生意了。最糟糕的情况是，客户的自责会演变成他的报复。

由于客户们潜在的破坏力量，可以抵消掉你做得好的工作，你就不得不去用一种有意识和主动的努力来寻求和对付客户的个人化问题。我们这里强调“主动”一词，是为了强调个人化问题和反对意见之间的区别。销售人员被培训后知道要克服或忽视客户的反对意见，而“克服”一种个人化问题，是远远不够的——事实上，试图这样做都是危险的——其实，忽视了它，基本上是致命的。个人化问题是一种隐形的武器，它威胁着每笔生意的达成，你只能在它浮现出来之后再进行应对。现在，你就要在下面的培训课件中，进行这样的练习。

培训课件 12 个人化问题

我们讲过，购买者并不清楚自己所有的个人化问题，它们有时是非常隐秘也非常难以理解的。有时，即使客户能够意识到它们，对你而言，它们依旧是隐形的。所以，我们把这个培训课件分成了两部分。在第 1 部分，你要明确下来那些已经识别出来的个人；在第 2 部分，你要设法去发现那些你还不知道的个人化问题。

在记事本的页面顶端，记下题目：个人化问题。然后，根据脑海里的特定客户和特定的单一销售目标，完成如下练习。

第 1 部分：已知的个人化问题

第 1 步：描述客户的个人化问题。利用我们前面给出的关于个人化问题的清单，以它为指南，记录下客户根据你所建议的单一销售目标，已经向你表露出来的担心的领域。这样做的目的，就是要识别那些使客户感到苦恼的领域，你还可以针对一些领域，问自己一些通用型的问题，如“这个客户现在有什么样的损失呢？”或者，“他是如何认为他在遭受损失的呢？”

在这里你可以总结出一两个或者更多需要关心的领域。每个领域，如果不去面对，都可能会危害你的销售，所以不要去回避那些听起来非常“边缘”的担心，除非你把它提到桌面上给予解决，否则，一个潜在的担心可能会演变成一个大问题。

第 2 步：确认这些个人化问题。因为在不久的将来你会见到这位客户，又因为销售进程可能会由于你使用了错误的假设而停滞，所以，如果能够事先理解他的担心，并且判断出这种理解的正确性，就成了一件非常重要的事情。你应该还记得关于确认类问题的提问方法那一章。所以，在这里，针对每个你刚刚列出的个人化问题，写下在下一次销售拜访时你能够提出的确认类问题，以判断你对这个客户的理解是否正确。

比如，如果负责质量监控的珍·贝多丝表示出对她工作岗位的担心，你在下次拜访她时，就可以从一个确认类的问题开始：“你上次表现出了一点点对工作机会安全性的不确定。你现在还认为这是一个问题吗？”这里的目的，就是要有一个具体和恰当表示出来的确认类问题，以便下次能够应对客户的每个已知的个人化问题。

第3步：你能帮上忙吗？知道什么正在困扰着你的客户，并不意味着就能解决其问题。在这一步，针对每个你列出来的个人化问题，要问自己：“在帮助客户减轻或消除其遭受损失的观念上，我能帮上忙吗？”

如果你提供给贝多丝夫人的一揽子建议，可以带给她即刻的认同并且提升她对于工作机会的安全感，那么，答案就可能是正向的——因为这就是她表示担忧的领域。如果她的担忧是某种超出你控制范围的事情，那么答案就是负向的。你要实事求是地面对自己的能力，识别出哪些领域是你力所能及的，哪些是力所不及的。

检查你对这一步的理解的办法，在第12章关于差异化的练习里就有。在这个练习里，针对客户的一个或多个问题，你已经标出了那些因为你或者你们公司的建议而给它们带来积极影响的领域。在应对客户的个人化问题时，从差异化优势的位置出发永远是最佳的方法。用一种特定的方式来回顾你的差异化优势，也是一种能保证你据此行事的方法。

在你已经明确了客户的个人化问题，却又无力去解决时——无法消除客户的“损失”——请不要惊讶，也不要失望。这时你会发现销售中有些方面你是无法应对的，这和发现你对任何问题都有答案的机会是相同的。

事实上，发现你无法应对可能会更有价值。让我们来面对它吧——没有人对所有事情都有答案，那些吹嘘他们可以把电冰箱卖给爱斯基摩人的销售人员，几乎不会向同一个客户销售两次。我们已经讲到，在一些销售情景中，最聪明的方法也许就是认识到你不能帮忙就走开。认识到客户的个人化问题在现在是无法解决的，虽然是一件悲哀的事情，但也有助于你做出一个聪明的决定。

第 4 步：识别恰当的行动。现在，你已经对那些不能应对的个人化问题和能应对的进行了分类，你应该针对每个能解决的个人化问题，制订一个具体的、实际的行动计划，使你能够在下一次销售拜访时帮助客户消除或减轻其“遭受损失”的感受。这里的行动，指的就是“提供信息”。你在这里正在试图完成的，就是辨别你在下次销售拜访时能够提供的信息，这些信息将会很好地应对她的个人化问题。

现在，你前面列举的差异化优势就可以再次派上用场了。当你为每个个人化问题都制订了明确的解决方案后，在记事本上记录下这些内容。比如，告诉珍·贝多丝这个一揽子方案如何使她在公司得到提升。我们在这里并不是要表示，写下这样的内容就能够立刻解决你和客户的问题。但是它可以使你更清晰地知道那些存在困难的领域，以便你能够在下次注意到这些问题。

这个行动清单并不是一张设计图，但是它可以成为有价值的演习工具。所以，要记得用它。在你准备去拜访贝多丝夫人之前，再审视它一遍，你将会更好地被武装起来，向她提供能够改变她感受的信息，使她从认为遭受了损失转变成向双赢发展。

第 2 部分：未知的个人化问题

正如我们讲的那样，通常在大多数的买卖关系中，有已知和未知的两种个人化问题。如果在你的销售拜访中，客户在做出承诺时出现困难，而你又无法确定是为什么，我们就鼓励你通过做下面的练习，来为你下一次拜访这个客户做准备。

第 1 步：存在个人化问题吗？首先，要判断你和这位客户之间的问题，是不是个人化的问题。你先要问自己的，就是目前的销售状态是不是符合典型的被个人化问题所阻滞的模式做销售。在这种模式下做销售有三个要注意的基本要素：

- 首先，在销售人员的产品或服务与客户的解决方案之间，有一种真正的契合，或者至少是一种潜在的匹配。在你试图探询未知的个人化问题之前，就是先确信在你所拥有的产品和客户的需求之间，存在着一种真正的契合。
- 其次，你和客户都会经历一种不自然的感觉。如果你每次和客户见面后，都会觉得很生气或者感到迷惑，那就是你遇到个人化问题的信号了。
- 最后，没有走向承诺的动作。尽管有好的契合，你除了能让客户再定一个会谈的时间外，不能使客户同意做任何事情。如果这种情况出现，那就说明你正在自己承担着所有的工作，没有对方参与。

当这三个要素中的一个或多个要素出现时，你可以相当自信地断定，有个人化问题存在了。

第 2 步：个人化问题类提问的表达。下一步的工作是针对个人化问题类提问的措辞，这项工作会帮助你辨别涉及了哪项个人化问题。因为你不确定你要找什么，你不想授人以口实，所以很重要的一点，就是你不要问封闭型或引导型的问题，而是要帮助他表达他的担忧。你可以参考我们在本章前面介绍的个人化问题类提问的关键词，然后试着组织两三个措辞严谨的提问。这些提问是你能在下次拜访客户时的提问，它能帮助你发现为什么客户会认为他在遭受损失。

要给出措辞的标准是很困难的。因为每位销售和客户的关系都是不同的。我们认识一位意气风发的年轻销售人员，当他感觉到客户觉得自己在遭受损失时，他会立刻摊牌：“蒂姆，现在有些东西绊住了你，我无法判断出是什么。我知道你不高兴，是什么地方错了呢？”大多数时候，他能因此摆脱困境，因为他个人的魅力，但是对我们大多数人来说，这样直截了当的方式会把事情搞砸。你要根据你们的个人关系，创造出自己的提问风格。这里，我们也可以给你一些小窍门。

- 使用关键词“担心”，比起用其他的关键词能获得更好的结果，也就是更可靠的信息。它与那些听起来有一种潜在的谴责口吻的词，如“迷惑”“不安”等，少一些威胁性。“你对这个建议有什么担心吗？”这就是最好的个人化问题类提问。
- 有时，如果你不是用消极的方式，而是用一种积极的方式来问个人化问题类的问题，你可以使一个原本不太情愿的人，更自由地交谈。如果他还在犹豫是否告诉你他的担心时，你可以这样问：“如果我能给你一个让你完全舒服的建议，那会是什么样子的呢？”
- 通过向客户提问，确认是什么东西使他犹豫不决，有助于减少或消除不确定性。人们并不总是有意识地去了解他们的个人化问题是什么。问诸如“这里还有什么你觉得不确定的东西吗”之类的问题，能够帮助你和客户把他的个人化问题带到桌面上来。
- 永远把你自己的感觉作为你的指南。你对客户的不确定性和担心，与客户对你的不确定性和担心是一样的。因此，如果你对就一个问题提问的方式感到不舒服的话，你就要重新措辞，直到觉得舒服为止。
- 谨记黄金静默的要领。这种技巧，我们在第 11 章里描述过，在措辞和提任何种类的问题时都很重要。因为个人化问题类提问和态度类提问一样，都是应对感觉的，所以在你提出问题后，等待答案也就更重要。

第 3 步：你需要指导吗？最后，考虑一下，在你面前的这个人身上，你去获得可靠的第三方资讯的可能性。从基本方式上讲，有三条途径可以帮助人们获得个人化问题类资讯。一条是猜测，这是最没有价值的；另一条是向相关的客户直接询问，这也是你在本节个人培训课中正在做的练习；第三条途径，通常是最有效的途径，就是向一个更加了解你的客户情况的人，询问关于客户可能存在的个人化问题。这条途径，在客户自己都不知道他自己的问题是什么——或不想让你知道——他为什么会觉得在遭受损失时，尤其有用。

当然，你并不是可以去问任何人。当你试图去分辨一个客户的个人化问题时，我们建议你去找找那些你和你的公司所信任的“教练”，并且他们应该也是被你的客户所信任的教练，无论出于什么样的原因，这个教练应该是希望你的业务能够成功的人。

一旦你从客户或其他渠道那里发现了客户的个人化问题，未知的东西就变成已知的了。而当一个未知的问题变成了已知的问题之后，你就可以重新回到这节课的开头，从第 2 部分的第 1~4 步，一步一步辨析你的信息了。

承诺的信号

我们讲过，如果你忽视或试图避免个人化问题，你就是在忽视客户觉得自己在“输”的观点——这样，也就使你自己处在了输的位置。无独有偶，销售人员实际上也经常会忽视客户的“赢”的观点。这种忽视的结果，也好不到哪里去。为了避免这样的陷阱，你需要非常关注我们所说的“承诺”的信号。

承诺的信号，是从客户向销售人员传递的信息，表示他准备把购买的进程向前推进。他也许准备好了，也许还没准备好签合同，但是他肯定已经在考虑如何去做和什么时候去做。

因为我们强调获取承诺就意味着要让客户去做某种事情，你也许就会想到，销售人员将会对客户的承诺信号持续地保持警觉。其实不是这样的。我们发现，虽然购买者会毫无异议地告诉你他准备购买，但很多销售人员却从没有听出这样的信息，这种情况就导致了大量的生意丢失。

有一种销售人员，会沉湎于炫耀自己的产品和技巧，而根本没有听到客户说“我要买”；有的销售人员，会喋喋不休地介绍产品的特点和优点，却忽视了客户的询问，这种行为就是我们所说的与胜利擦肩而过。这种情况的发生，通常是因为销售人员把一个承诺的信号，误解成了另一个问题，或者因为他们事先就没想好他们应该通过这次销售拜访，获得一个什么样的承诺——所以，当这个承诺出现时，他们就错过了。

为了在承诺出现时能够确实地把握住它，你必须细心关注客户的信号。幸运的是，这种信号并不很难分辨。承诺的信号，几乎总是与关于实施的问题或声明相关的。实施本身可以涉及一个非常广阔的范围——而不是局限于获得订单来作为“生意的结束”的范围里——但是，总体上说，各种信号都有一个共同点：它们表现出了对你的解决方案的思考，客户已经做出了一个关键的移动——从“是否”到“如何”的移动。

实施领域

- 成本
- 时间安排
- 参考信息
- 安装
- 培训
- 行政管理
- 转换
- 服务
- 信用
- 期限
- 财政
- 付款
- 展示
- 试运行
- 试验项目
- 测试
- 验证
- 规格测量
- 后勤

上面的方框中列举了一些主要的实施领域。这里还有一些针对这些领域进行询问的典型问题：

- 交货期多长？
- 什么时候给我们进行技术培训？
- 我们需要多长时间来制订一个试运行的计划？
- 在我们从工厂获得前，你能先借给我们用吗？
- 我想核实三份文件。

在这些问题背后，有着一个相同的暗示，那就是客户已经准备好给予承诺，他只是想了解他应该如何去作出这个承诺。

在这里，为什么我们把这样的问题和声明称作承诺信号，以及在它们出现时你为什么必须对它们进行回应，都应该是很清楚了。它们都来自你对客户的倾听——必须倾听他说的内容，不管你正处在销售进程的哪个阶段。整个信息交换的过程——一个销售进程——是来自客户的头脑中关于他正在试图完成的“概念”的。

我们这里的“三个阶段”的论述，已经清楚地指出，唯一能够跟踪并与你的客户概念一起工作的方式，就是你问的要比说的多，你要真真切切地倾听客户的回答。这就是你现在要去挖掘积极信息、获得承诺最终的方式。这就是你在经过长跑后，打造出我们所要求的“双赢”结果的途径。

第 6 部分

评估：拜访前的关键时刻

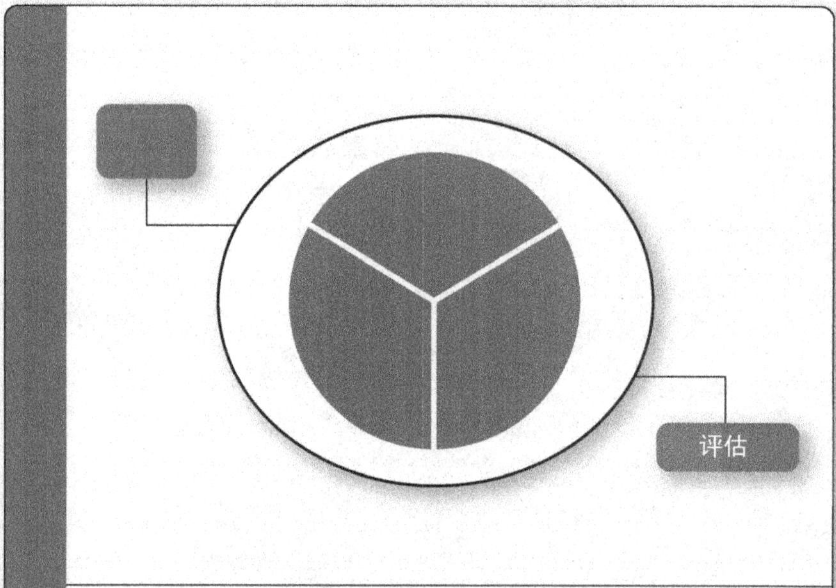
评估

第 16 章

拜访客户前的计划和演练

任何一位专业人士，只要其工作涉及公开的呈现或演讲，都会认为预演是很重要的。面对公众的发言人、演员、运动员、教师——这些人中的佼佼者，都会在没有听众的情况下，花时间一遍一遍地练习。很多情况下，在这方面成功的人，往往不是在现场发挥中投入最大努力的人，而是那些在事前就已经投入很多努力的人。由于销售本身也涉及公开演讲，所以，预演也是同样重要的。但这里有一个很重要的条件。

我们一直都在强调，好的销售绝不是你呈现给客户的表演。但是，一次好的销售，的确需要表演。但这种表演必须为你和客户带来同样有意义的结果，也就是说，在某一点上，他的需求和你所展现出来的东西的某一点取得了一致。事实上，整个概念销售的关键，就是与客户保持互动，而不是进行单向行动。在有效的销售中，你并不是在舞台上简单地表演成功的销售，而是超越表演者和观众之间的距离，形成对话。

对于职业销售人员而言，演练是非常重要的。事实上，从一次销售拜访的可能的“线索”出发开始进行演练，可能会使你得到身临其境的体验，从而使你的演练最终变得非常富有成果。在本章中，你将会进行这样的演练和练习，其中会应用到你到目前为止学到的所有的方法与技巧，并且是以一种协同的方式，在销售拜访发生前的最后一分钟进行演练。在这个演练中，你与演员或发言人所不同的是，你将演练一个可以预料的对话场景，而不是那种裁剪过的、干巴巴的、单方面进行表现或告知性的讲话。

第一步，就是要挑选一个具体的案例，一个你需要演练的销售拜访。由于本章的目的就是要温习前面学到的做计划的技巧和原则；同时，把这些原则应用于实际，我们建议你所选的案例，来自你在本书前面练习中已经使用过的那些案例。如果从你选择了那些销售拜访后，你自己的工作已经发生了变化，而你又非常迫切地需要一种实战技能来帮助你做下一个销售拜访，那么，请选择一个你即将进行的重要的销售拜访。由于这是最后阶段的演练，你可以选择一个很快就会发生的销售拜访。事实上，我们本章中要开发的过程，对那些在一两天内就要发生的销售拜访而言，是最有效的。

销售拜访指南

一旦你确定了选哪次拜访，要做的第一件事就是打开记事本，如果你愿意，也可以横着用一张大纸。你将建立一个销售工具即销售拜访指南，这个练习所要占用的地方，会比你前面做的要大一些。在纸的顶端，写下题目——销售拜访指南；在纸的左上角，写上你要拜访的客户名字，以及你的单一销售目标。

请记住，一个好的单一销售目标，指的是你希望在这次销售拜访中发生而目前还没有发生的事情。它是很具体的，它会告诉你想要销售什么，你想要销售多少，在什么时间完成。你还要记住，要现实一些，一个单一销售目标，必须是一个在你拜访客户时客户同意实现的东西。

现在，你可以按照下面的表格，建立销售拜访指南了。你会看到，左边表格被分成了四个区域，右边则是三个区域。在你的指南里，你要按照我们例子中所填写的那些内容，添上副标题和提问。现在，根据你脑海中的单一销售目标，你就能进行演练了，把你在培训课件中所生成的那些信息放到一起，并把它们组织成一个精确的战术工具。我们会带着你串一遍，指导你进行销售拜访指南各个环节的编写。

销售拜访指南

客户名称：____________
目标/客户：____________
单一销售目标：____________

<table>
<tr><td>概念
• 试图修正或回避
• 是谁促成概念的形成
• 客户个人认为赢的地方</td><td>行动承诺
• 最佳行动承诺
• 最低行动承诺
• 如何衡量</td><td>获取信息
• 确认类问题
• 信息类问题
• 态度类问题
• 承诺类问题</td></tr>
<tr><td rowspan="2">有效的约见理由
• 有效商业理由 / 拜访目的
• 与客户概念的匹配</td><td rowspan="2">信用度
• 可信度的证据
• 如何检查和提升这次拜访</td><td>提供信息
• 独特的差异化
• 那又怎么样？
• 证明</td></tr>
<tr><td>获得承诺
• 问题：最佳行动承诺 / 最低行动承诺
• 可能的个人化问题
• 个人化问题类提问</td></tr>
</table>

概念。在表格顶部的左半边，简单地记述了单一客户的概念，这个和你的单一销售目标以及他的情况有关系。记住，概念的定义，就是客户脑海中出现的关于解决方案的构想，它和即刻发生的业务情况是相关联的。所以，为了进一步强化你对概念的理解和认识，你要回答下列问题：

- 这个人在试图完成什么，是修正还是回避？

- 这个人是如何形成概念的？有谁参与了他的构想的形成？
- 在我的解决方案所建议的行动里，有什么是和他个人有关系的吗？

行动承诺。现在，移到中间一列，回顾一下行动承诺部分，这部分内容的练习，你在本书的第 6、14 章的培训课件里做过，你已经对行动承诺做过了定义。把你在前面两章里做的练习复制过来，就是关于最佳行动承诺和最低行动承诺，然后回答下列问题：

- 就我现在所处的销售阶段而言，这两个行动承诺现实吗？
- 这两个行动，都是客户要做的吗？会不会是我或我的公司要做的？
- 一旦做完了这两个行动中的一个，我是不是就向我的单一销售目标迈进了一步呢？
- 我有什么办法能判断出这两个行动承诺中的一个已经做完了呢？换句话说，我能有办法记录下它们吗？
- 这两个行动承诺和实现双赢、建立信用有关系吗？

对这些问题，你的答案都必须是肯定的。如果你不能做到，你就应该多想想了，这说明你还没有做好充分的准备，去充满信心地进入销售拜访之中。

有效的约见理由。现在，参考第 7 章的培训课件，强调有效的约见理由将鼓励你的客户同意与你会面，在表格的左下角记录下这个定义。要记住，这就是此次会谈的目的，所以这个目的对单一的客户而言，必须是说得通的。然后问自己：

- 这个有效的约见理由与此时此刻这个客户的概念之间，有明晰的关联吗？
- 如果我在销售拜访一开始时就讲明有效的约见理由，它能澄清我此次拜访的目的，并且建立一种相互认同的议程吗？
- 它是否已经告诉这个客户，这次会谈应该成为一个有高度必要性的会晤的原因？

- 这个有效的约见理由，是不是已经足够准确、清晰、毫不含糊地通过客户的助手或电话留言传达给了客户呢？

同样，如果你能越清楚地回答这些问题，就越说明你为销售拜访做好了准备。

信用度。在这个区域里，在此时此刻，评判一下客户对你的信任程度。回顾一下你在第 8 章里做的练习，然后问自己：

- 如果我有信用，我做什么才能通过这次拜访来验证或提高这种信用度呢？
- 如果我没有信用，我如何进行销售拜访才能建立这种信用呢？

如果回答是“没有信用”，我现在进行这个销售拜访合适吗？我是否应该推迟这个拜访，或者，我是不是应该请一个更有信用的人，来和我共同进行这次拜访呢？

获取信息。现在，移到销售拜访指南中最右边的这一栏，并组织起你已经收集到的关于三个基本问题的信息。参照第 10 章中问题列表上的问题，然后记录下以下内容：

- 一个好的确认类问题可以判断已经获得的信息是否有效。要检验这个问题，你必须问自己：这个问题是不是建立了一个我可以据此向前推进的基础？
- 一个好的信息类问题会帮助你更新信息，填补你的信息差距，解决差异性，获取关于这个客户所想要的结果的更多信息等。
- 一个好的态度类问题会帮助你澄清对客户个人价值和态度的认识。要记住，这种提问一定不要使用具有威胁性的措辞，要鼓励客户来和你分享他的感觉。
- 一个好的承诺类问题会告诉你正处在销售进程的哪个阶段，告诉你还需要做什么，就可以使你向双赢的结局更进一步。

提供信息。向表格的下面走，中间部分和第 12 章的练习有关。参考一下你在那一章里做的关于差异化优势的表格，明确一下针对这个具体客户在这个特定时间的具体情景。要记住，一定要避免那种“我也能”的表述；还要记住，程度上的差异也是一种差异化优势。然后问下面问题：

- 这个差异化优势和这位客户的概念之间，是如何联系在一起的？我提供这样的信息，有助于客户在脑海里形成他的概念吗？
- 它和我的单一销售目标有什么关系吗？
- 为了检验你推举的差异化的有效性，回答你自己一个问题：“即使如此，那又怎么样呢？”请记住，这个答案或者是你要给的答案，必须和客户当下的概念相关。
- 证实它。根据我们在差异化优势中培训课件的第 4 步所给出的那个问题，写下你的答案和证据。我们的问题是“我们是唯一的……”或者“我们是不同的，因为……”要注意，在这里，你给出的每个答案，都应该把你的产品或服务与这位客户的概念联系起来。

获得承诺。最后，把你在第 5 部分获得的关于承诺的信息填到销售拜访指南右边的下面部分。

- 首先，参照第 14 章的培训课件，写下一个关于你的最佳行动承诺和一个最低限度可接受承诺的问题。
- 然后，想想在马上要进行的销售拜访中，什么样的个人化问题可能阻碍你获得承诺。记住，个人化问题是障碍产生的根源，这与潜在客户觉得自己可能遭受损失有关。
- 最后，参照第 15 章的培训课件，写下至少一个个人化问题类提问，以便你发现和解决客户觉得他在“遭受损失”的感觉。

如果你在销售拜访指南中列出了你掌握的所有信息，你就可以根据你对这个客户已有的了解，针对销售拜访中可能发生的情况，形成一个简洁的、有条理的计划。这是进行销售演练必要的基础，但它仅仅是基础而已，这大约相当于一个演员把台词背得滚瓜烂熟。为了把你的计划更好地用于实践，你还可以进行销售演练——这就是我们建议的下一步练习。

无风险的销售演练

在我们的概念销售培训课件中，参与者会分成不同小组，演练我们所教授的那些原则。在这种演练中，那些确实要去进行销售拜访的人，会模拟真实的场景，进行角色扮演演练，而其他一同工作的同事则扮演客户。这种练习，可以使人们在宽松和没有风险与压力的环境中，经历一个销售拜访的全部基本过程，从而使销售人员得以在第一次拜访前，获得更好的准备，变得更加从容。我们建议你也做一个类似的练习，挑选一个朋友、销售工作中的同事或家庭成员来扮演客户。用 5~10 分钟向他介绍一下你的销售情况。当然，这种介绍因具体情况而异，但是你至少会向你的演练伙伴，提供下列信息：

- 所扮演的那位客户，在买方组织中的角色。
- 你过去和这个人做过什么，双赢的部分是什么。
- 你的单一销售目标。
- 这个人现在对你的建议的反应——包括他想要的结果和他个人对这个业务的感觉。
- 在任何其他销售拜访中，这个人可能会对你所做出的反应和方式。

在你向伙伴介绍完你在销售拜访中要做的事情后，用 10~15 分钟再浏览一遍要演练的内容。要鼓励你的伙伴去尽量地表现出抵触情绪，给你制造难题，以表现出客户的那种真实的反应强度。如果你希望你的伙伴能演得真实，你就要尽可能地把情况都介绍给他。

我们知道，在这里介绍的这种演练方法往往无法达到你所希望的那种真实性。你的伙伴，也许无法表现得像你的真实客户那样富有洞察力或是要求那么高——而且他个人更不可能真的卷入可能会发生的那种交易中去。演练所能表现的，只是一种在你和客户面对面时相近似的情景。但是，这种模拟实际上也会给你带来巨大的收益。其原因是，即使一种模拟出的情景，也能描绘出一幅你可以遵循的路径图来；即使这张图是粗糙的，在销售拜访中你也会进行一些修改，但它毕竟是有指导作用的。

运动员有时会不断地在脑海中一遍遍地重复一个动作或技巧，直到这种动作或技巧变成了一种习惯，以至于他们在比赛时不用再花精力去想动作。和朋友一起进行销售拜访的演练，也有异曲同工的作用。它在你的脑海里，刻下了一条基本的路径，你即将开始的那个销售拜访会是按照你估计的那条路径发展的，我们建议你在拜访前，再做一个练习。通过你从演练中所获得的反馈，检验你所描绘的路径的流畅性和有效性。

访前反馈

在这个为期两天的培训中，参与者可以通过一个中立的观察员获得反馈信息——这位观察员，会始终关注着演练的过程，并在随后提出建设性的意见。你自己也可以使用这样的模式，或者，你可以干脆就征求你的演练伙伴的意见，看看他如何看待你们的演练过程。无论以上面哪种方式看，你所应该寻找的，是那些奏效了的领域，以及哪些领域里你的反应没有奏效。下面有一个我们总结出来的清点清单，对这些领域进行检查时，应该可以有帮助。在演练结束后，问自己几个问题：

- 我是不是在开场时就已经清楚地表明了有效的约见理由?
- 我是不是已经导出了一个好的确认类提问?
- 我是不是至少已经问了一个好的新信息类问题?
- 我是不是至少已经问了一个好的态度类问题?

- 我是不是至少已经问了一个好的承诺类问题，是不是邀请对方做出进展性的承诺?
- 我的问题顺序合乎逻辑吗?
- 这些问题的措辞得体吗——使用的关键词恰当吗?
- 我是不是在填补了客户（和我）的认知型思维的差距后，才向发散型思维推进的呢?
- 我向客户提供的信息，是不是已经非常清楚地表明了我的差异化优势呢?
- 我是不是使用了黄金静默的两个阶段呢?
- 我是不是回避了危险的口头信号?
- 我是不是使用了合作经营的销售方式呢? 或者说，如果我使用的是传统的产品推销型销售方式，它能够反映客户对产品信息的具体需要吗?
- 我是不是在和这个客户接触前/接触中，检验了我在他心目中的信用度呢?
- 我是不是在努力使这个销售拜访走向双赢，并且使客户也知道我的这种努力呢?

对于这些问题的真正答案，必须等到你完成了对客户的拜访，并且获得了客户的反馈后，才能知晓。但是，在事先就清理这些问题的思路是有价值的。这是一种标注问题重点区域的办法，因此，也是在进入倒计时后的最后一次修正的机会。

举例说，如果你演练时的伙伴认为你有些急于完成订单，那么你的真实客户很可能也会这么认为。或者，如果你的伙伴不记得你在拜访开始时问过确认类问题，你就要记下这一点以提醒自己，不要在真正的销售拜访中忽视这个要素。获得拜访前的最后的信息反馈，如同在上场演出前听到教练最后的提醒，它会给你提供一个机会，使你在倒计时结束的最后一刻，再温习一次。

无法预演的销售拜访

我们下面描述的这种方法，对于那些所谓的没有办法进行预演的销售方式，也是一种有效的学习途径。所谓没有办法进行模拟演练的售货员，就是那些通过柜台或者在货场里进行的销售，在这种销售中，是潜在的购买者来找你的。如果你是一个站货场的销售人员，或是站柜台的售货员，我们也敦促你在你的朋友或同事的帮助下，使用这种演练的方法。你可以让你的朋友来充当一位恰好路过的客户，或是一个不知道自己该买什么的客户，你可以自己设计很多种行动方案，用来应付各种不同的情况。

这里的关键词和其他所有的拜访情况下用的关键词是一样的，永远从概念开始。请记住我们在第 2 章里讲的那个故事，那个只是想进商店买条裤子的人最后买了一大堆东西，而其原因仅仅是营业员聚焦在了他的概念上。所以，无论如何变化，这永远是所有销售人员都要学的最重要之处。

另外，我们敦促你要把拜访前反馈的技术，也应用在我们上面讲述过的那种演练互动中。确实，你无法非常好地检验你的有效约见理由或确认类问题。但是，清单上的其他问题还是与你的销售方式有关的——它们其实和各种销售方法相关联——我们也鼓励你将这种方法应用到自己的实际工作中。

演练多少遍

理想状态下，你应该对每个销售拜访都像在培训课程中那样，做周密和详尽的战术计划；理想状态下，对于每个你要进行的会面，你都应该有一个销售拜访指南，设计好所有的问题，也填好所有的信息；理想状态下，你应该像我们在这里所要求你去演练的那样，对每个面对面的互动都进行预演。如果你在每次拜访前都做这个工作，毫无疑问，你的拜访质量 100% 会提高。

但是，你是在一个现实的世界中生活，而不是理想的世界。你知道，如果按照这种详尽的分析套路来进行每次销售拜访的准备，你就不会有任何时间去进行真正的销售拜访了，所以我们并不建议像我们在这本书里所要求的那样，对每个销售拜访都做如此细致的准备和分析。

这本书里所列举的内容，是我们所认为的一种最详尽和完整的计划模板，是你在销售拜访的应用中，所可能达到的最理想的状态。对于重要的、紧急的或复杂的销售拜访，你可能愿意从头到尾按部就班地使用这一模式。你可能会愿意使用我们所有的培训课件，在你从这些课件中收集到所有的信息后，再建立一个新的、具体的销售拜访指南，并且花时间演练拜访的进程。但不是所有的销售拜访都需要一整套工具表单。只要你不断地使用概念销售的原则，你就会逐渐地领悟到其中的道理，知道哪些销售拜访需要使用全套的方法，哪些是可以简化一下依然能管理好的。下面简单列举了一些主要的原则：

- 预期的销售额越大，你就会倾注越多的注意力去管理销售拜访。
- 你投注在某个客户身上的销售拜访的次数和时间越多，计划就变得越加重要。这不仅因为更多的拜访意味着更多的投资，而且还因为越到接近获得订单时，越会对一些惯性、粗心或可能出现的风险敏感起来。
- 你越可能和一个单一客户建立起一种长期的双赢关系，你就越应该好好管理你的每次销售拜访，使你对他的每次拜访，都以一种井井有条的方式进行。

因此，最后要告诉大家，作为概念销售中的最重要的几个方面，成功的销售取决于放眼未来。而这种成功，取决于每次销售拜访的管理。不仅仅是因为每次销售拜访本身的成功，更是因为不积小流无以成江海。对于单独的销售拜访而言，你应该做的演练次数，取决于是否能够最好地强化你和客户之间的长期关系。虽然销售拜访的细节才开始起步，但你永远不应该忘记伟大的前景。

为了能让你始终记住伟大的前景，把你的销售不断向前推进，我们现在进入最后一个战术计划章节：拜访前关键时刻状态评估，以及如何利用这种评估来管理未来。

第 17 章

评估拜访的结果

我们销售战术计划体系的最后一个因素，是在销售拜访结束后才能实施的。这个活动就是评估，即使它是跟在真正的销售拜访后面的，它也是一个必选项目。就如同一位演员根据她的观众反应来调整和优化她未来的演出，职业销售人员分析每次销售拜访的结果，追溯整个拜访过程，以便能磨砺未来拜访的管理方法。因此，销售拜访后结果的评估，对于成功而言，也是非常重要的。

在每次销售拜访之后进行评估，有两个最基本的原因：

1．评估会帮助你衡量拜访中实际出现的“硬数据”——也就是，了解到什么样的信息已经得到了成功的交换，还需要交换什么样的信息。

2．评估会帮助你判断拜访中出现的那些人际之间的“软数据”——以评估你和客户之间的互动程度和你在未来应该如何改变你与客户的互动方式。

我们介绍给你的评估因素，可以帮助你获得两项价值——对客户概念的了解和如何运用客户概念。

为了能有效地使用这个因素，你需要在一结束销售拜访后，就坐下来拿出记事本和笔，记录下三个分立的，但又相互关联的过程。在本章中，你将会有机会以你的销售范例为依据来做这项工作。如果你还没有做销售拜访，我们建议你先等一等，不要再读下去了。在你完成了一次销售拜访后，再开始读下面的部分。

第一个步骤：回顾

在一个销售人员和客户分手后，他们对事情的进展只有一个比较模糊的感觉。我们总会去要求销售人员讲述他们销售拜访的情况。这时，除非是他们确实已经签单或者被彻底拒绝了，他们的回答往往会是一些趋向于不具体的表达：“我觉得进展得不错”“他对我真的有兴趣”或者“现在还不好说，但是可能哪里出错了”。回顾这一步骤的目的，就是要设法更清楚地了解这些模糊的感觉。它所要做的就是要更仔细地观察这些销售拜访的特殊因素，以便认识到为什么你会觉得“好”“还挺好”或者“说不好”。

会有哪些因素呢？其实，你在评估阶段所需要检查的些最基本的因素，就是我们在前面的访前反馈部分里所列举出的些内容。我们强调过在演练阶段，从你的演练伙伴或中立观察员那里，获得反馈信息的重要性。当然，你不太可能直接从一位真正的客户或某个能一直在你背后看着你拜访的人都里，获得这样的反馈。但是，你能通过问自己几个这样的问题，来获得一些信息反馈。现在就来做这个工作，并且在记事本上记录下这些内容。

这些答案，应该可以帮助你更好地处理那些产生舒服感觉或不舒服感觉的原因，它们也应该可以帮助你为了未来的拜访，为了你的客户，调整你的战术。比如，如果在回顾情况时，你意识到使用了太多的危险的动词信号时（比如，“想想吧”“对吗”，等等），那它们就可能是导致你的潜在客户出现抵触情绪的部分原因。或者，如果你意识到没有能检验一下你的客户对你的信任度，它就可能有助于向你解释，为什么客户不太情愿向你敞开心扉。

无论你获得的反馈信息是有利的还是不利的，它们都可以帮助你澄清你的认识。在那些访前反馈问题的基础上，还有三个问题是你应该在评估过程中的回顾阶段问自己的。

现在获得的信息的层次如何？也就是说，在和销售对象会面时你真正获得的信息是什么？这些信息，和你原本在进入销售拜访时就知道的那些你所需要的信息，有什么样的关联？请记住，在获得信息阶段，你应该把注意力集中在对你认识到客户的概念有帮助的那些信息方面。如果你刚刚和哈里奇先生开完会，却还不清楚他的概念，你就要在这部分做个缺失信息的标记。然后开始起草问题，以便在下一次拜访时，获得这些信息。

在关注所需要的那些信息时，我们建议你回到第 10 章的问题框架中去，重新温习一下那六个典型的问题缺失领域。为了发现为什么销售拜访会以其自身的方式进行，你就要按照那六个领域中的问题问自己，在进入一个销售拜访时，你需要什么样的信息，以及你还需要获取什么样的信息。这种回顾的方式能够告诉你，你所获得的信息，比你认为自己已经获得的信息要少。它还能告诉你，其实比你自己知道的所获得的信息，还有更多（或是不同）的信息。因此，它还能告诉你，沟通过程是有效的还是无效的。

如果在回顾你上次刚刚做过的拜访后，你发现所获得的信息差距和这次销售拜访前是一样的，你就会知道，在信息流里，肯定有什么地方出了问题。知道了这些情况后，你可以为下一次提问做些优化的准备。我们这里要说的是，好的信息流不是静止不动的。它是一个充满活力的人与人之间互动的机制的产物，只有在你对自己现在的信息质量所处的水平有持续的警醒，并且不断地设法提升这种水平时，这种机制才会充分运转起来。

现在的差异性处在什么样的水平上？在销售拜访的提供信息阶段，你向客户提供了一些数据，以使他们可以把你和竞争对手区分开来。在回顾你上次进行的销售拜访时，你想知道你提供的哪些信息会有助于成功。

在做这个工作时，你应该集中精力关注客户在销售拜访时，针对你的具体建议，竞争对手的可能的建议，和现在的状况等所做的声明（请记住，在所有的竞争对手中，最主要的一种，就是你在销售时，发现你的客户正在使用竞争对手的产品）。如果他的评价里，提到了你们是具备这种能力的"唯一的供应商"，或是你们和这个领域里的其他人有着明显的不同，那么，你们的差异性程度就可能比较高了。但是，如果他说可以从其他地方获得"同样的解决方案，而且价格更便宜"，或者如果他还"没有准备好现在就改变原来的方式"，那么，你显然就要在这个领域多下一些功夫了。

要想让客户对你另眼相看，只有一种方式。那就是他认为你的差异化优势和他亟待解决的特定难题相契合。如果回顾的过程揭示出来，你还没有达到你希望的那种差异性，你就需要问自己几个问题。比如：

- 我是真的具备独一无二的差异化优势吗？也就是说，我真的能够提出一个解决方案，而客户也认为它确实与其他人的方案相比有明显不同（或者更好）吗？如果对这一点不确定，你就应该考虑在产品或服务与客户的概念之间，也许不存在一种真正的契合——你应该开始考虑先不做这个生意。
- 我是不是已经清楚地陈述了我们的独特性和实力？如果你确信你们是有很好的契合的，只是客户还在因为价格或者还不清楚你们的解决方案，你可能就是还没有把你的差异化优势作为重点突现出来。如果回顾时发现了这样的可能性，你需要开始为下次拜访考虑一下战术了，以便你能清楚地把产品或服务和客户的概念联系在一起。
- 我是在帮助还是在阻碍决策过程向前推进？客户不太情愿去认知你的差异化优势，有时是因为他们被推得太快了，从而很快就进入了发散型思维阶段，还没有能够进行充分的认知型思维。你可以利用这种评估的结论，来为下一次拜访制定一种战术，集中精力解决认知型思维和客户关于解决方案的构想的问题。

这里的出发点，再一次回到了客户脑海里面的那些内容。回顾你上次所进行的销售拜访的差异性，分析差异性的程度，其主要的一个好处，就是你可以警醒地发现，你有可能又坠入“销售人员驱动”的陷阱中去了。澄清差异性认知的不足，给了你知识和机会，以便你可以把下一次销售拜访处理得更加富有成果，更加倾向于客户驱动的方式。

现在所做的是什么程度的行动承诺？这个问题回答起来是相当容易的，因为它涉及一些事实，而不是印象。在评估行动承诺时，有两个事实是需要你注意的。

1. 当你进入销售拜访时，客户是不是已经按时完成了他上次向你承诺要去完成的那些行动？也就是说，他是不是确实做完了你期待他做的那些事情呢？

2. 在你离开时，他是不是为了下一次销售拜访，又给了你另一个递进的行动承诺？这个递进的程度，是和你的最佳行动承诺等同的，还是至少能相当于你的最低行动承诺呢？

如果在这个刚刚结束的销售拜访中，你的客户做了他承诺过的事情，你获得了最佳行动承诺，那你的销售进程显然是在沿着正确的方向前进。但是，如果他没有为你做什么，或者他不愿意给你一个进一步的承诺，那么你可能就要重新考虑要做的事情了。而如果你在刚刚结束的拜访中，甚至无法为下一次拜访得到最低行动承诺，那么你必须要考虑，也许已经不值得再为这个客户做什么优化的努力了，或者至少现在这个时候不值得了。但是我们建议，最好在进行了评估的第二个步骤后再做这个决定。评估的第二个步骤，就是挑选。

第二个步骤：挑选

我们说过，如果你无法从一次拜访中得到最低行动承诺的话，你应该考虑也许不应该再继续下去了。但是，因为我们知道对于销售人员来说，离开一个潜在的客户，是多么的不容易，我们相信你应该总是给客户合理数量的机会，使你们能够实现双赢，所以我们就要再多做一点儿努力。这个评估过程的第二个步骤——挑选，就可以使你针对一个不太好对付的客户，再做一次挖掘工作，以确保你并不是轻易地放弃了他们的生意。

在分辨目标客户是否确实具备真的潜力时，你要回忆一下销售拜访中获取承诺的阶段。任何一个阻碍承诺产生的根源，都是个人化问题——客户觉得如果继续你的销售过程，他将会出现个人化损失。在这里，我们要求你判断出在上次拜访里已经提出的、解决了的和依旧存在的那些个人化问题。在做这件事情之前，你可以参照第 15 章关于个人化问题的练习。

提出了什么样的个人化问题？要记住，个人化问题可以是已知的，也可以是未知的。在培训课件中，你分辨出了客户的个人化问题分别对应哪一类型，而在对这个人进行销售拜访时，你应该致力于提出和解决那些你原本没有预料到和判断出的那些个人化问题。回忆一下，你和客户，上次都讨论了什么样的个人化问题——什么样的算是损失。然后问自己还有什么样的个人化问题没有被分辨出来吗？是它们导致了承诺的缺失吗？如果此时的答案哪怕是一个有保留的，那么你也许就想要再给客户一次努力的机会，让他把个人对承诺的抵触原因呈现出来。

解决了什么样的个人化问题呢？如果你在上次销售拜访中，已认定并且也提出了客户的个人化问题，那么，这些担心都解决得怎么样了呢？你能确定没有因为他的担心是“不重要的”或“不相关的”，从而忽视了他的担心，而不是去和他一起努力，展示出潜在的双赢的结局？如果你不能确定你是否恰当地解决了他那种“遭受了损失”的观念——如果你认为再多做一次拜访就能完成这个工作——那么，你也许就还不应该现在就放弃这位客户。

还可能留下什么样的个人化问题呢？最后，在买/卖的场景下，还可能留下什么个人化问题吗？客户又提出了什么个人化问题，而你又无法解决吗？你有没有过去承诺过要解决什么，而一直没有做到呢？还有，是不是这个人心里存在一大堆对和你做生意的担心，而你却一直没有察觉到呢？换句话说，是不是还有一些隐藏着的担心呢？如果对这些问题中的任何一个问题的回答是肯定的，那么，客户拒绝做出行动承诺就是有理由的。这时，你也许就应该再次去拜访他，看看是不是还能把这些遭受损失的担心转化成“赢”。

但是，如果对这些问题的答案都是否定的呢？如果，无论你在上次拜访时做了什么样的努力，无论你能想象出要在下次拜访时做什么，你都感觉到这个人不会配合呢？尽管销售人员的标准态度是永远保持希望，但是当你发现情况已经确实无法逆转，你已经没有机会了呢？如果是这样，这可能就是你应该停止继续投入资源和能量的时候了。

正视这样的问题。要知道，总是会有一些销售，你是无法得到双赢的结局的。这种情况的发生，有些是因为无论你如何努力，在客户的需求和你所有的东西之间，就是不存在契合点。在这种个案中，停滞不前永远不会成为一种可以接受的销售方法。而在其他一些个案中，即使有了世界上最好的契合，但可能客户就是看不到它，而其原因，就是因为客户对与你实现双赢没有兴趣。在这种注定了会是“输一赢”结局的个案中，主动撤离会比坚持下去的损失小。简言之，当销售过程变成了争斗的时候，你就应该确信，是该离开的时候了。

销售不应该是争斗，销售应该是一种乐趣。即使它是非常艰难的工作，你也应该从中获得乐趣，否则，还有什么意义呢？所以，如果你和客户之间无法享受乐趣——如果你们双方大多数时间都感觉不满意——那可能就是你体面地撤退的时候了。

但是，撤退未必是永远的。很多时候，你会发现，在 3 月建立起的一个销售过程，到了 7 月才开始顺利起来，这是因为情况变化了，产品和需求的契合，现在才存在了。所以有时候“激流勇退”比“绝不后退”更重要，而且，其影响会更久远。我们所知道的最好的销售人员，当他们被迫去面对无法赢的客户，并决定把他们从可能的生意中剔除时，他们还是会把眼光放到几个月甚至几年后的。有时候，等待时机成熟，是一种关键的差异。

第三个步骤：预估

评估的第三个步骤，也是最后一个步骤，就是把所有你现在获得的信息，放入你战术计划的下一个阶段。你刚刚完成了对上次销售拜访后数据结果的回顾与分析，除非这次拜访就是你和客户最后一次坐下来进行彻底地交谈，否则，请使用这些信息来为下一次会面做准备，以提高下一次拜访的质量，这是绝对必要的。换句话说，你已经获得了知晓事情进展情况的必要信息。你现在应该有机会进行预估，以便你不会再次犯错。所以，在下一次拜访时，你能够设法赢得更大的承诺。

做这项工作时，你至少要记录下谁、什么、何时及哪里等关于下次拜访的具体内容。但是，不要仅仅只做这些。你应该趁着记忆还很新鲜的时候，分辨一下你和客户为下一次会面都做了什么样的承诺。双赢本身，就意味着共享承诺，所以，你要想清楚你具体做了什么样的承诺——客户做了什么样的承诺作为回报。记录下这些相互的承诺，把它作为新的战术计划的一个基本特性。

现在可以开始制订新的计划了，鉴于相互承诺是推动销售进程的关键，你应该开始把承诺都具体化了。不仅是那些你们相互之间做的承诺，你还要记下那些在销售拜访结束时，你希望使用的衡量客户承诺程度的选项，最佳行动承诺和最低行动承诺。

如果你做了这些工作，我们建议你从头到尾再浏览一遍本章中所描述的所有评估步骤，挑选出那些能够帮助你提高下次销售拜访的应变能力的战术指导。如果你在上次拜访时，黄金静默的方法用得不好，就在你下次再去见这个客户前，在一个朋友面前进行演练。如果已经拜访了这个客户四五次，还是没有办法发现谁是可以做财务决定的负责人，你可以起草一个信息类提问，在下一次拜访时找出答案。如果你上次在产品的特性上过于纠缠而失去了对客户概念的关注，在新的战术计划中，你就要调整方法，使它从单项的努力变成合作经营。

我们可以不停地罗列这些例子，你可以看出我们的目的。评估过程的目的，不仅是告诉你到了哪里，它还告诉你如何更加清晰和高效地执行、如何最大限度地得到客户的合作、如何以这样的方法实现目的。概念销售永远是向前看的，在每次销售拜访后能够进行预估，你就能把握现在和未来。其结果是，无论你是刚刚开始进入漫长的销售周期的第一个阶段，还是已经到了还差 20 分钟就签单的时刻，你始终掌握着一个基本的战术优势。在每次销售拜访中，你都准确地知道你的位置，你知道还需要做什么才能把事情推向一个双方都满意的结果，一个双赢的结局。

第 18 章

销售尚未结束

签单并不意味着结束。

我们在本书开篇时，就曾提到过下面的内容，而直到现在，我们也没有好的办法来为它画下一个句号。在今天活跃的生意场上，销售人员正遭遇着史无前例的压力。压力有的来自客户，有的则来自竞争对手。所以，仅仅把目光盯在订单上，已经远远不够了。未来，属于那些在签单之后能够继续做销售的专业人士。

这个道理很简单。我们现在是处在一个充满了计算机、网络连接、高度互动的环境中。你无论对客户做了什么，好的还是坏的，都会在墨迹未干时，通过网络传播出去。在古老的西方，那些卖蛇油的小贩子主宰着世界，他们可以用赢一输的手段应付几个客户后逃离惩处，因为他们所处的地方，地域辽阔，没有电话。而现在，没有人能这么做了。

今天，电子通信技术使马歇尔·麦克卢汉的地球村设想成为现实，已经没有销售人员能够再承受对客户的忽视、逃避操纵客户后的惩罚，或者仅仅是没有周全地考虑客户的需要——所有这些销售方式，都变得不可能了。如果你无法成功地关注销售的长期效果，你会很快地就要为不满意的客户付出代价。如果你不在乎在签单之后，客户发生了什么，那么，有一天你会发现你已经再也没有生意可做了。

这并不意味着如果你的一个客户有维护的需要，你就必须在零下气温中跑出去解决问题。这可能只是一个服务的问题，可能不是你的直接责任。这也不意味着，你应该跟踪每一张订单，并且在圣诞节时寄上你的“个人化”贺卡，或者记住你的客户最喜欢喝什么酒。这种关系型销售，正在快速地失效，如同过去那种走街的小贩一样，已经被淘汰了。当然，并不是说这种方法就错了。但是光靠这种方法，是永远无法确保有效的成果的。

签单之后的销售的意义，就在于你每次进入一个销售过程时都需要记住：销售拜访只是一个延长了的场景的第一步，是一个长期关系的开始。一旦签了合同，拿到了佣金，你就要考虑那个订单只是一个更长的销售过程的一部分。签单之后的销售，意味着对一个销售进程给予持续的关注。

这一点和收入与佣金完全没有关系。它只和对两个相关观点的理解有关：

- 你的长期成功，和你客户的成功是密不可分的。
- 所有好的销售，如同好的采购一样，是从客户脑海中的解决方案的构想开始的。

把这两个观点联系起来，表明成功的销售必须永远从了解客户构想开始，客户心里想着的是他需要完成什么，才能确保成功。我们说过客户构想就是客户概念。关注每个客户的概念，是唯一可靠的方式，它可以使你按照客户的需要进行销售。

奇怪的是，很多销售人员到今天，还认为这个观点是过激的。当销售人员讲到“需要”时，他们说的常常是销售人员自己的需要，是他们自己的销售需求，或者是他们的市场部门要提供的一种产品组合。传统上，销售指的就是说服一个潜在的客户——无论生意的要求如何，个人的感觉如何——他需要的是销售人员卖的那个东西。所以，传统方法培训销售人员时，往往是要推销员制造一种需求，而这种需求只有你能满足。

我们的方法恰恰相反。我们相信就客户自己所面临的问题的本质，客户通常知道的至少和你一样多。但是，客户未必永远能知道什么是解决这些问题的最好方法，而这也就是你进入的地方。 如果你去鼓励你的客户和你一同拓展解决方案，你做一笔好生意的机会就大大增加了，这比你简单地推销产品和试图诱导他们“需要”你的产品要好多了。

这种客户驱动业务的哲学的另一个极端是，有时，你不得不做大多数销售人员不愿去做的事情——从业务中撤退出来。当你认识到，在客户的概念和你的解决方案之间没有好的契合时，你明智的策略，就是不要去强行签单。这一点，甚至有时客户都不能明白。如果你不愿意放弃一个糟糕的搭配，你就不会真正地投入双赢的销售之中。

也就是说，你不是真正地投入于客户的成功——或者说，这种事情也不会导致你自己的成功。这两部分在当代职业销售方法中是不可分割的。你必须确保客户对你们的业务关系感觉良好，你自己对你们的关系也感觉良好。没有这种相互性，则总会有一方“输”。而出现这样的情况时，说明你一定不够专业。

概念销售的秘密就是这样简单。它使你和客户的事情简化了，更富有成果了。因为它不是建立在“灵感”上而是建立在销售的现实上。概念销售告诉我们，每一个好的结束，都必须是迈向未来的第一步。它告诉我们，只有你的客户成功了，你才能赢。成功是一个可以根据逻辑进程进行预期的结果——这个进程，是你和客户共同的工作，去拓展一个你们双方都能拥有的解决方案。对于一个专业的销售人员而言，这种解决方案，是唯一值得努力的方向，因为只有这种方法，能建立起坚实和充满生命力的业务关系——而且可以延续到签单之后。

重温提问的过程：继续和我们的客户对话

我们向职业销售人员讲授概念销售的课程已经快 20 年了。在这段时间里，我们有了充分的证据可以证明，卓越的销售是由沟通所驱动的——而驱动这种沟通的就是提问。这方面效果最明显的表现，就是我们两天的培训课程中参训的学员不停地向我们提问，既有创造性又有挑战性的问题帮助我们优化了认识。

在即将结束《新概念销售》的书写之前，我们要分享其中最优秀的一系列提问，来作为结尾。这些提问，都是参加概念销售培训的人，首先在课堂中提出的。我们把对这些问题的回答，看作米勒·黑曼公司最珍贵的资产——我们和客户之间的一种对话。

1. 概念销售难道不是顾问式销售的别名吗？

可以肯定的是，这里面确实有相似之处。但是，他们是不一样的。顾问式销售是由富有才华的商业顾问马克·哈南推出的，他关注的焦点是你的客户公司所遇到的问题，以便你能够提供出一套解决办法，以影响到客户的底线。正如哈南在他的《顾问式销售》(*Consultative Selling*)一书中所描述的那样，它的基本方式就是要超越“贩卖”(产品的供应)，去建立一种不断前进的关系(利益的供应)。这些想法是很伟大的，而且事实上，在米勒·黑曼公司，我们在策略销售和大客户管理流程的培训课上，已经教授这些内容快20年了。这些想法和概念销售当然是很匹配的。但是，它们并不是一回事。

我们认同，你必须要解决客户的利益问题。但是，这是一种对目标的描述，而不是一个指导你如何实现的指南。概念销售向你展示的是如何通过关注个人的可能与目标相关的需要，来达到这样的目标，而不是要对一个总体的利益构想做无差别的努力。概念销售的核心，就是客户的解决方案的构想，而这种构想，对不同的个体而言，是完全个人化的。事实上，每一个个体，都是你要去“顾问”(咨询)的对象。

哈南的顾问式销售所推荐的更多的是一种理想的状态，在这种状态下，你所会面的一位高级经理或其他什么人，其公司的健康状况是压倒一切的主题——虽然有时对这些人，你并不能仅仅谈论利润的话题。当你遇到的是部门级领导、中层经理或其他岗位的人，和他们谈论收入损益，也许不是很恰当，它还可能破坏你在他们心中的印象，因为它会提示你的客户：你对他们的问题并不敏感。所以，在你想对高层人员进行销售时，顾问式销售是一个有用的战略。概念销售是一种适用于所有级别和岗位对象的销售方法。

2. 我应该先了解客户的概念。但是，如果我还没有带着我的产品或服务到达客户那里，客户又怎么会有概念呢？

这个问题，显示了一种对概念的误解。概念是那种在客户的脑海里形成的东西。它是客户企图对一个问题形成的一种解决方案，这个方案和你正在销售的产品或服务之间可以有关系，也可以没有关系。它所组合起来的，是客户的所有关于你的产品，或服务，或竞争对手的信息。但最基本的是他相信有些东西是必须完成的，而且根据他的想法，如何去让它发生。

由于概念是如此的个体化，这就意味着，即使你拿着一本与产品和产品服务相关的菜单，你还是一定要有高度的选择性。市场部门很擅长为你提供产品特征与优势的描述，但他们往往不太擅长于告诉你，哪个特征对哪种客户更有吸引力，或者，那些被他们标出来的任何一种特征，和哪个客户更有关联。这就是你必须要找到的东西。你做这件事情时，首先就是要关注客户个人的解决方案构想，只有找到它，才能开始做销售。

3. 我懂得客户的概念，我也把它和我的产品很好地联系在了一起，但这个客户还是被竞争对手抢走了。我下次如何避免这样的情景发生呢？

我们理解你的情况，但不能确信我们可是否以相信你，因为你未必真的是在把你的产品和客户个人的概念完美地联系在一起后，还丢了单。当你认为事情就是这样发生的时候，建议你再检查一下。也许真正发生的事情，是以下三种情况的一种。

第一种，你可能混淆了客户的概念和你自己的概念，或者你们公司的概念，而如果是客户把这样的事情搞混了，也强不了多少。

第二种可能性是，你的竞争对手比你更好地理解了客户的概念，并很好地与之契合。也许并不是完美的契合，因为很少有生意能够使用完美一词来描述。但可以肯定的是，哪怕对手只比你强一点点，也足以毁掉你的生意。

理解你的客户概念，既不是在说过程的对错，也不是在说你是否了解客户的概念。你应该懂得，没有人会为你承担任何结果，如果把概念理解错了，你是没有办法保证能拿到这个生意的。但是，了解客户的概念，是一种过程，而不是一种结果。你在这上面下的功夫越多，你得到的结果就会越好，相应地你也就会有更多的业务成果，因为你能向客户提供更多的价值。

针对“完美的理解，但没有生意”的现象，第三种情况是你可能是对一个个体的概念了解到了几乎“完美”的程度，但是，你可能在哪里忽视了其他一些关键的“概念”。销售越复杂，你就越需要了解不止一个人关于解决方案的构想。所以，你可能在一个人身上花了很大的功夫，但是如果他在整个购买过程中没有占据决策地位，那么可能某个其他人的概念，最终会压倒他的概念。在销售过程中，忽略未知角色是一个常见的错误。成功来自每次都关注到每个人的概念。

4. 你可以帮助客户塑造一个概念。怎么做呢？

帮他记下他所考虑的解决方案的要点。你可以根据你的喜好，把这些要点要么精确地记下，要么非正式地处理。 这里的重点是，为了塑造客户的概念，你需要在客户的认知性思维阶段，就提供实实在在的信息——在这个阶段，客户还在定位他的问题。也就是说，你要按照合乎逻辑的思路，尽早帮助客户形成概念。

我们说“尽早”，是指要在客户处在决策过程时就行动，但令人遗憾的是，大多数销售人员都不是在这个阶段介入的，他们都是在客户的决策过程快要完成时才开始工作，而这个时候，已经是定义问题和挑选解决方案的最后时间了。这时候发生的，往往是客户在索要解决方案或是发出招标文件了，而此时，各种产品特性和服务要求都已经落在纸上了。这时，客户会要求作为一个潜在供应商的你，陈述产品是如何达到要求的，并且要求你报价。你对客户的概念的贡献是零。因为概念，一个关于解决方案的构想蓝图，已经绘制完毕。你现在能做的就是非常仔细地阅读招标文件要点，并且寄希望于它们能和你们公司所能提供的产品产生契合。

客户决策过程的尾声，情况也是会有很多不同的。如果你能在“我们认为这里有问题”（或“我们认为这里有机会”）的阶段，和客户连接在一起，你就有机会理解客户，超越你的竞争对手，而且你还能和客户建立对话关系，通过对话，你可以就新出现的问题进行合作经营。通过你的参与，你的能力就隐含在任何一个潜在的解决方案之中。当你这样做时，你的贡献就会毫无疑问地成为客户概念的一部分。

5. 如果客户要求一种解决方案，而你知道，这种方案对他而言是错误的，但如果你不顺从他，意味着把这个生意丢给竞争对手，你该怎么做呢？有没有什么办法，可以解决这个“输”的情景呢？

简言之，不能。我们总是会遭遇一些客户，他们甚至在遇到你之前，就已经想好了他们认为所需要的解决方案，并且不再为你的任何言语所动摇——即使你知道，他们所选的东西，是无法完成工作的。如果你想经过一段时间后和这种人营造一种富有成果的关系，那么你至少可以尝试一下——你应该展示给他们，毋庸置疑地告诉他们，他们的选择是不会奏效的。而且，你要让他们知道，你虽然有能力去提供一个有效的办法，但是，你相信双赢模式是唯一的选择，否则是不可行。如果这样的方法还是不能奏效，那你还有两种选择。

首先，你可以向客户销售不适当的解决方案，然后，准备好施救方案（另一个解决方案）。这也许对你更有吸引力。因为这听起来像两次销售。但是，这种方法往往不能奏效，因为无功而返的客户往往还有另一个并不讨人喜欢的选择性记忆。当第一个方案失败后，我们可以打赌客户不会记得你当初告诉过他不要选择这个方案。他会为你曾经向他预言过的会发生的问题而责怪你，以致你所面对的是对方的指责，而不是你的最佳努力。

另一种选择是，你可以拒绝这笔生意。这里说的选择，不是让销售人员选择退缩，而是说在一种恶劣情况下，这是最好的选择。如果你已经相信，客户的“有且仅有”的选择是有局限性的，让你的竞争对手自找麻烦去提供解决方案就是了，没准你可能获得一个成为营救者的机会呢？

6. 拥有一个有效的约见理由，意味着你在进入之前，从某种程度上了解你的客户。如果你是去见一个陌生人，你又如何来做这件事呢？

你还在做那种陌生拜访吗？有效约见理由的全部要点，就是要避免这种不必要的麻烦。现在，越来越多的销售人员，懂得了这句话的意思。无论这些销售人员是否接受过正式的概念销售培训，今天的销售精英都懂得，如果去拜访一位客户，而对这个客户的本人或其业务情况都事先一无所知的话——陌生拜访必将遭到冷落。那种碰巧因为你是邻居而光顾你的客户，或是因为你的个人魅力而换来半小时的会面机会等方式，已经是很久远的事情了。现在的客户根本就没有这种时间。

这种时间，对于现在的销售组织而言也没有了。优秀销售人员的成本太高了，时间不够用，所以不能让他们去做完全陌生的拜访。因为在这种情况下，他们会冒着惹恼客户，使自己尴尬的危险做事。对于今天的大多数销售拜访而言，家庭作业是要事先完成的。也许，这样的工作，只不过是查查图书馆，或者上网浏览；也许是一份直投问卷或一次电话联络——电话销售人员现在也许是唯一的陌生拜访型的销售职业了。但是，盲目地给客户打电话，是一定要出问题的。它是在告诉客户，你对他的业务关心得不够，所以在你占用他的时间前，你都没事先做好准备。如果你愿意这么做，你就不能期待一个温暖的回应。

7. 每次拜访，我都一定需要一个有效的约见理由吗？难道不能只是为了保持联络而去拜访一下吗？

如果你去拜访客户，仅仅是为了保持联络，那你一定是有很多的时间。现在，已经不再有那种在下午 2 点就结束了客户拜访，然后掉头冲向高尔夫球场的销售时代了。销售已经成为一个全日制的工作，每周工作 6~7 天，而且如果你想变得成功，就需要把这些时间全部用在销售上。这也是我们为什么会坚持要求你做的每个销售拜访，都应该能把你向签单推进一步。

这意味着，每次拜访都必须制订一个良好的工作程序。对程序的制订，你所要拜访的客户必须和你一样清楚，从这次与你的会面中，他可以获得什么样的价值，对他的业务有什么好处，他可以在合理的情况下，期待着在他投入多少时间和你会面后，他可以得到什么样的回报。而你要把这些事情都弄清楚，一个有效的约见理由就是关键了。

现在，如果你和一位老友在吃午饭，不管他是不是生意伙伴，而你们的谈话内容也是新闻杂事，这没有问题。我们不是在要求你放弃所有的社交活动，把所有可能的东西都要变成交易。 但是，当你遇到了这种社交，千万不要对它有过高的期望，也不要把这种活动叫作一次销售拜访。对于一次销售拜访，你是有一个目的的。这个目的，和生意密切相关——你拜访的是这位客户的业务。这个人接受了你的拜访，是对时间的一种有效利用。并且他也懂得，这种拜访应该可以帮助你拓展共同业务的可能性。如果连这个标准都达不到，那你就不是在做销售。

8. 和好的提问一样重要的是，我不想给我的客户太多的负担。有没有在一次销售拜访中，向客户提问的最佳数量标准呢？

因为每次销售拜访都是个性化的，所以不存在最佳数量标准。适当的提问数量，取决于几个要素，包括你所需要了解的信息，从你上次拜访这个客户后，这位客户是不是有什么地方发生了变化，而且——也许是最重要的——这个人对你所提问题感觉舒适度如何。一个好的提问过程，可以产生对话。如果你的问题不能达到这个水平，你可以问 4~40 个——这都没有关系。

这里最需要避免的就是，一方面，在你还没有提足够的问题以判明你自己现在所处的位置时，就跳到了讲解阶段；另一方面，坚持让客户回答完所有的问题，就像要填写完长长的洗衣单的所有项目后，才把你的产品情况告诉给客户一样。因为大多数销售人员都非常倾向于产品驱动型销售。

实际上，我们看到了这样的事情在发生，而且这也可能会成为灾难——如同那种自我表演的“马戏秀”会导致的灾难一样。它告诉客户，你对于通过提问了解他的情况，并没有多大兴趣，但是你在墨守成规地遵循着一种格式，而如果你的客户想要有进展，则必须遵循这个过程。无论你的客户是谁，这样的方式都不会带来什么好结果。

关键点是，客户必须乐意回答你的提问。如果销售拜访在开始就给人一种审讯的感觉，或者，你在提问时是抱着一种尽义务的心态，而不是在寻找机会，那么你的做法就错了。更多的情况是，如果你感到了不自在——如果客户似乎在某种情况下不情愿向你提供答案——你应该在现场做一个检查，审视一下你的信用度，并且调整一下你的提问顺序，以增加他的舒适度。提问的最佳数量就是客户在这次销售拜访中想要回答的那个数量。

9. 有些销售培训师，建议使用“封闭式”提问来使销售拜访向着你想要的方向前进。你怎么看待这种做法？

封闭式提问是那种只邀请一种回答的提问，而“锁定式”问题，是这类提问的变形。举个例子：“你想给家人更多的安全吗？”而锁定式问题是：“你想给家人更多的安全，不是吗？”这种提问的初衷是如果你用这样的方式提问，客户就只能给出一个答案了，而如果是一系列的答案，会使他在销售拜访行将结束时，最后形成“是的，我想买你们的产品”这样的回答。

这个小把戏背后的哲学，既玩世不恭又空洞无物。一方面，这是一个承诺意图的非正当表示形式，因为它假设客户如果会对一种通用的建议（如“我爱我的孩子”）进行承诺，那么他就会无保留地对一个你设定的特别的建议（因此“我应该买你们的保险”）进行承诺。它还假设，客户本身是糊涂的，几乎是无限顺从的，所以对此类语言游戏的细微差别毫无意识。以至于你可以在他们还没有反应过来的情况下，就获得了他们的签字。也许，这种事情在过去是真的。但是，今天显然不是这样了。所以，我们对

“锁定式”提问的忠告是非常简单的：它们侮辱了客户的智商，所以，不要用它们。

10．我已经使用封闭式提问好多年了。这和承诺类提问不一样吗？

承诺类提问是要求客户把销售进程向前推进。所以，一个封闭式问题显然是一个承诺类问题，它要求客户把进程向着订立合同或最后协议的阶段推进。但是，你不应该把这两个词等同起来，因为封闭式和承诺指的是非常不同的东西。你能够在没有完成签单之前，从客户那里获得很多的承诺——确实，我们要求你在整个销售进程中，都去获得客户递进的承诺——你也能在不要承诺的情况下就拿下一个客户。有的销售人员就爱做这样的一锤子买卖，所以我们要提醒你“销售尚未结束”。

在很多传统的销售观念中，签单是一种宗旨，是一个销售人员的全部。它当然很重要，从短期来看，是它给你支付薪水，并使你不至于失业。但是，过分沉迷于签单也会成为一种陷阱。它会误导你把客户强行推入无承诺销售，而从长远效果看，这种扭曲的方式，往往会导致客户的自责。

有两种比较常用的签单技巧：所谓的选择式结束法和本·富兰克林法。在选择式结束法里，你可以给客户一个选择题：“你是愿意在这个月供货，还是下一个月会更好呢？”如果客户这时已经达到了应该做这个承诺的水平，并且觉得供货是即将到来的事情了，这样问就没有问题。如果不具备这样的条件，那么，你就是在强行推进了。在本·富兰克林结束法，或者又叫“资产负债表法”里，也有类似的强行推进的情况——因为富兰克林在决策前，喜欢对一个情况权衡前后得失。在这种方法中，你会要求客户把购买你产品或服务的前后得失都累积起来，加上那些预想不到的惊喜，形成对你有利的“资产负债表”。同样，这次你又是在客户还没有准备好的情况下，就冒险提前结束了。

11. 如果你使用了黄金静默法，等了四五秒钟却什么都没有发生呢？

首先，请记住，除非你确实有了一些使用黄金静默法的经验，否则半秒钟对于你来说，也会像四五秒钟那样长，而四五秒的时间就会感觉像半个小时一样。但是，如果不是这个问题——如果你确实等了相当长的时间，而客户就是没有做出什么反应——那么，你就应该检查一下，这个人是否听懂了你的提问。你要问客户："我把这一点说清楚了吗？"或者"如果我换种方式表达这个问题，会有帮助吗？"然后，如果客户要求，你就可以再次陈述最初的问题了。

另一种技巧是，你可以解释你为什么要问这个问题。客户在他们知道了你的问题背后的动因以后，知道了如果他们回答了你的问题，就可以对他们有某种好处，他们在回答问题时，往往会觉得更舒服些。有时，犹豫是一种间接的表达方式，是在告诉你"我不知道我是不是想回答你的问题"或者"我不想如实回答这个问题"。所以，如果四五秒钟过后气氛仍然不对，你就可以试着换种措辞："泰德，我问这个问题的原因是这样的……"或者你可以直接探求为什么这个人不做出反应："如果你对回答这个问题感到不舒服，那么也许我们可以谈谈别的东西。"

黄金静默的目的，是要提高对话的流畅性。在无法实现目的的少数个案中，用你自己的方法做调整就是了。

12. 在电话上能有效地使用黄金静默法吗？

当然可以。在面对面的交谈中，如果你没有可以给人视觉效果的肢体语言和面部表情，是会很滑稽的。但是，如果你能记住黄金静默能带给你基本的优势，你就能使用它来扩展和澄清想法 ——这个机会是你的，也是客户的。事实上，在这里使用这样的技巧，能够减少在电话沟通中同时讲话的冲突和打断谈话的现象。这里唯一的困难就在于，在你看不到对方任何影像的情况下，你要充分相信你的直觉、相信在电话的另一端，那个人在你谈话的时候，是在花时间组织他的思路。最后，当你从电话那端听到的只有沉默时，你就可以猜测对方是否在听，或电话是否断线了。

我们的一位朋友，曾经在电话上不断地使用黄金静默法。但他也承认，对于这种方法不熟悉的人可能会不适应。他说："如果我沉默几秒钟，他们会认为我睡着了。解决这个问题的最好方式就是加一句话。如果有人问我是不是还在线上，我就会乘机表示一下'我在听，但对不起，你刚才说到了一个很有趣的问题，我正在考虑它。请给我一点儿时间，让我想想你所说的内容'。这种方法通常会向人们重新确认一下，现在我们双方都获得了时间，这种时间，为下面继续进行的谈话，打造了一个更加舒适的进度。在你开始做这样的事情两三次后，对方就会明白你的用意，此后你自己也就可以常常得到那些停顿的机会了，这样你就和对方的时间有了互补。"

当然，很少有人能用如此清晰的方式来表示他们的想法。但他们可以用类似的方式进行思考，在通过电话交谈时，这种方法可以使你对电话另一端的沉默更适应。所以，你能在电话中应用这样的技巧吗？完全是可以的。你要做的，仅仅是要忠实地对谈话的前后内容保持一致，并且，愿意去等待。

13. 对于单向的产品讲解而言，合作经营法永远是最合适的选择吗？当客户只是要求做产品讲解呢？

如果客户要求，提供就是了。我们不是说合作经营法就永远是正确的，单向的方法永远是错误的。在有些特定的时候，你确实要进入产品讲解阶段，比如一个典型的情况就是，客户要求你这么做。但是，如果你是被要求进行这样的讲解，你要小心，不要让你的讲解沦为产品知识的乏味陈述："这 25 分钟里，谈论的就是我所知道的产品情况。"即使当你进行产品讲解时，你的策略也应该是在你和你的谈话对象之间创造出一种对话的氛围来，尽管这个人大部分的时间，可能都只是你的"听众"。

在采用这样的策略时，不时地停顿一下，检验一下你解说产品的方向，看看是不是能够满足你自己和客户的需求。在讲解过程中，每隔5~10分钟，就加上一些自我打断的过程，询问自己一个开放式的问题："我所说的和他所关心的有关系吗？"或者"我所说的哪些部分是他要我再展开叙述的？"如果你提问时，得到的是死一般的寂静，那么你面对的听众，可能已经心不在焉了。果真如此，你所要考虑的，就是注意讲解内容的适配性了。

请记住，你在销售拜访中终极的目标，就是要以合作的方式，在客户的概念和你的解决方案之间，塑造出一种有效的结合。讲解你的产品，可能恰恰是这个工作过程的一部分。但是，如果讲解不能给客户提供他所需要的东西——如果讲解仅仅是对客户公司的一次礼节性拜访——那么，你继续这样做，可能就是在浪费你和客户的时间了。除非客户对这样的讲解有回应，要不然你就是来错了地方。

14. "差异化优势"的另一种叫法是不是"竞争优势"？我是不是应该用我们公司的差异化优势去和竞争对手的差异化优势作比较呢？

不完全是。在经济学理论上，竞争优势指的是一家公司在市场领域内，对其他竞争对手所具备的总体的优势。对一家公司而言，低劳动成本可能是一种竞争优势，对另一家公司而言，则可能是前卫的设计，而差异化优势则比这种优势具体得多。它指的是一家公司针对一个客户的某个领域所能贡献出的最佳解决方案。竞争优势是全球性和理论性的一个差异化优势，具有区域性和实践性。计算机领域的市场领导者，可能在研发方面有竞争优势，但是只有在客户认为这种优势对其业务有贡献，并且是其他竞争对手无法比拟时，才能成为差异化优势。因为每个客户都是不同的，所以，用之四海而皆准的差异化优势是不存在的。

你应该强调你的差异化优势吗？当然。但是，用这样的方法来应对竞争，则是一种危险的方法。当你试图通过差异化优势来定位时，你实际上是在告诉客户“只有我们能给你独一无二的效果”。如果这个客户想去问你的竞争对手，问他们“你们能做到这个吗”，这就是他的特权了。但是，这种让客户去打听的情况，不应该是由你引起，因为你永远也不会由于引入了竞争因素而得到好处的。如果是你引起了客户对竞争因素的关注，那么，你很可能会把情况搞复杂。

使客户的注意力转移到你的差异化的解决方案之外的东西上去。所有的竞争性对比策略，都是一种防卫策略，它使你定位于“我也行”或者“比他好”的解决方案上。这种情况，可能会暂时使你感觉良好，但是，它不会打动你的客户。客户想听的，只是你可以提供的结果。你应该展示出那些结果的独特性，而不是竞争的优势。

15．如果销售人员的个性有问题怎么办？换句话说，如果你的客户，就是不喜欢你，怎么办？

这种情况时有发生。无论你如何努力地想与一位客户保持双赢，无论你如何勤奋地针对他的概念去评价和交流，可就是无法发生化学反应，这时你会发现，你正在遭遇最麻烦的问题——客户不买的原因恰恰是因为你。

如果这种情况在你身上经常发生，你也许应该重新审视一下自己的个人风格，看看是不是能找出一些你自己还没有意识到的个人特质导致了客户对你的疏远。发现这个问题的一个方法就是，请另一个销售人员或你的经理和你一起去做一次销售拜访，然后让他评价一下你的风格。如果客户就是不喜欢你的情况只是偶尔发生（对绝大多数销售人员而言，是这样的），那么最好的办法就是大胆地面对它。如果发现有某种个性化的矛盾或者“就是有些东西不对劲儿”，你就要请客户确认这一点，或者否认这一点。然后，你就可以礼貌地向他询问解决这个问题的方法，问他是不是更愿意和另一个销售人员沟通。

这听起来有些激进，但这确实是双赢哲学的一种合乎逻辑的延伸。在我们所认识的最聪明的销售人员里，有一个人就曾经遇到过这样的罕见情况，那个客户就是不喜欢他，他就用了这样的策略。他主动地提前结束了那次销售拜访，并且说了下面的话："史高特，你瞧，我确实不懂得为什么，但是我们两个好像就是对不上劲儿。这不是咱俩的错。这种情况有时就是会发生的。如果你和我打交道就是觉得不舒服，我现在也就不浪费你的时间了，也不能再浪费我自己的时间了。但是，我确实觉得我们公司有很多东西，是可以为你提供价值的。所以，如果你愿意，我很荣幸为你安排我的其他同事来与你会面，看看是不是让你换换打交道的对象，可以更好地帮助你做出些成果。"

这种说法，也许很危险，但是它几乎总可以解决人与人之间的个性冲突。当你说出这样的话时，并且真的是这样想的时候，乌云常常就散开了。因为客户至少会知道，你是在一个很困难的情况下尽自己的全力来满足他的需要。有时，客户会听取你的建议的。